HIPPOCRENE LANGUAGE STUDIES

HUNGARIAN BASIC COURSE

August A. Koski
Ilona Mihalyfy

HIPPOCRENE BOOKS
New York

Second printing, 1994

For information, address:
Hippocrene Books, Inc.
171 Madison Ave.
New York, NY 10016

ISBN 0-87052-817-3

Printed in the United States of America.

Preface

These volumes comprise an introduction to the Hungarian language. While emphasis has been placed on giving the student spoken command of the language, both the vocabulary and the structure necessary for immediate use of written materials are included. The general plan of the course follows the tradition of the Spoken Language Series prepared under the auspices of the American Council of Learned Societies during World War II, but it also takes advantage of more recent pedagogic theory. The drills, in particular, are designed along the lines of present-day texts.

The course has been prepared under an agreement with the United States Office of Education, Department of Health, Education and Welfare, under the National Defense Education Act. It is designed to fill the need for the Hungarian Basic Course in the over-all plan of the Uralic and Altaic Program of the ACLS, as outlined by Dr. John Lotz, Director of Research of the Program.

This text, consisting of two volumes (twenty-four units) with accompanying tape recordings, is the result of the coordinated efforts of the Hungarian staff of the School of Language and Area Studies working under the direction and supervision of Augustus A. Koski. Particular credit for the preparation of the dialogs and much of the drill material goes to Mrs. Ilona Mihalyfy. She has been assisted by Nandor J. Cheploe and by Otto M. Szivak, who has served faithfully and conscientiously in the tape recording of the text. Deep appreciation is expressed to Miss Vera J. Harris for her most valuable contribution in the meticulous preparation of the major portion of the typescript.
Dr. Ronald A.C. Goodison's editorial work on the text following the departure of the author from the staff of the School is also gratefully acknowledged.

H. E. Sollenberger
Dean, School of Language and Area Studies
Foreign Service Institute

Introduction

PURPOSE

The FSI Hungarian Basic Course has been written with the aim of providing the student with a firm control of the basic structure of the spoken language and a vocabulary adequate for him to make limited practical use of both the spoken and written language in his travels, work and social obligations. In addition, the course should provide the learner a sound background for further development of fluency and proficiency in Hungarian.

ORGANIZATION OF THE TEXTBOOK

The materials in each of the two volumes of the text are contained in twelve lessons or units. Each unit includes a set of basic sentences that are intended for memorization. These are in the form of conversations or dialogs focused on specific situations in which a person might find himself in Hungary. Notes to the basic sentences are added occasionally to provide additional background information on some cultural feature unfamiliar to Americans, or to clarify some special difficulty in vocabulary or idiom. Notes on pronunciation are included in each of the first seven units. Sound, stress and intonation features which have been found to be particularly troublesome for American students are here presented with explanations and a series of practice drills. The notes on grammar in each unit concentrate on those structural features illustrated in the basic sentences which are considered appropriate for analysis at a given stage in the course. The section after the grammatical explanations in each lesson provides for systematic and detailed practice of the new features comprising a particular unit. Specifically, the substitution drills are designed for exercise in the manipulation of forms through substitution of specific items in fixed sentence patterns. This practice is intended to build habits of association, so that in a given syntactic environment the appropriate grammatical form automatically comes to mind. A common type of substitution drill used in the drill sections is the transformation drill, in which the pattern sentence is changed from one grammatical or lexical category to another. Variation drills provide for the manipulation of larger syntactic patterns. In each group a model sentence, underscored, serves as a guide. Associated with it are additional sentences incorporating the same syntactic frame but in which most of the individual word items have been replaced. Vocabulary drills provide practice in the use of new words and also allow for manipulation of sentence elements, the particular form and arrangement of which depends upon their association with that vocabulary item. The manipulation of all these drills as presented in the units is carried out generally with the use of English equivalents. Specific translation drills are also provided, however. In general these exercises supplement the material of the basic dialog in the form of a narrative. In this way they provide content review of the basic sentences and practice in the transformation from active dialog to descriptive narration. The response drills are question-and-answer-type exercises on the situations of the basic dialogs but are also designed to develop the student's ability to give realistic answers to appropriate real-life situations. Conversation practice and additional situations in outline bridge the gap to free conversation.

METHOD AND PROCEDURE

This is a course in Spoken Hungarian; the forms and patterns of the language are intended to be colloquial. The emphasis in instruction is everywhere on speech, and an indispensable component of the learning process is the voice of the instructor, whose native language is Hungarian. On no account should the student attempt to use these materials without either a native instructor or recordings of a native instructor's voice. The method of instruction incorporates guided imitation, repetition, memorization, pattern practice, and conversation.

Working under the supervision of a linguist the instructor's role is to serve as a model for speech as Hungarians really use the language in actual conversation. In this connection the instructor will maintain the normal tempo of pronunciation as the classroom standard at all times; he will never distort his speech by slowing down. The student's job is to watch and listen carefully to the instructor and to imitate as exactly as he can the sounds that he hears, together with their pitch and stress patterns. He must keep in mind that to learn an entirely new set of language habits, he will require constant correction and repetition. Each time the student is given a new model to practice, the instructor says it for him first. The student should never attempt to read from his text, but rather should watch the instructor and pay attention to him as he says a word or utterance for the class. As far as possible, he should leave his book closed during the presentation and concentrate on the speech and actions of the teacher. The normal procedure in class will consist of a great deal of choral and individual repetition of the basic sentences and drills, for only by frequent repetition after an authentic model for speech can habitual fluent and accurate reproduction of the sounds and forms of the foreign language be achieved.

The basic sentences are preceded by "build-ups" giving the component parts of the utterance separately. Each new item which is introduced appears first as a build-up. The instructor will ask the students to repeat the build-ups separately first, then combined into larger units, and finally the complete new sentence or utterance. The basic sentences are subdivided into numbered sections, each to be treated as a unit, repeated in chorus and individually, with and without build-ups, until the students' imitation is satisfactory. Only then may a new section be taken up. The time required to cover each part of the dialog in this way will differ widely, depending on the size and ability of the class. After acceptable imitation and accurate pronunciation have been achieved, the sections are then assigned for memorization outside of class or repeated in class until memorized. The student should be able to give either the Hungarian sentence or its English equivalent on request, or switch from one language to the other and back again. The instructor will drill the class by repeating each sentence for each student; then by giving each student a different sentence, repeating it for him first; and finally by asking the class to recite the sentences in order, the first student the first sentence, the second student the second sentence, etc., without receiving a cue from the instructor. Repetition out loud outside of class, preferably with the help of recorded materials, should be continued to the point of overlearning. The student should not only be able to give the correct Hungarian sentence upon hearing the English equivalent at random selection, but he should also be able to give the correct Hungarian statement with equal ease and speed of response upon hearing its Hungarian cue. As a final step, the students are expected to act out the basic dialog in its entirety from memory, with the instructor or with other students. Only when the basic sentences have been mastered to this extent can they be considered to provide an adequate basis for control of the spoken language. It should be noted at this point that the English text accompanying the basic sentences is not primarily a translation but a set of conversational equivalents. Many apparent discrepancies will be found if the student, or the instructor, looks for word-for-word correspondence between the English and Hungarian text. Such a thing will not be found in the text. Rather, in any particular situation, one should regard the English text as a symbolization of how a particular situation is rendered in English, and the Hungarian text as a symbolization of how that situation is rendered in Hungarian.

The pronunciation practice drills are taken up in class only after the presentation of the basic sentences has been completed and memorization of the dialogs has been started. The pronunciation exercises are arranged in groups according to the particular feature concerned, whether it be sound or stress. Words are to be repeated first in chorus and then individually by each student after the instructor, at first following the vertical columns and later, for variation and comparison, going horizontally across the page. Particular attention should be paid to items in contrast. These are minimum, meaningfully distinctive sound patterns, accurate control of which is important for communication and comprehension. Contrasting word pairs are linked by a dash, and after separate practice for accuracy, the items should be repeated by pairs to bring out the exact distinctions between them.

The notes on grammar are designed for home study after the basic sentences have been introduced and drilled in class. Although the grammar analysis is intended to explain and clarify all points of structure that are emphasized in a particular unit and illustrated in the basic sentences, the student may still encounter some difficulty in understanding some details of the analysis. In such cases he is urged to ask the linguist for assistance in his difficulty. The instructor is specifically requested not to enter into discussion with his students about the structure of the language. Time in class is spent most profitably with practice in actual use and manipulation of the language and not in talking about it.

After the basic sentences of a unit have all been repeated several times and memorization of these is well under way, work can be started on the drills. The material in these is designed to provide a maximum of additional experience in using the forms and patterns of the language learned in the basic sentences. It is not assumed, however, that the learner is automatically able to transfer the experience gained in the basic sentences to error-free manipulation of these forms and patterns. The drills are by no means a test of what the student can do with the elements given to him. It is a matter of no great importance whether he can or cannot "figure them out" by himself. The goal is to learn to speak the language accurately and fluently, and this aim can be achieved only by correct repetition of the forms and patterns involved. Therefore all the sentences in each drill group are first to be repeated in their correct form after the instructor. After this the instructor cues each student in turn for repetition of one of the drill sentences until all students have given all sentences correctly.

In the substitution drills the model sentence and all its variants are first repeated in chorus after the instructor. He then gives the model sentence again and the class repeats it in chorus. After this each student is cued individually with an item to be substituted, whereupon he repeats the sentence with the substitution called for. In some cases the cue is the exact form which fits into the sentence; in other cases a cue is given which requires the student to choose the proper form to fit the syntactic environment of the model. Regardless of which type of cue is given or how simple or complex the exercise may appear to be, the student's task is to make the substitution without hesitation and to repeat the sentence accurately at normal conversational speed.

In the transformation exercises, as well as in the variation and vocabulary drills, the basic procedure is about the same as for the substitution drills. All sentences in a given group are first repeated after the instructor. The teacher then gives the pattern sentence again, and the students repeat it in chorus. Then they are required individually to recall and repeat the correct Hungarian sentences for which an English equivalent is given. Students may work on the drills with their books open, covering up the column where the Hungarian sentences are printed and taking their cues from the English sentences.

Transformation drills require the conversion of one or more elements in a sentence from one grammatical form to another--singular to plural, present to past, etc. No English is provided for these sentences as a rule. However, the instructor may check the student's understanding by asking for a random spot translation into English, or he may go through the drill a second or third time, giving English sentence cues for which the student gives the Hungarian equivalent.

Translation and response drills, as noted above, are in most cases directly related to the basic sentences. In translation drills the procedure is similar to that followed in the other types of exercise already described. Students work with their books open, covering the Hungarian text and reading the English sentences to themselves. In the response drills it is often appropriate for the tutor to address two or three questions to the same student and then two or three more to the next, so that the exercise takes on a more natural character of conversational interchange. In addition to questions printed in the text, the experienced instructor may find it expedient to add other questions in order to make a situation appear more realistic or to provide further practice on a particular point of grammar. Both translation and response drills should be repeated in their entirety several times until all students have had an opportunity to get practice on each item.

It will be noted that all drill material is provided with both a cue and a correct response, so that all may be prepared by the student outside of class and repeated and practiced by him as often as necessary to achieve complete accuracy and fluency. In many cases there is more than one possible response to a given cue, and instructors are encouraged to accept all answers that are truly equivalent. If a correct response has been given, however, instructors are not to suggest variant forms which may occur to them, as this only introduces unnecessary complexity of choice to an exercise that is difficult enough as it is.

In the conversation practice brief dialogs, usually on the same theme as the basic sentences, are read through by the instructor three or four times while the class listens. Then the teacher takes one role while one student takes the other, and they repeat the conversation together. The student's aim here is not primarily to memorize and repeat exactly, but to give as near an equivalent as possible in his own words. After acting out the conversation with the instructor, the student goes through it again with another student, he in turn with the next student, and so on until all have taken both parts in the dialog.

The situations are brief descriptions, in English in the earlier units, later in Hungarian, of occurrences similar to those on which the basic dialogs are based. Two or more students act out these situations in their own words. They are encouraged to use their imagination and expand on the brief descriptions as long as they limit themselves to the vocabulary and structure covered up to that point in the course. However, the whole conversation should not take more than four or five minutes in order to assure that all students in the class may try their hand at the same situation.

The narratives are designed for reading purposes, with actual reading done by the student outside of class. In class they may be used for oral narration: the class may listen to the narration as recited by the instructor two or three times; then follows a period of questions by the instructor concerning the subject matter of the narrative; and finally the instructor calls upon students to retell in their own words as much of the story as they remember. In the early units the narratives cover much of the material of the basic sentences in third person form. In the later units some features of expository prose--matters of both form and style--which differ from normal spoken usage are introduced through the narratives in order to bridge the gap between conversational Hungarian and those reading skills of a specialized nature which require particular study and attention.

The ultimate goal of the course, as has been stated above, is to speak accurately, fluently and easily. The text provides for the assimilation of all basic forms and patterns of the language by the guided imitation, memorization, and manipulation of a large number of sentences and by practice in confronting various widely occurring every-day situations. Actual living use of the language in free conversation is a necessary and essential adjunct. The instructor should therefore encourage his students from the start to use the language in every way possible, above and beyond what is provided for in the text. As early as possible in the course both students and instructors should avoid the use of English in the classroom insofar as it is expedient to do so, and instructors should encourage students to speak Hungarian outside the classroom as well. Only by constant use of the skill he is learning can the student hope to master the language and retain it as a useful tool of his profession.

TABLE OF CONTENTS

UNITS 1 - 12

SZEKRÉNY ELEJE. (Nógrád m.)

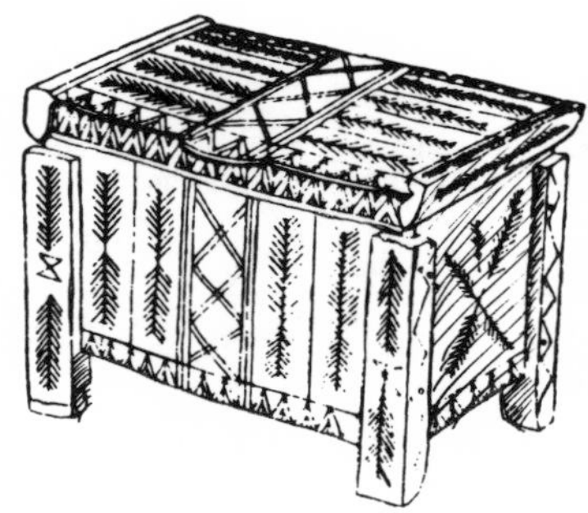

SZUSZÉK. (Csíkszépvíz, Csík m.)

HIPPOCRENE LANGUAGE STUDIES

HUNGARIAN BASIC COURSE

HALLÓ, ITT BUDAPEST!

Basic Sentences

I

Hello (Good day)	Jó napot!
Mr., sir, gentleman	úr
little, small	kis
Hello, Mr. Little!	Jó napot, Kis úr![1]
Good morning!	Jó reggelt!
Taylor	Szabó
Miss, young lady	kisasszony
Good morning, Miss Taylor!	Jó reggelt, Szabó kisasszony![1]
Good evening!	Jó estét!
Mrs.	-né
Good evening, Mrs. Little!	Jó estét, Kisné!
how	hogy
is	van
How are you?	Hogy van?
I thank	köszönöm
well	jól
I am	vagyok
I'm fine, thank you.	Köszönöm, jól vagyok.
and	és
you	maga
And you, Mr. Little?	És maga, Kis úr?
I	én
also, too	is
I'm fine too, thank you.	Köszönöm, én is jól vagyok.
you speak; he, she speaks	beszél
in English	angolul
Do you speak English?	Beszél angolul?
yes	igen
I speak	beszélek
Yes, I speak English.	Igen, beszélek angolul.
you understand; he, she understands	ért
in Hungarian	magyarul
Do you understand Hungarian?	Ért magyarul?

no, not	nem
I understand	értek
I don't understand Hungarian well.	Nem értek jól magyarul.
where	hol
the railroad station	az állomás
Where's the railroad station?	Hol van az állomás?
here (in this place)	itt
there (in that place)	ott
Here's the railroad station.	Itt van az állomás.
this	ez
that	az
Is this the railroad station?	Ez az állomás?
Yes, this is the station.	Igen, ez az állomás.
what's it like (what kind of)	milyen
big, large	nagy
What's the station like? Is it big?	Milyen az állomás? Nagy?
Yes, it's big.	Igen, nagy.
which is the way to	merre
the airport	a repülőtér
Which is the way to the airport?	Merre van a repülőtér?
straight	egyenesen
ahead	előre
It's straight ahead.	Egyenesen előre van.
What's the airport like? Is it big?	Milyen a repülőtér? Nagy?
small	kicsi
It's not big, it's small.	Nem nagy, kicsi.

II

what	mi
What's this?	Mi ez?
American	amerikai
embassy	követség
This is the American Embassy.	Ez az amerikai követség.
And what's that?	És mi az?
a (one) hotel	egy szálloda
That's a hotel.	Az egy szálloda.
clean	tiszta
dirty	piszkos

Is the hotel clean?	A szálloda tiszta?
It's clean.	Tiszta.
nice, pretty, beautiful	szép
Is it nice?	Szép?
Yes, it's nice.	Igen, szép.
a restaurant	egy vendéglő
Where's there a restaurant?	Hol van egy vendéglő?
to the right	jobbra
There's a restaurant to the right.	Jobbra van egy vendéglő.
Is the restaurant good?	A vendéglő jó?
Yes, it's good.	Igen, jó.
a café	egy kávéház
And where's there a café?	És hol van egy kávéház?
to the left	balra
There's a café to the left.	Balra van egy kávéház.
Is the café big?	A kávéház nagy?
No, it's not big.	Nem, nem nagy.

III

the toilet	a W.C. (vécé)
Where's the toilet?	Hol van a W.C.?
The toilet's to the left.	A W.C. balra van.
Thank you.	Köszönöm.
gladly, with pleasure	szívesen
Don't mention it.	Szívesen.

IV

What's "thanks a lot" in Hungarian?	Mi az magyarul "thanks a lot"?
nicely	szépen
"Köszönöm szépen".	Köszönöm szépen.
And "goodby"?	És "goodby"?
see you again	viszontlátásra
"Viszontlátásra".	Viszontlátásra.

Thank you very much.	Köszönöm szépen.
Don't mention it.	Szívesen.
Good night!	Jó éjszakát!
Good night!	Jó éjszakát!

V

pleases	tetszik
What would you like to have?	Mi tetszik?
I ask, I want, I beg stamp stamp (object)	kérek bélyeg bélyeget (accusative)
I want a stamp.	Kérek egy bélyeget.
else, other, different else, other, different(object) you want; he, she wants	más mást (accusative) parancsol
Don't you want anything else?	Mást nem parancsol?
but cigarette cigarette (object)	de cigaretta cigarettát (accusative)
Oh, yes. I also want some cigarettes.	De igen. Cigarettát is kérek.
how many how many (object)	hány hányat (accusative)
How many do you want?	Hányat parancsol?
ten ten (object)	tíz tizet (accusative)
Ten, please.	Tizet kérek.
what does it cost	mibe kerül
How much is it?	Mibe kerül?
four forint	négy forint[2]
It costs four forints.	Négy forintba kerül.
very expensive	nagyon drága
That's very expensive.	Az nagyon drága.
please cheap	tessék olcsó
Here's a cheap one.	Tessék, itt van egy olcsó.
How much is this?	Ez mibe kerül?
two	kettő, két

Two forints.	Két forintba.
match match (object)	gyufa gyufát (accusative)
I want some matches also.	Gyufát is kérek.
five twenty fillér its price	öt húsz fillér[3] az ára
Here you are. The price is five fillérs.	Tessék. Öt fillér az ára.

VI

hungry	éhes
I'm hungry.	Éhes vagyok.
to eat I'd like	enni szeretnék
I'd like to eat.	Enni szeretnék.
what (object)	mit (accusative)
What would you like to have?	Mit parancsol?
ham ham (object)	sonka sonkát (accusative)
I want ham.	Sonkát kérek.
some, a little water water (object)	egy kis víz vizet (accusative)
And some water.	És egy kis vizet.
bread bread (object)	kenyér kenyeret (accusative)
What kind of bread do you want?	Milyen kenyeret parancsol?
white or brown	fehér vagy barna
We have white or brown.	Van fehér vagy barna.
I want white bread.	Fehér kenyeret kérek.
beer milk cold	sör tej hideg
Is the beer cold?	A sör hideg?
It isn't cold.	Nem hideg.
wine	bor
And the wine?	És a bor?

The wine is very good.	A bor nagyon jó.
coffee tea warm	kávé tea meleg
The coffee and the tea are very good also. They're good and hot.	A kávé és a tea is jó. Jó meleg.
that (object)	azt (accusative)
I don't want any. I'd like wine.	Azt nem kérek. Bort szeretnék.

VII

pardon I beg your pardon, excuse me hour	bocsánat bocsánatot kérek óra
Excuse me, what time is it?	Bocsánatot kérek, hány óra van?
three	három
It's three o'clock.	Három óra van.
when you leave, start, depart;he, she, it leaves, starts, departs train	mikor indul vonat
When does the train leave?	Mikor indul a vonat?
six	hat
The train leaves at six.	Hatkor indul a vonat.
you arrive;he, she, it arrives	érkezik
At what time does the train arrive?	Mikor érkezik a vonat?
seven	hét
At seven.	Hétkor.
begins, starts movie	kezdődik mozi
At what time does the movie begin?	Mikor kezdődik a mozi?
eight nine eleven twelve	nyolc kilenc tizenegy tizenkettő
The movie begins at eight.	Nyolckor kezdődik a mozi.

VIII

how much and	mennyi meg
How much is two and three?	Mennyi kettő meg három?

Two and three is five.	Kettő meg három az öt.
How much is five and six?	Mennyi öt meg hat?
Five and six is eleven.	Öt meg hat az tizenegy.
How much is four and eight?	Mennyi négy meg nyolc?
Four and eight is twelve.	Négy meg nyolc az tizenkettő.
How much is five and five?	Mennyi öt meg öt?
Five and five is ten.	Öt meg öt az tíz.

Notes to the Basic Sentences

[1] Whenever a title, such as Mr., Mrs., Miss, is used before a person's name in English the corresponding Hungarian usage will require the title to follow the name.

[2] Medium of exchange in Hungary, equal to less than 10 cents.

[3] Hungarian monetary unit equal to 1/100 of a forint.

Notes on Pronunciation

Although Hungarian spelling does not present the difficulties encountered in English, there is no writing system existent that can begin to reproduce speech or to represent adequately the features of stress and intonation that are such fundamental elements of any spoken language. So at the beginning of your course do not expect to get much help from your Hungarian textbook in your efforts to acquire and develop proficiency in the Hungarian sound system and in its stress and intonation patterns. These features you can best learn through imitation and oral practice with your instructor in the classroom and through systematic use of the taped drills.

Since Hungarian spelling is for the most part regular and uses the same alphabet as English, the American student should not have much difficulty in reading Hungarian. The standard Hungarian written style is used throughout the textbook, and no use is made of phonemic script. A word of caution at this point, however, is necessary. The student must keep in mind that, although the letter symbols used in Hungarian are in most cases the same as we use in written English, these Hungarian written symbols do not represent the same sound values you know in English. The student will need much drill and practice in the Hungarian sounds in order to reflect these differences in his speech. For that reason we will present for particular drill and attention in the first few units those sound features of Hungarian which experience has shown present particular difficulty for American students.

The Hungarian alphabet consists of the following single letters and digraphs (single speech sounds represented by a combination of two letters, as ph in phone) listed in conventional order:
a, á, b, c, cs, d, e, é, f, g, gy, h, i, í, j, k, l, ly, m, n, ny, o, ó, ö, ő, p, r, s, sz, t, ty, u, ú, ü, ű, v, z, zs. The letters q, w, x and y occur only in borrowed words.
These letters are conventionally divided into two types of sounds: vowels and consonants. The vowels consist of the letters a, á, e, é, i, í, o, ó, ö, ő, u, ú, ü and ű. All the remaining letters of the alphabet are classified as consonants.

A. Short Vowels

Hungarian distinguishes between short and long vowels. The writing system shows this distinction with the mark ´ or ˝ over a long vowel, and no mark over a short one, with the exception of ö and ü. The vowels a, e, i and u are not vastly different from the corresponding English sounds: the sound represented by a is a back open rounded vowel somewhat like the a in hall, but pronounced short. The sound represented by e is an open low front sound something like the vowel in English hat, but short. The vowel i is pronounced approximately like the double e in see, but short and produced well forward in the mouth, with narrower opening and lips more extended than in English. U is a sound very close to the double o in moon, but short.

The Hungarian front rounded vowels ö and ü do not occur in English. To produce ö, pronounce e as in bed with your lips rounded as for whistling. Likewise, to get the sound ü, pronounce e as in he (but short) with your lips rounded again as for whistling. (Note that lip rounding is the only feature which differentiates ü from i and ö from e.)

Experiment with the following groups of words containing the above vowel sounds until your instructor is satisfied with your pronunciation. Do not worry about the meaning of the words in these practices, but concentrate only on the sounds. Be sure that in each word you pronounce the vowels short. The duration of a sound is a highly important feature of Hungarian pronunciation, and in many cases makes a big difference in the meaning of an utterance.

Practice 1. A.

i - - - -	e - - - -	a - - - -	o - - - -	u - - - -	ö - - - -	ü
itt	ez	azt	ott	un	öl	üt
is	egy	hat	hol	ujj	öt	üde
igen	este	van	mond	utca	öböl	üdül
mit	emel	bal	nyolc	mulat	sör	fül
tizet	tej	maga	bor	fut	köszön	sül

Practice 1. B.

ide - üde	el - öl	hal hol	hol - hull
ige - üget	fel - föl	falt - folt	hozat - huzat
izen - üzen	kelt - költ	kar - kor	nyomta - nyugta
olt - ölt	uras - üres	ok - ük	öröm - üröm
ont - önt	ruha - rühe	olt - ült	költöm - küldöm
sor - sör	ugat - üget	folt - fült	köszön - küzdöm

B. Long Vowels

There are no sounds in English exactly like the Hungarian long vowels. If you will pronounce English 'hate' and then ask your instructor to pronounce Hungarian hét, you will notice that the English vowel sound seems to change during its pronunciation, but the Hungarian sound seems tense and stable throughout its duration. Your tongue actually moves during the production of the English vowel sound, but during the production of the Hungarian sound the tongue remains in the same position. The long ó, ő, ú and ű are formed approximately like the short o, ö, u and ü. Thus, the basic difference between the long and the short vowels, with the exception of a - á, and e - é, is one of length rather than quality. The long á is a sound between 'a' in 'father' and 'a' in 'cat'; é as indicated above, is like the 'a' in 'hate', but pronounced more tensely, without any suggestion of the y glide typical in English. (The distinction between the two sounds i and í is rapidly disappearing in the speech of the younger generation of Hungarians. Likewise, as you will observe from the pronunciation of your tutor, for practical purposes a distinction is not always made between u and ú.)

Practice 2. A.

í - - - -	é - - - -	á - - - -	ó - - - -	ú - - - -	ő - - - -	ű
ír	év	áll	óra	úr	ők	űz
íj	hét	át	óda	úgy	ős	fűz
íny	dél	ás	ócska	fúj	ősz	fűt
íz	szép	hát	óta	hús	őz	fű
kín	négy	hány	jó	túl	főz	tű

Practice 2. B.

íz - űz	ék - ők	ás - ős	szó - szú
tíz - tűz	ér - őr	ár - őr	rózsa - rúzsa
szín - szűn	tér - tőr	fák - fők	tóra - túra
ló - lő	úr - űr	tó - tű	fő - fű
tó - tő	túr - tűr	hó - hű	főz - fűz
cipó - cipő	út - fűt	só - sűrű	szőr - szűr

C. Digraphs

Each of the consonant combinations cs, gy, ly, ny, sz, ty and zs represents a separate sound in the Hungarian writing system, and as such is considered a separate letter of the Hungarian alphabet. The following comparisons with English sounds are for general guidance: (In Hungarian the pronunciation of a sound may be affected and modified by adjacent sounds, as we shall see later.)

CS is pronounced like ch in child.

GY - like the d in duke, with strong palatalization, that is, the tongue pressing hard against the upper gum ridge.

LY - like the y in yes.

NY - like ny in canyon.

SZ - like s in sun.

TY - like t in tune, with strong palatalization.

ZS - like s in pleasure.

Practice 3.

cs	gy	ly	ny	sz	zs	ty
csak	gyár	lyuk	nyak	szabó	zseb	tyúk
kovács	egy	bélyeg	nyolc	szép	zsír	tyuhaj
bocsánat	négy	mély	mennyi	beszél	zsarol	atya
parancsol	vagyok	milyen	kenyér	köszönöm	rozs	batyu
olcsó	magyar	olyan	könyv	tiszta	rózsa	bátyám
kicsi	gyere	gally	asszony	szálloda	tőzsde	bástya

Notes on Grammar
(For Home Study)

A. The Article

Hungarian, as English, uses both definite and indefinite articles. The definite article 'the' has two forms: a before words beginning with a consonant, and az before words beginning with a vowel. The Hungarian definite article is not always used in the same way as the English 'the'. The differences in usage will be discussed in subsequent units.

In an unstressed position the indefinite article egy corresponds in meaning to the English 'a' or 'an', but when emphasized or used alone it is equivalent in meaning to 'one'. It likewise does not correspond exactly to the English indefinite article in its usage. The tendency in colloquial speech in general is not to use it except when attention is directed to the singleness of an object or when it has the meaning of 'a certain'.

B. Omission of Subject Pronoun

Note the following expressions from the Basic Sentences:

Jól vagyok.	I am well.
Kérek egy bélyeget.	I want a stamp.
Beszél magyarul?	Do you speak Hungarian?
Mibe kerül?	What does it cost?

One striking difference between the above Hungarian statements and the corresponding English equivalents is that in English the pronoun subject ('I', 'you', 'it') is expressed, whereas in Hungarian it is left out. The form of the Hungarian verb usually shows clearly what the subject is, so the Hungarian does not have to depend on the pronoun to complete the meaning expressed by the verb. As a rule, the pronoun subject is not used much in conversation; its use is generally limited for purposes of emphasis or clarification:

Én beszélek magyarul. It is <u>I</u> (not you) who speak Hungarian.

C. Equational Sentences

Ez a követség.	This is the embassy.
Az egy vendéglő.	That's a restaurant.
A szálloda tiszta.	The hotel is clean.
A sör nem drága.	The beer is not expensive.
Maga Kovács úr?	Are you Mr. Smith?

The English equivalents of the above Hungarian expressions have the word 'is' (or 'are') in common. In Hungarian the subject and the predicate noun or adjective are simply juxtaposed, with no verb. Note that <u>maga</u> 'you' patterns with third person subjects, as in the last example.

D. Negative Sentences

In English a sentence may be made negative by the use of the auxiliary verb 'do' followed by the word 'not' plus the action word; for example, the negative of 'I go' is 'I do not go'. Hungarian uses no auxiliary in the formation of the negative; the form <u>nem</u> (not) is simply placed before the verb: <u>kér</u> ('he wants') - <u>nem kér</u> ('he doesn't want').

E. Word Order

Word order in a Hungarian sentence is much more flexible than it is in English. However, one simple pattern, common to Hungarian as well as English and illustrated in some of the Basic Sentences of this unit, consists of <u>subject</u> plus <u>predicate</u> (verb):

A bor is nagyon jó.

A basic principle of Hungarian word order that the student will do well to keep in mind is that the most emphatic element in the Hungarian sentence always comes immediately before the predicate (verb).

SUBSTITUTION DRILL

This section is made up of a number of model sentences. One or two words in each sentence are underscored. Below each group will be found a series of isolated words. The drill consists in substituting these words, one by one, for the one that is underscored in the model sentence, and making necessary changes in the rest of the sentence.

The instructor says the model sentence out loud, and the class repeats after him. The first student makes the first substitution, the next student the second, and so on. Repeat until all students have had a chance to make each substitution at least once, then proceed to the next model sentence.

This drill may be done with books closed. The instructor then gives the students the item to be substituted.

Keep things moving along. Maintain a lively pace. If one student gets stuck, the next one takes over after three or four seconds, or the instructor supplies the cue.

1.	Hol van egy vendéglő?	Where's there a restaurant?
	hotel - toilet - movie - café - cigarette	szálloda - W.C. - mozi - kávéház - cigaretta
2.	Itt van egy vendéglő.	Here's a restaurant.
	cigarette - café - movie - toilet - hotel	cigaretta - kávéház - mozi - W.C. - szálloda
3.	Merre van a kávéház?	Which is the way to the café?
	airport - embassy - toilet - train - movie	repülőtér - követség - W.C. - vonat - mozi
4.	A kávéház jobbra van.	The café is to the right.
	embassy - airport - train - hotel - movie	követség - repülőtér - vonat - szálloda - mozi
5.	Hol van Kis úr?	Where's Mr. Little?
	Mrs. Little - Mr. Taylor - Miss Taylor - Budapest New York - Baltimore	Kisné - Szabó úr - Szabó kisasszony - Budapest - New York - Baltimore
6.	Ott van Kis úr.	There's Mr. Little.
	Mrs. Taylor - the station - the hotel - the bread - the milk	Szabóné - az állomás - a szálloda - a kenyér - a tej
7.	Mibe kerül a kávé?	How much does the coffee cost?
	stamp - bread - milk - beer - tea - ham	bélyeg - kenyér - tej - sör - tea - sonka
8.	A kávé tíz fillérbe kerül.	The coffee costs ten fillérs.
	milk - stamp - beer - wine - tea	tej - bélyeg - sör - bor - tea
9.	A vendéglő drága.	The restaurant is expensive.
	hotel - café - coffee - beer - ham - wine	szálloda - kávéház - kávé - sör - sonka - bor
10.	A kávé jó.	The coffee is good.
	beer - milk - tea - ham - wine - bread	sör - tej - tea - sonka - bor - kenyér
11.	A sör jó?	Is the beer good?
	wine - coffee - bread - milk - hotel - restaurant	bor - kávé - kenyér - tej - szálloda - vendéglő

12.	A bor nagyon jó.	The wine is very good.
	café - bread - hotel - milk - water - ham	kávéház - kenyér - szálloda - tej - víz - sonka
13.	A szálloda olcsó.	The hotel is cheap.
	café - restaurant - movie - wine - beer - milk	kávéház - vendéglő - mozi - bor - sör - tej
14.	A sör is nagyon jó.	The beer is very good also.
	tea - water - wine - milk - bread - hotel - restaurant	tea - víz - bor - tej - kenyér - szálloda - vendéglő
15.	Az a vendéglő nem drága.	That restaurant isn't expensive.
	hotel - café - wine - bread - beer - milk	szálloda - kávéház - bor - kenyér - sör - tej
16.	Ez a kávéház nagyon nagy.	This café is very big.
	small - clean - nice - cold - warm - expensive - cheap	kicsi - tiszta - szép - hideg - meleg - drága - olcsó
17.	Az nem a szálloda.	That isn't the hotel.
	embassy - station - airport - train - café - restaurant - toilet	követség - állomás - repülőtér - vonat - kávéház - vendéglő - W.C.
18.	Három óra van.	It's three o'clock.
	one - four - six - eight - nine - eleven - five - seven - ten - twelve	egy - négy - hat - nyolc - kilenc - tizenegy - öt - hét - tíz - tizenkét
19.	Mikor indul Kisné?	When does Mrs. Little leave?
	Mr. Little - Miss Little - Miss Taylor - Mr. Taylor - Mrs. Taylor	Kis úr - Kis kisasszony - Szabó kisasszony - Szabó úr - Szabóné
20.	Hatkor indul a vonat.	The train leaves at six.
	at one - at three - at seven - at eight - at ten - at twelve - at four - at nine - at two - at five - at eleven	egykor - háromkor - hétkor - nyolckor - tízkor - tizenkettőkor - négykor - kilenckor - kettőkor - ötkor - tizenegykor
21.	Bocsánatot kérek, hol van a mozi?	Excuse me, where is the movie?
	embassy - toilet - station - train - hotel - airport	követség - W.C. - állomás - vonat - szálloda - repülőtér
22.	Hogy van, Kis úr?	How are you, Mr. Little?
	Miss Little - Mrs. Taylor - Mrs. Little - Miss Taylor - Mr. Taylor	Kis kisasszony - Szabóné - Kisné - Szabó kisasszony - Szabó úr
23.	Öt fillér az ára.	Its price is five fillérs.
	ten fillérs - twenty fillérs - twelve fillérs - three forints - eight forints - fifteen forints	tíz fillér - húsz fillér - tizenkét fillér - három forint - nyolc forint - tizenöt forint

The sentences in each group of this section are to be completed by one of the isolated words which appear at the head of each group, as illustrated by the English versions. Each student takes a sentence. Complete one group with one of the suggested words before taking up the next word.

1. embassy - hotel - restaurant - airport -

Hol van ____________________?	Where's the embassy?
Itt van ____________________.	Here's the embassy.
Ez________________________?	Is this the embassy?
Igen, ez____________________.	Yes, this is the embassy.
Nem, nem ez ________________.	No, this isn't the embassy.
Merre van __________________?	Which is the way to the embassy?
Balra van __________________.	The embassy is to the left.
Egyenesen előre van ________?	Is the embassy straight ahead?
Igen, egyenesen előre van __.	Yes, the embassy is straight ahead.

2. wine - beer - coffee - bread

______________________ jó?	Is the wine good?
Igen,________ nagyon jó.	Yes, the wine is very good.
Nem,_________ nem nagyon jó.	No, the wine isn't very good.
__________________drága?	Is the wine expensive?
Nem,__________ olcsó.	No, the wine is cheap.
Hol van _______________?	Where's the wine?
Itt van _______________.	Here's the wine.

VARIATION DRILL

This section is made up of several groups of sentences. Each group is headed by a model sentence which is underscored. The instructor reads the model sentence out loud, and the class repeats after him. The first student then gives the Hungarian version of the first English variation sentence under the model sentence. The next student takes the second sentence, and so on.

While doing this drill, STUDENTS MUST COVER THE RIGHT-HAND SIDE OF THE PAGE.

The English version must be read silently, and the Hungarian version must be given without stopping, with the proper pronunciation, including intonation. If you have to "translate" word by word,you need more practice with the Basic Sentences.

The instructor must insist on COMPLETE SENTENCES.

I

1. Beszél magyarul?	Do you speak Hungarian?
a. Do you speak English?	Beszél angolul?
b. Do you speak Hungarian?	Beszél magyarul?
c. Do you understand Hungarian?	Ért magyarul?
d. Do you understand English?	Ért angolul?
2. Nem beszélek jól magyarul.	I don't speak Hungarian well.
a. I don't speak English well.	Nem beszélek jól angolul.
b. I don't speak Hungarian well.	Nem beszélek jól magyarul.
c. I don't understand Hungarian well.	Nem értek jól magyarul.
d. I don't understand English well.	Nem értek jól angolul.

3. <u>Nem beszél magyarul</u>.	<u>He doesn't speak Hungarian</u>.
a. He doesn't speak English.	Nem beszél angolul.
b. He doesn't speak Hungarian.	Nem beszél magyarul.
c. He doesn't speak Hungarian well.	Nem beszél jól magyarul.
d. He doesn't understand Hungarian well.	Nem ért jól magyarul.
e. He doesn't understand English well.	Nem ért jól angolul.
4. <u>A tej meleg</u>.	<u>The milk is warm</u>.
a. The embassy is big.	A követség nagy.
b. The coffee is cold.	A kávé hideg.
c. The hotel is small.	A szálloda kicsi.
d. The restaurant is good.	A vendéglő jó.
e. The movie is dirty.	A mozi piszkos.
5. <u>A tea nem meleg</u>.	<u>The tea isn't hot</u>.
a. The beer isn't cold.	A sör nem hideg.
b. The wine isn't cheap.	A bor nem olcsó.
c. The ham isn't good.	A sonka nem jó.
d. The bread isn't brown.	A kenyér nem barna.
e. The embassy isn't big.	A követség nem nagy.
6. <u>A bor nagyon drága</u>.	<u>The wine is very expensive</u>.
a. The tea is very hot.	A tea nagyon meleg.
b. The milk is very cold.	A tej nagyon hideg.
c. The hotel is very clean.	A szálloda nagyon tiszta.
d. The restaurant is very good.	A vendéglő nagyon jó.
e. The café is very small.	A kávéház nagyon kicsi.
7. <u>A tej nem nagyon drága</u>.	<u>The milk isn't very expensive</u>.
a. The beer isn't very cold.	A sör nem nagyon hideg.
b. The ham isn't very good.	A sonka nem nagyon jó.
c. The restaurant isn't very expensive.	A vendéglő nem nagyon drága.
d. The toilet isn't very clean.	A W.C. nem nagyon tiszta.
e. The bread isn't very white.	A kenyér nem nagyon fehér.
8. <u>A bor is nagyon jó</u>.	<u>The wine also is very good</u>.
a. The coffee also is very good.	A kávé is nagyon jó.
b. The ham also is very good.	A sonka is nagyon jó.
c. The restaurant also is very good.	A vendéglő is nagyon jó.
d. The café also is very good.	A kávéház is nagyon jó.
e. The hotel also is very good.	A szálloda is nagyon jó.
9. <u>Jobbra van az amerikai követség</u>.	<u>The American Embassy is to the right</u>.
a. The station is to the left.	Balra van az állomás.
b. The airport is straight ahead.	Egyenesen előre van a repülőtér.
c. The hotel is to the right.	Jobbra van a szálloda.
d. Here's the café.	Itt van a kávéház.
e. There's the restaurant.	Ott van a vendéglő.

10. Ez az állomás? Nem, az az állomás. — Is this the station? No, that's the station.

a. Is this the restaurant? No, that's the restaurant. — Ez a vendéglő? Nem, az a vendéglő.
b. Is this the embassy? No, that's the embassy. — Ez a követség? Nem, az a követség.
c. Is that the hotel? No, this is the hotel. — Az a szálloda? Nem, ez a szálloda.
d. Is this the airport? Yes, this is the airport. — Ez a repülőtér? Igen, ez a repülőtér.

11. Hol van az állomás? Jobbra van. — Where's the station? It's to the right.

a. Where's the hotel? It's straight ahead. — Hol van a szálloda? Egyenesen előre van.
b. Where's the restaurant? It's to the left. — Hol van a vendéglő? Balra van.
c. Where's the café? It's here. — Hol van a kávéház? Itt van.
d. Where's the embassy? It's there. — Hol van a követség? Ott van.

12. A szálloda tiszta? Igen, tiszta. — Is the hotel clean? Yes, it's clean.

a. Is the restaurant expensive? Yes, it's expensive. — A vendéglő drága? Igen, drága.
b. Is the beer cold? No, it's not cold. — A sör hideg? Nem, nem hideg.
c. Is the café warm? Yes, it's warm. — A kávéház meleg? Igen, meleg.
d. Is the airport big? Yes, it's big. — A repülőtér nagy? Igen, nagy.

13. Mibe kerül a kávé? Húsz fillérbe kerül. — How much does the coffee cost? It costs twenty fillérs.

a. How much does the beer cost? It costs one forint. — Mibe kerül a sör? Egy forintba kerül.
b. How much does the bread cost? It costs 6 fillérs. — Mibe kerül a kenyér? Hat fillérbe kerül.
c. How much does the ham cost? It costs 2 forints. — Mibe kerül a sonka? Két forintba kerül.
d. How much does the stamp cost? It costs 15 fillérs. — Mibe kerül a bélyeg? Tizenöt fillérbe kerül.

14. Három meg négy az hét. — Three and four is seven.

a. Five and three is eight. — Öt meg három az nyolc.
b. Seven and two is nine. — Hét meg kettő az kilenc.
c. Three and eight is eleven. — Három meg nyolc az tizenegy.
d. One and six is seven. — Egy meg hat az hét.
e. Is eight and two nine? — Nyolc meg kettő az kilenc?
f. No, eight and two is ten. — Nem, nyolc meg kettő az tíz.

15. Milyen a repülőtér? Nagy? — What's the airport like? Is it big?

a. What's the hotel like? Is it clean? — Milyen a szálloda? Tiszta?
b. What's the movie like? Is it good? — Milyen a mozi? Jó?
c. What's the café like? Is it small? — Milyen a kávéház? Kicsi?
d. What's the tea like? Is it hot? — Milyen a tea? Meleg?
e. What's the beer like? Is it cold? — Milyen a sör? Hideg?

16. Mikor érkezik a vonat? — At what time does the train arrive?

a. At what time does Mrs. Kis arrive? — Mikor érkezik Kisné?
b. At what time does Mrs. Szabó leave? — Mikor indul Szabóné?
c. At what time does Mr. Szabó leave? — Mikor indul Szabó úr?
d. At what time does the movie begin? — Mikor kezdődik a mozi?
e. At what time does Mr. Kis arrive? — Mikor érkezik Kis úr?

17. Kilenckor érkezik Kis úr. — Mr. Little arrives at nine.

a. Mrs. Szabó arrives at ten. — Tízkor érkezik Szabóné.
b. Miss Szabó leaves at four. — Négykor indul Szabó kisasszony.
c. Mrs. Kis leaves at five. — Ötkor indul Kisné.
d. The movie begins at eight. — Nyolckor kezdődik a mozi.
e. Miss Kis arrives at twelve. — Tizenkettőkor érkezik Kis kisasszony.

II

1. Count in Hungarian from 1 to 20 (forward, backward, odd numbers only, even numbers only, by twos, by threes, etc.).

2. Read the following out loud in Hungarian:

2 meg 3 az 5	5 meg 5 az 10	15 meg 5 az 20
4 meg 4 az 8	10 meg 2 az 12	9 meg 9 az 18
5 meg 2 az 7	12 meg 3 az 15	7 meg 13 az 20
6 meg 3 az 9	16 meg 2 az 18	5 meg 11 az 16
4 meg 5 az 9	11 meg 3 az 14	3 meg 15 az 18
3 meg 3 az 6	14 meg 3 az 17	2 meg 9 az 11
2 meg 8 az 10	3 meg 2 az 5	4 meg 8 az 12
4 meg 3 az 7	13 meg 3 az 16	5 meg 9 az 14
9 meg 1 az 10	15 meg 4 az 19	7 meg 12 az 19
2 meg 2 az 4	12 meg 8 az 20	8 meg 10 az 18
7 meg 3 az 10	8 meg 8 az 16	9 meg 6 az 15
6 meg 1 az 7	7 meg 7 az 14	7 meg 9 az 16
4 meg 2 az 6	6 meg 6 az 12	10 meg 10 az 20

TRANSLATION DRILL

Students cover right-hand side of page and take turns giving the Hungarian version of the sentences in the English column. The instructor must insist that each student give his version without hesitation. Go over the drill several times, until each student has had an opportunity of giving all sentences.

Unless students can do this drill confidently, they need more preparation.

1. What's this? Is this the station? — Mi ez? Ez az állomás?
2. Yes, this is the station. — Igen, ez az állomás.
3. What's the station like? — Milyen az állomás?
4. The station is big and clean. — Az állomás nagy és tiszta.
5. What time is it? — Hány óra van?
6. It's three o'clock. — Három óra van.
7. When does the train leave? — Mikor indul a vonat?
8. The train leaves at four. — Négykor indul a vonat.
9. Where's the train? — Hol van a vonat?
10. The train is straight ahead. — A vonat egyenesen előre van.

11. Is the train clean?	A vonat tiszta?
12. It isn't very clean.	Nem nagyon tiszta.
13. When does Mrs. Kis leave?	Mikor indul Kisné?
14. She leaves at four.	Négykor indul.
15. Is Mr. Kis also here?	Kis úr is itt van?
16. Yes, he's here.	Igen, itt van.
17. How are you, Mr. Kis?	Hogy van, Kis úr?
18. Thank you, I'm well.	Köszönöm, jól vagyok.
19. What would you like to have?	Mi tetszik?
20. I want coffee.	Kávét kérek.
21. Please. Here it is.	Tessék. Itt van.
22. Is the coffee warm?	A kávé meleg?
23. Yes, it's warm.	Igen, meleg.
24. How much is it?	Mibe kerül?
25. Its price is ten fillérs.	Tíz fillér az ára.
26. What's that? Is it wine?	Mi az? Bor?
27. No, it's not wine; it's beer.	Nem, nem bor, sör.
28. Is the beer expensive?	A sör drága?
29. It isn't expensive; it's cheap.	Nem drága, olcsó.
30. Is the bread white?	A kenyér fehér?
31. It isn't white; it's brown.	Nem fehér, barna.
32. Is the ham cold?	A sonka hideg?
33. The ham isn't cold; it's warm.	A sonka nem hideg, meleg.
34. Is the water cold?	A víz hideg?
35. Yes, it's very cold.	Igen, nagyon hideg.
36. Don't you want anything else?	Mást nem parancsol?
37. No, thank you.	Köszönöm, nem.
38. Where's Miss Szabó?	Hol van Szabó kisasszony?
39. She's there.	Ott van.
40. Does she speak Hungarian?	Beszél magyarul?
41. She doesn't speak Hungarian.	Nem beszél magyarul.
42. And you? Do you speak Hungarian?	És maga? Beszél magyarul?
43. Yes, I speak Hungarian.	Igen, beszélek magyarul.
44. Do you speak English also?	Beszél angolul is?
45. Yes, I speak English also.	Igen, beszélek angolul is.
46. What time does the movie begin?	Mikor kezdődik a mozi?
47. It begins at six.	Hatkor kezdődik.
48. Thank you very much.	Köszönöm szépen.
49. Don't mention it.	Szívesen.
50. Good night.	Jó éjszakát.

RESPONSE DRILL

Students are to prepare this drill at home. The questions are generally directed toward the situation or situations presented in the Basic Sentences. However, the student need not feel restricted to verbatim repetition of the Basic Sentences as the only possible answers. He should feel free to vary them or to replace them by his own formulations <u>ad libitum</u>, within the limitations of structure and vocabulary covered.

1. Jó reggelt, Szabó úr! Hogy van?	Good morning, Mr. Szabó! How are you?
2. Beszél magyarul?	Do you speak Hungarian?
3. Beszél angolul?	Do you speak English?
4. Kis úr amerikai?	Is Mr. Kis an American?
5. Kisné amerikai?	Is Mrs. Kis an American?
6. Bocsánatot kérek, merre van az állomás?	Excuse me, which is the way to the station?
7. A vonat egyenesen előre van?	Is the train straight ahead?
8. Hol van a W. C. ?	Where's the toilet?
9. A W. C. tiszta?	Is the toilet clean?
10. Hol van egy vendéglő?	Where is there a restaurant?
11. A vendéglő jó?	Is the restaurant good?
12. A vendéglő drága?	Is the restaurant expensive?

13. Merre van a szálloda?	Which is the way to the hotel?
14. A szálloda olcsó?	Is the hotel cheap?
15. Mibe kerül a szálloda?	What does the hotel cost?
16. Mibe kerül a kávé?	What does the coffee cost?
17. A kávé meleg?	Is the coffee warm?
18. A tea hideg?	Is the tea cold?
19. A sonka jó?	Is the ham good?
20. A kenyér fehér?	Is the bread white?
21. A tej jó?	Is the milk good?
22. A sör hideg?	Is the beer cold?
23. A víz tiszta?	Is the water clean?
24. A bor drága?	Is the wine expensive?
25. A bélyeg kicsi?	Is the stamp small?
26. Hol van egy kávéház?	Where's there a café?
27. A kávéház nagy?	Is the café big?
28. Hol van a követség?	Where's the embassy?
29. Ez az amerikai követség?	Is this the American Embassy?
30. Az amerikai követség nagy?	Is the American Embassy big?
31. Hány óra van?	What time is it?
32. Tíz óra van?	Is it ten o'clock?
33. Mikor érkezik a vonat?	At what time does the train arrive?
34. Mikor érkezik Szabóné?	At what time is Mrs. Szabó arriving?
35. Mikor indul Kis kisasszony?	At what time is Miss Kis leaving?
36. Kis kisasszony szép?	Is Miss Kis pretty?
37. Kisné barna?	Is Mrs. Kis brown?
38. Kis úr beszél angolul?	Does Mr. Kis speak English?
39. Mikor kezdődik a mozi?	At what time does the movie begin?
40. Mi az magyarul 'goodby'?	How do you say 'goodby' in Hungarian?

CONVERSATION PRACTICE

Students keep books closed. Preparation before class is recommended.

The instructor reads one conversational bout three or four times, out loud, again at normal speed. Class listens and students memorize.

The instructor and one student now 'play back' the conversation. Repeat each bout until each student has taken each part once. Then proceed to the next bout.

Keep the ball rolling. If students are hesitant, abandon this drill for the day. Students will prepare themselves at home for the next repetition of the drill.

The instructor will POSTPONE CORRECTING OF MISTAKES during a bout until after it is concluded so as not to discourage the student. After the bout, the instructor simply says the mistaken or mispronounced item to the student and has him repeat it after him.

1

A: Jó reggelt! Beszél angolul?
B: Jó reggelt! Igen, beszélek angolul.
A: Kérek egy bélyeget.
B: Tessék. Mást nem parancsol?
A: De igen. Cigarettát is szeretnék.
B: Hányat parancsol?
A: Tizet kérek.
B: Parancsol gyufát?
A: Azt is kérek. Mibe kerül?
B: Két forintba kerül.
A: Tessék a két forint.
B: Köszönöm.

2

A: Bocsánatot kérek, hol van egy kávéház?
B: Balra van egy kávéház.
A: Ez a kávéház?
B: Nem. Ez egy vendéglő. Az ott a kávéház.
A: Hol van az amerikai követség?
B: Jobbra van a követség.
A: Köszönöm szépen.
B: Szívesen. Jó éjszakát.
A: Jó éjszakát.

3

A: Jó estét, Kis úr! Mi tetszik?
B: Sört kérek. Enni is szeretnék.
A: Van sonka, kenyér, tej és kávé.
B: Sonkát kérek és egy kis kenyeret.
A: Milyen kenyeret parancsol? Van fehér és barna.
B: Barna kenyeret kérek.
A: Tessék.
B: Köszönöm... Mibe kerül?
A: Öt forintba.
B: Tessék.
A: Köszönöm. Jó éjszakát.

SITUATIONS

You are now ready for free conversation. Act out the following situations, which are slight variations on the Basic Sentences, as freely and fluently as you can, making use of all the patterns you have learned.

1. You have just arrived in Budapest; you stop a stranger on the street and ask him where there is a good restaurant. He gives you the directions. You don't understand so you tell him that you don't know much Hungarian and repeat the question. He gives it again much more slowly. Now you understand him, thank him, and say goodby.

2. Go through this conversation again, asking for a hotel, café, station, etc. The stranger on the street gives you different directions.

3. You walk into a café, the waitress greets you and asks you how you are. You return her greeting and tell her you are fine and that you are very hungry. She tells you they have cold ham. You say fine, you want ham and some bread. She asks you whether you want white or brown bread. You tell her your choice and ask for beer also. After the meal you ask her how much everything is. She tells you 10 forints. You pay her and say goodby.

4. You go into a cigar store, and after exchanging greetings ask for cigarettes. The proprietor asks you how many you would like. You tell him and ask the price. He tells you how much they cost and you feel they're too expensive. He has some cheap ones also - which you buy. You need some matches too. You pay and say goodby.

NARRATIVE

Ez az állomás. Az állomás nagy, de nem tiszta. Egyenesen előre van az amerikai követség. Az amerikai követség nagy és szép. Jobbra van egy kávéház, balra egy vendéglő. A vendéglő kicsi, de jó és olcsó.

Éhes vagyok. Egy kis sonkát szeretnék enni. Sonkát, kenyeret és sört kérek. A sör jó hideg. A bor is jó, de a jó bor drága. Az olcsó bor nem jó. A tej nem drága. Húsz fillér az ára.

Kis úr is itt van. Kis úr nem beszél angolul, de Kisné igen.

A KÁVÉHÁZBAN

Basic Sentences

rose	rózsa
John	János
the Johnsons	Johnsonék
to meet	találkozni
you, they meet	találkoznak
in Budapest	Budapesten
John Rose and the Johnsons meet in Budapest.	Rózsa János[1] és Johnsonék találkoznak Budapesten.
Americans	amerikaiak
Peter	Péter
diplomat	diplomata[2]
The Johnsons are Americans. Peter Johnson is a Foreign Service Officer.	Johnsonék amerikaiak. Johnson Péter diplomata.

I

RÓZSA	
Hello, Mr. Johnson! How are you?	Jó napot, Johnson úr! Hogy van?
JOHNSON	
Hello, Mr. Rose! Thank you, I'm fine.	Jó napot, Rózsa úr! Köszönöm, jól vagyok.
hand	kéz
to kiss	csókolni
I kiss your hand	kezét csókolom[3]
woman	asszony
my lady, madam	asszonyom
RÓZSA	
I kiss your hand, Madam!	Kezét csókolom, asszonyom!
long ago	régen
to see	látni
I saw	láttam
MRS. JOHNSON	
Hello, Mr. Rose! I haven't seen you for a long time.	Jó napot, Rózsa úr! Régen nem láttam.
certainly, indeed	bizony
where, in which direction	hova
to hurry	sietni
you hurry; he, she, it hurries	siet
RÓZSA	
It's been a long time, indeed. Where are you hurrying, Madam?	Bizony nagyon régen. Hova siet, asszonyom?

to purchase, go shopping	vásárolni
MRS. JOHNSON	
I'm going shopping.	Vásárolni.
to want, intend	akarni
you want; he, she wants	akar
RÓZSA	
What do you intend to buy?	Mit akar vásárolni?
hat	kalap
coat	kabát
I want	akarok
to buy, take	venni
MRS. JOHNSON	
I intend to buy a hat.	Kalapot akarok venni.
you want (speaking to family member or intimate friend)	akarsz
Mary	Mária
JOHNSON	
What kind of a hat do you want to buy, Mary?	Milyen kalapot akarsz venni, Mária?
MRS. JOHNSON	
A nice white hat.	Egy szép fehér kalapot.
RÓZSA	
How do you like Budapest, Madam?	Hogy tetszik Budapest, asszonyom?
beautiful, magnificent	gyönyörű
city	város
now	most
I hurry	sietek
MRS. JOHNSON	
I like it very much.	Nagyon tetszik.
Budapest is a beautiful city.	Budapest gyönyörű város.
But I'm in a hurry now.	De most sietek.
Goodby, Mr. Rose!	Viszontlátásra, Rózsa úr!
to do, make	csinálni
you do, make; he, she, it does, makes	csinál
RÓZSA	
I kiss your hand, Madam!	Kezét csókolom, asszonyom!
What are you going to do now, Mr. Johnson?	Maga most mit csinál, Johnson úr?
to have lunch or dinner	ebédelni
to come	jönni
you come; he, she, it comes	jön
with me	velem

JOHNSON	
I'd like to have lunch. Won't you come with me?	Ebédelni akarok. Nem jön velem?
RÓZSA	
Thank you, I'll be glad to.	Köszönöm, nagyon szívesen.

II

(In the café)	(A kávéházban)
Smith	Kovács
JOHNSON	
Good morning, Mr. Smith! What are you doing?	Jó reggelt, Kovács úr! Mit csinál?
only, merely, just	csak
to sit (I sit)	ülni (ülök)
to read (I read)	olvasni (olvasok)
to write (I write)	írni (írok)
to look (I look)	nézni (nézek)
to draw (I draw)	rajzolni (rajzolok)
KOVÁCS	
Good morning, Mr. Johnson! I'm just sitting and reading.	Jó reggelt, Johnson úr! Csak ülök és olvasok.
you read; he, she reads	olvas
newspaper	újság
book	könyv
letter	levél
JOHNSON	
What paper are you reading?	Milyen újságot olvas?
Hungarian	magyar
English	angol
KOVÁCS	
A Hungarian newspaper.	Magyar újságot.
seat, place	hely
to occupy	foglalni
to take a seat, to sit down	helyet foglalni
chair	szék
Please sit down. Here's a chair.	Tessék helyet foglalni. Itt van egy szék.
tired	fáradt
sick	beteg
JOHNSON	
Thank you. I'm tired. It's very hot.	Köszönöm. Fáradt vagyok. Nagyon meleg van.
waiter	pincér
right away, immediately	mindjárt
to bring	hozni
you bring; he, she, it brings	hoz

glass	pohár
KOVÁCS	
The waiter will bring a glass of water right away. Are you hungry?	A pincér mindjárt hoz egy pohár vizet. Éhes?
JOHNSON	
I'm not hungry.	Nem vagyok éhes.
to say	mondani
you say; he, she says	mondja
who	ki
tall, high	magas
short, low	alacsony
fat	kövér
thin, slim	sovány
lady	hölgy
girl	lány
woman	nő
Say, who is that tall lady?	Mondja, ki az a magas hölgy?
to know, be acquainted	ismerni
you know; he, she knows	ismeri
he, she	ő
him, her	őt
KOVÁCS	
She's Mary Taylor. Don't you know her?	Szabó Mária. Nem ismeri őt?
I know	ismerem
JOHNSON	
No, I don't. Is she an American?	Nem ismerem. Amerikai?
often	gyakran
with her, him, it	vele
KOVÁCS	
No, she's not. She's a Hungarian. I often speak Hungarian with her. But she speaks English well, too.	Nem amerikai. Magyar. Gyakran beszélek vele magyarul. De angolul is jól beszél.

III

tomorrow	holnap
Vienna	Bécs
to Vienna	Bécsbe
to travel	utazni
we travel	utazunk
JOHNSON	
We're traveling to Vienna tomorrow.	Holnap Bécsbe utazunk.
you, they do, make	csinálnak
in Vienna	Bécsben

KOVÁCS	
What will you be doing in Vienna?	Mit csinálnak Bécsben?
we purchase	vásárolunk
wife	feleség
my wife	feleségem
to find	találni
you find; he, she finds	talál
nothing	semmi
JOHNSON	
We're going shopping. My wife can't find anything in Budapest.	Vásárolunk. A feleségem Budapesten nem talál semmit.
KOVÁCS	
What does she want to buy?	Mit akar venni?
red	piros
handbag	táska
yellow	sárga
JOHNSON	
She wants to buy a red handbag. But here she can't find any red ones, only yellow ones.	Egy piros táskát. De itt nem talál pirosat, csak sárgát.
surely	biztosan
you, they find	találnak
everything, every, all	minden
KOVÁCS	
You'll surely find everything in Vienna.	Bécsben biztosan találnak mindent.
if	ha
I find	találok
I bring	hozok
but	hanem
JOHNSON	
Of course. And if I find any nice bags, I'll bring not one but two.	Biztosan. És ha szép táskát találok, nem egyet hozok, hanem kettőt.
KOVÁCS	
Don't you intend to buy anything else?	Mást nem akar venni?
a pair	egy pár
shoe	cipő
JOHNSON	
Yes, I intend to buy a pair of shoes also.	De igen. Egy pár cipőt is akarok venni.
something, some	valami
gift, present	ajándék
toy	játék
ball	labda
pencil	ceruza

paper	papír
pen	toll
And some presents.	Meg valami ajándékot.

IV

passport	útlevél
passports	útlevelek
examination, inspection	vizsgálat
please	kérem
OFFICER	
Passport inspection! Passports, please.	Útlevélvizsgálat! Kérem az útleveleket.
JOHNSON	
Here you are.	Tessék.
name	név
your, his, her, its name	a neve
OFFICER	
What's your name?	Mi a neve?
my name	a nevem
JOHNSON	
My name is Peter Johnson.	Johnson Péter a nevem.
you travel; he, she travels	utazik
OFFICER	
Where are you traveling?	Hova utazik?
JOHNSON	
To Vienna.	Bécsbe.
how long	meddig
to remain, stay	maradni
you remain, stay; he, she, it remains, stays	marad
OFFICER	
How long are you staying there?	Meddig marad ott?
week	hét
for two weeks	két hétig
afterwards, then	azután
to go back, return	visszamenni
JOHNSON	
Just for a couple of weeks. Then I intend to go back to Budapest.	Csak két hétig. Azután vissza akarok menni Budapestre.
customs	vám
suitcase	bőrönd
in the suitcase	a bőröndben

OFFICER

Customs inspection: What's in the suitcase?	Vámvizsgálat! Mi van a bőröndben?
clothes, suit, dress	ruha

JOHNSON

There are only clothes in the suitcase.	Csak ruha van a bőröndben.
lucky	szerencsés
trip	út

OFFICER

Thank you. Have a nice trip.	Köszönöm. Szerencsés utat.

Notes to the Basic Sentences

[1] Just as titles follow the surname, likewise when a Christian name is used with the family name, the Christian name comes after the family name: <u>Rózsa János</u> ('John Rose'), <u>Johnson Péter</u> ('Peter Johnson'). As a rule, titles are used only with the surname except in addressing letters, where the full name may be written, followed by the title.

[2] Used loosely to designate any Foreign Service officer abroad.

[3] Polite way of greeting a lady.

Notes on Pronunciation

A. Long and Short Vowels

It is extremely important for you to make the distinction in Hungarian between long and short vowels because the length of vowel sounds is one important way Hungarians distinguish meaning.

Practice 1.

faj - fáj	el - él	kor - kór
kar - kár	fel - fél	koros - kóros
agy - ágy	szel - szél	oda - óda
part - párt	kel - kél	ont - ónt
vagy - vágy	vesz - vész	orra - óra

öt - őt	üzlet - űzet
tör - tőr	büntet - bűntett
föl - fől	csülke - csűrje
örök - őrök	füzet - fűzet
töröm - tőröm	tüdő - tűző

B. Double Consonants

Most of the consonants in Hungarian are pronounced about as in English. However, a feature of Hungarian pronunciation that requires special attention is double consonants. A Hungarian double consonant coming before a vowel sound must always be pronounced twice as long as a single consonant, except at the end of a breath group. This characteristic of Hungarian pronunciation is especially difficult for American students to master because we do not use this feature of pronunciation in English to convey differences in meaning. We pronounce consonants double in English only in some compound words or in linking two words that have similar or identical consonant sounds coming together, as in the examples in parentheses below.

Practice 2. A.

reggelt (as in big game)
lassabban (ss as in horse shoe; bb as in Hepburn)
állomás (as in Al Lewis)
cigaretta (as in hot time)

abban	szaggat	tollal	csuppan	késsel
jobban	függő	füllel	cseppen	mossa
lábbal	ahhoz	vallás	csippent	tettel
ebben	ehhez	kellett	nappal	héttel
biccen	éjjel	zümmög	erre	ketten
moccan	bajjal	cammog	arra	hittel
icce	vajjal	immel	merre	szívvel
uccu	jöjjön	ámmal	orra	hévvel
eddig	ekkor	enni	korral	evvel
kedden	akkor	inni	frissen	avval
meddő	zökken	ennek	siessen	izzad
röffen	csökken	ünnep	tessék	tűzzel
gróffal	csekket	benne	vassal	húzza

Practice 2. B.

halott	-	hallott	szemel	-	szemmel
kelet	-	kellett	hitel	-	hittel
tolat	-	tollat	mese	-	messe
fülel	-	füllel	vasal	-	vassal
telet	-	tellett	késel	-	késsel
lábal	-	lábbal	szível	-	szívvel
agyal	-	aggyal	zúza	-	zúzza
ara	-	arra	tüzel	-	tűzzel
varja	-	varrja	házal	-	házzal

C. Hungarian r

Hungarian r (identified as a "dental flap" or "trill") is usually pronounced like the English 'r' in a telephone operator's pronunciation of the number 'thr-r-ree', or like the Midwestern sound represented by the spelling 'tt' in such words as 'butter', 'Betty', 'lettuce', 'better', 'fatter', or 'hotter' spoken fast. It is formed by vibrating the tip of the tongue against the roof of the mouth right behind the upper front teeth. In the speech of some Hungarians this sound is weakened when it appears at the end of a breath group or when it precedes another consonant within the same syllable.

As is true of all double consonants in Hungarian, the double r is pronounced twice as long as the single.

Practice 3.

rab	bőrönd	drága	tréfa	borda
rak	derék	drapp	Tátra	torta
régen	dörög	drót	prém	porta
rigó	örül	brekeg	próba	kert
repül	árva	bravúr	trakta	bort
	bútor		merre	
	cukor		orra	
	címer		porrá	
	kör		erre	
	kár		térre	

Répa, retek, mogyoró; korán reggel ritkán rikkant a rigó.

D. Vowel Harmony

Hungarian words are generally divided into front-vowel words and back-vowel words, depending on the type of vowel the contain and the type of suffix they consequently take. Those which do not fit into either of these categories are neutral-vowel words.

Front-Vowel Words	Back-Vowel Words	Neutral-Vowel Words
Debrecenben	lapban	isznak
beszélek	azután	hisznek
tervük	urak	fiatalnak
bőröndben	akarnak	célja
ülnek	vacsorázunk	szívnak
örülnek	olvasok	októberben (or októberban)

E. Linking (Liaison)

Hol van az állomás? (Hol va-na-zállomás?)
Cigarettát is kérek. (Cigarettá-tis-kérek.)
Kovács úr. (Kovà-csúr.)
Szeretnék enni. (Szeretné-kenni.)
Csak ülök és olvasok. (Csa-külö-ké-solvasok.)

The above examples illustrate the principle that in Hungarian when a word ending in a consonant is followed immediately in the same breath group by a word beginning with a vowel, the consonant is pronounced in the same syllable as the following vowel.

F. Syllabication

Milyen szépek ezek a virágok! (Mi-lyen-szé-pe-ke-ze-ka-vi-rá-gok!)
Johnsonék amerikaiak. (John-so-né-ka-me-ri-ka-i-ak.)
Nem akar ebédelni? (Ne-ma-ka-re-bé-del-ni?)
Csak ülök és olvasok. (Csa-kü-lö-ké-sol-va-sok.)
Zsazsát ismeri? (Zsa-zsá-tis-me-ri?)
Össze (ösz-sze)
Mennyi (meny-nyi)

The list above contains examples of how words or groups of words are divided into syllables (minimum units of word structure). Note the following:

(1) In Hungarian a syllable begins with a consonant and ends with a vowel whenever possible.

(2) Two adjacent vowel sounds always form separate syllables. (A word therefore always has as many syllables as it has vowel sounds.)

(3) The digraphs cs, gy, ly, ny, sz, ty and zs represent separate phonemes in the language, and as such are never separated in syllabication.

(4) The combinations ccs, ssz, zzs, ggy, lly, nny and tty, which represent double sounds in Hungarian, are divided in syllabication into cs-cs, sz-sz, zs-zs, gy-gy, ly-ly, ny-ny and ty-ty, respectively.

Notes on Grammar
(For Home Study)

A. The Present Tense

The concept of person exists in English pronouns, but has very limited application to English verbs. Most verbs in English occur with an ending in what might be called the third personal singular form: 'I hit - he hits, I dig - he digs, I miss - he misses'. The Hungarian verb, on the other hand, regularly has six different endings, since it must change to agree with its subject for singular (one) and plural (more than one), for the first person (I - we), second person (you), and third person (he, she, it - they). The second person is further distinguished for familiar or formal. The familiar te (singular 'you') or ti (plural 'you') is used only in intimate conversation, that is, when you address a person (or persons) whom you know very well (e.g., a member of the family or a close friend). The form that you will use most for 'you' is maga (in addressing one person) or maguk (in addressing more than one person). Immediately after maga and maguk, in the chart below, you will find ön and önök in parentheses to indicate that although ön and önök also mean 'you', they are not used very much in conversation any more, except perhaps by the older generation. The main distinction between maga and ön is that maga is less formal than ön; maga is the form employed in general conversation. The use of ön is limited to official and very formal speech. Both maga and ön (and their plurals) require the third person form of the verb.

From the chart of the Present Tense it will be seen that the third person singular has a 'zero' ending (that is, no ending) and that all the other persons have this third person 'stem' in common. We can thus consider the third person singular of the present tense as the base or 'root' of the Hungarian verb, to which are added suffixes which show differences in person, and as we shall see later, in time and mood.

(In the verbs below note that the vowels of the endings in the three groups vary according to the rules of vowel harmony.)

Pronoun Subject	Back-vowel verb	Front-vowel verb	(Front) Rounded-vowel verb
én	akarok	beszélek	ülök
te	akarsz	beszélsz	ülsz
maga (ön)	akar	beszél	ül
ő	akar	beszél	ül
mi	akarunk	beszélünk	ülünk
ti	akartok	beszéltek	ültök
maguk (önök)	akarnak	beszélnek	ülnek
ők	akarnak	beszélnek	ülnek

Note: The familiar form of the second person singular of verbs whose root ends in s, sz or z terminates in ol, el or öl. Examples: olvasol, nézel, főzöl, halászol.

B. Case

To the American student the preponderance of suffixes in Hungarian presents a special problem. Not only do verb endings change, as just noted, but Hungarian substantives also undergo alterations in different verbal situations. For the native speaker of English this is something strange, since we have only a few basic variations for nouns. We do have special forms for the plural number, as for example, 'boys', 'children', but once we have selected the singular or plural form, we can use it without further change, as in the following statements:

The boy is here.
Do you see the boy?
She trusts the boy.
The boy likes the book.
I asked the boy a question.
They treat the boy badly.
She's married to the boy.

In Hungarian, however, 'boy' would require a different ending in each of these statements. These endings comprise categories or 'cases', the selection of which is determined by the particular situation, that is, what is said or done at the time. In English we can see how the case concept functions by the way we use personal pronouns. Thus, the selection of the proper form in the pairs 'I - me', 'he - him', 'she - her', 'we - us' and 'they - them' is determined not by meaning but on the basis of subject-object functions.

1. The **NOMINATIVE** form: In Hungarian, as in English, the basic sentence structure is an **ACTOR-ACTION** pattern: somebody doing something. The **ACTOR** is called the **SUBJECT** of the sentence, and a noun or pronoun designating the **ACTOR** always has the **NOMINATIVE** form. Hungarian dictionaries always list nouns in the nominative form; this form is generally referred to as the 'basic' or 'dictionary' form. If you ask a Hungarian for the equivalent of an English word in his language, he will in all probability reply with a noun in its nominative case.

   Johnson Péter diplomata.
   Maga mit csinál?
   Hogy tetszik Budapest?

2. The **ACCUSATIVE** (Direct Object) form: In many sentences in both English and Hungarian there is another element, the **GOAL** or **OBJECT** of the action, the person or thing toward which the action is aimed. In Hungarian a word designating the **OBJECT** of an action is usually in the **ACCUSATIVE** form.

   Mit akar?
   Bort parancsol?
   Cigarettát is kérek.
   Magyar újságot olvasok.
   A pincér hoz egy pohár vizet.
   Bőröndöt is akarok venni.
   Kérem az útlevelet!

   In English there is no difference in the form of a noun with reference to its use as subject or object. However, in Hungarian, as the words underlined in the examples above indicate, the accusative case always ends in -t. These sentences illustrate various ways in which the direct object suffix -t is added to the stem or basic form of a word:

   (a) Most substantives ending in a vowel add -t only. However, when the final vowel is -a or -e, -a changes to -á and -e to -é with the addition of -t.

   (b) Nouns ending in l, ly, n, ny, r, s, sz, z, and zs add -t only.

(c) Words ending in consonant sounds other than those indicated above require a helping vowel before the -t. The selection of this vowel is determined by the rule of vowel harmony, which requires the choice of front or back vowel in the suffix to harmonize with the type of vowel in the basic form of the word. Most front-vowel (including rounded-vowel) nouns ending in a consonant require the auxiliary vowel -e-. Most back-vowel nouns will use -o-. However, many rounded-vowel nouns will take -ö- and many back-vowel words have -a- before -t. Because of the instability of the linking vowel, in the build-ups after this unit the direct object form will be given after the basic noun for every new entry of this type that requires the auxiliary -a- or -ö-. If this information is not given for a particular noun in the build-up, the student may assume that the particular entry requires the more common linking vowel -o- or -e-.

The accusative of some nouns must be learned separately, as they do not follow the patterns described above. There are exceptions, for example, among nouns which end in -r or -l preceded by a long vowel. These exceptions form the accusative by shortening the vowel and adding a linking vowel (-a- or -e-) before -t. (Nouns in this classification, as well as all irregular nouns, will be identified with their accusative forms in the build-ups after this lesson.)

Numerals may also be direct objects of a verb, in which case they take the suffix -t under precisely the same conditions as nouns do. Notice the forms of the following numerals and the irregular pattern of some:

egy	one	egyet	hét	seven	hetet
kettő	two	kettőt	nyolc	eight	nyolcat
három	three	hármat	kilenc	nine	kilencet
négy	four	négyet	tíz	ten	tizet
öt	five	ötöt	száz	hundred	százat
hat	six	hatot	ezer	thousand	ezret

C. The Negative Sentence

In standard English only one negative is tolerated in a statement, e.g., 'I never gave him anything.' If we reinforce or double the negation, e.g., 'I never gave him nothing', our speech will be labeled as 'sub-standard'. In Hungarian, however, negation may be emphasized by adding more negative words; in fact, the 'I never gave him nothing' would be standard Hungarian, while a literal Hungarian translation 'I never gave him anything' would be unacceptable. Examples are:

Budapesten nem talál semmit.	She doesn't find anything in Budapest.
A kávéházban nem rajzol semmit.	He doesn't draw anything in the café.
Kovács nem olvas semmit.	Kovács doesn't read anything.
A pincér nem hoz semmit.	The waiter doesn't bring anything.
Rózsa nem beszél semmit.	Rózsa doesn't speak anything.
Johnsonék nem akarnak semmit.	The Johnsons don't want anything.
Kovácsné nem vásárol semmit.	Mr. Kovács doesn't buy anything.

BARNES & NOBLE# 2542
8871 LADUE RD., LADUE MO 314-862-6280

REG#03 BOOKSELLER#025
RECEIPT# 11019 12/24/94 3:29 PM

S 0870528173 HUNGARIAN BASIC COURSEBO
1 @ 14.95 14.95

SUBTOTAL	14.95
SALES TAX - 6.225%	.93
TOTAL	15.88
CHECK PAYMENT	15.88

BOOKSELLERS SINCE 1873

BARNES & NOBLE# 2542
8871 LADUE RD., LADUE MO 314-862-6280

REG#03 BOOKSELLER#025
RECEIPT# 11019 12/24/94 3:29 PM

S 0870528173 HUNGARIAN BASIC COURSEBO
1 @ 14.95 14.95

SUBTOTAL	14.95
SALES TAX - 6.225%	.93
TOTAL	15.88
CHECK PAYMENT	15.88

BOOKSELLERS SINCE 1873

D. Interrogative Sentences

One basic pattern for questions in English involves the use of the auxiliary verb 'do' or 'be' with inverted order of the subject, as for example, 'Do you read at home?' or 'Are you reading at home?' In Hungarian such an auxiliary is not necessary and cannot be used; the two English questions above correspond to only one in Hungarian: Maga otthon olvas?

E. Hanem

We have learned two ways of expressing 'but' in Hungarian: de and hanem. De corresponds to the English 'but' used as a coordinating conjunction to join words, phrases and clauses; hanem is commonly used in one pattern: it follows a negative statement and precedes a contrasting or offsetting affirmative word or idea.

SUBSTITUTION DRILL

Proceed as directed in Unit 1.

I

1. Mást nem parancsol?	Don't you want anything else?
wine - coffee - paper - beer - two	bort - kávét - papírt - sört - kettőt
2. Nem látok táskát.	I see no handbag.
dress - ball - pencil - ham - tea	ruhát - labdát - ceruzát - sonkát - teát
3. Kérek egy bélyeget.	I want a stamp.
book - chair - seat	könyvet - széket - helyet
4. Kabátot akarok venni.	I want to buy a coat.
toy - hat - newspaper - gift	játékot - kalapot - újságot - ajándékot
5. Nem látok levelet.	I see no letter.
name - airport - bread - seven - glass	nevet - repülőteret - kenyeret - hetet - poharat
6. A pincér hoz vizet.	The waiter will bring water.
wine - beer - bread - tea - coffee - milk - one	bort - sört - kenyeret - teát - kávét - tejet - egyet
7. Hozok valamit.	I bring something.
do - say - want - write - purchase - find - see - read - draw	csinálok - mondok - akarok - írok - vásárolok - találok - látok - olvasok - rajzolok
8. Nem értek semmit.	I don't understand anything.
look at - speak - ask - eat (for lunch)	nézek - beszélek - kérek - ebédelek

9. Nem <u>látok</u> semmit.	I don't <u>see</u> anything.
ask - write - do - find - look at - purchase - read - understand	kérek - írok - csinálok - találok - nézek - vásárolok - olvasok - értek
10. Mit <u>vásárol</u>?	What do you <u>buy</u>?
bring - write - say - read - draw - look at - have (for lunch) - see - understand - speak	hoz - ír - mond - olvas - rajzol - néz - ebédel - lát - ért - beszél
11. <u>Olvasunk</u> valamit.	We <u>read</u> something.
draw - write - purchase - see - find - want - say - do	rajzolunk - írunk - vásárolunk - látunk - találunk - akarunk - mondunk - csinálunk
12. Nem <u>beszélünk</u>.	We don't <u>speak</u>.
understand - look - ask - eat lunch	értünk - nézünk - kérünk - ebédelünk
13. Mikor <u>írunk</u>?	When do we <u>write</u>?
read - bring - ask - speak - find - understand - eat lunch - start - arrive - meet	olvasunk - hozunk - kérünk - beszélünk - találunk - értünk - ebédelünk - indulunk - érkezünk - találkozunk
14. <u>Vásárolnak</u> valamit.	They <u>buy</u> something.
bring - do - want - write - find - read - draw - see	hoznak - csinálnak - akarnak - írnak - találnak - olvasnak - rajzolnak - látnak
15. Nem <u>kérnek</u> semmit.	They don't <u>ask for</u> anything.
look at - speak - eat (for lunch)	néznek - beszélnek - ebédelnek
16. Mit <u>olvasnak</u>?	What do they <u>read</u>?
look at - bring - write - speak - draw - find - see - do - want - ask for	néznek - hoznak - írnak - beszélnek - rajzolnak - találnak - látnak - csinálnak - akarnak - kérnek
17. <u>Éhes</u> vagyok.	I'm <u>hungry</u>.
tired - sick - tall - pretty - short - fat - slim	fáradt - beteg - magas - szép - alacsony - kövér - sovány
18. Nem vagyok <u>éhes</u>.	I'm not <u>hungry</u>.
sick - tired - tall - pretty - American - Hungarian	beteg - fáradt - magas - szép - amerikai - magyar
19. Kovács Mária nem <u>magas</u>.	Mary Smith isn't <u>tall</u>.
short - tired - sick - fat - slim - hungry - pretty	alacsony - fáradt - beteg - kövér - sovány - éhes - szép
20. <u>Rózsa János</u> magyar.	<u>John Rose</u> is a Hungarian.
Mary Little - Peter Taylor - John Smith - Mrs. John Smith - the woman - the lady - the gentleman	Kis Mária - Szabó Péter - Kovács János - Kovács Jánosné - az asszony - a hölgy - az úr

21. Johnsonék amerikaiak.	The Johnsons are Americans.
the Szabós - the Kovácses - the Kises - the Fehérs	Szabóék - Kovácsék - Kisék - Fehérék
22. Johnson Péter a nevem.	My name is Peter Johnson.
John Taylor - Peter Smith - Mrs. John Taylor - Peter Little - Mrs. Peter Johnson - John Rose	Szabó János - Kovács Péter - Szabó Jánosné - Kis Péter - Johnson Péterné - Rózsa János
23. Ismeri Szabó Máriát?	Do you know Mary Taylor?
Peter Taylor - Peter Johnson - John Smith - Mrs. John Smith - Mary Little - Mrs. Peter Taylor	Szabó Pétert - Johnson Pétert - Kovács Jánost - Kovács Jánosnét - Kis Máriát - Szabó Péternét
24. Mit csinál, Johnson úr?	What are you doing, Mr. Johnson?
saying - buying - reading - writing - bringing - eating for lunch	mond - vásárol - olvas - ír - hoz - ebédel
25. Szeretnék enni.	I'd like to eat.
to buy - to come - to go back - to have lunch - to read - to write - to draw - to start - to hurry - to stay	venni - jönni - visszamenni - ebédelni - olvasni - írni - rajzolni - indulni - sietni - maradni
26. Nem egyet hozok, hanem kettőt.	I'm not bringing one, but two.
three - five - six - ten - twenty - four - seven - nine - eleven	hármat - ötöt - hatot - tízet - húszat - négyet - hetet - kilencet - tizenegyet
27. Hogy tetszik Budapest?	How do you like Budapest?
Vienna - New York - San Francisco - Washington - the city - the hotel - the café - the dress - the girl	Bécs - New York - San Francisco - Washington - a város - a szálloda - a kávéház - a ruha - a lány

II

A. 1. Repeat the sentences below substituting angolul for magyarul.

2. Substitute the proper form of each of the following in the model sentences below:

írni magyarul - beszélni magyarul - írni angolul - beszélni angolul

Olvasok magyarul.	I read Hungarian.
Kovács olvas magyarul.	Kovács reads Hungarian.
Kovács és én olvasunk magyarul.	Kovács and I read Hungarian.
Kovács és Kovácsné olvasnak magyarul.	Kovács and Mrs. Kovács read Hungarian.
Nem olvasok magyarul.	I don't read Hungarian.
Kovács nem olvas magyarul?	Doesn't Kovács read Hungarian?
Kovács és én nem olvasunk magyarul.	Kovács and I don't read Hungarian.
Kovács és Kovácsné nem olvasnak magyarul.	Kovács and Mrs. Kovács don't read Hungarian.

B. Replace the underlined expression meleg teát in each of the sentences below with the proper form of the following:

hideg kávé - fehér bor - barna kenyér - hideg tej

Meleg teát kérek.	I want hot tea.
Szabó úr meleg teát kér.	Mr. Szabó wants hot tea.
Meleg teát kérünk.	We want hot tea.
Szabóék meleg teát kérnek.	The Szabós want hot tea.
Nem kérek meleg teát.	I don't want hot tea.
Szabó nem kér meleg teát.	Szabó doesn't want hot tea.
Nem kérünk meleg teát.	We don't want hot tea.
Szabóék nem kérnek meleg teát?	Don't the Szabós want hot tea?

C. Replace piros kabátot with the proper form of the following in the sentences below:

sárga táska - magyar könyv - angol újság - piros labda

Piros kabátot akarok venni.	I want to buy a red coat.
Rózsáné piros kabátot akar venni.	Mrs. Rózsa wants to buy a red coat.
Piros kabátot akarunk venni.	We want to buy a red coat.
Rózsáék piros kabátot akarnak venni.	The Rózsas want to buy a red coat.
Nem akarok piros kabátot venni.	I don't want to buy a red coat.
Rózsáné nem akar piros kabátot venni?	Doesn't Mrs. Rózsa want to buy a red coat?
Nem akarunk piros kabátot venni.	We don't want to buy a red coat.
Nem akarnak piros kabátot venni.	They don't want to buy a red coat.

TRANSFORMATION DRILL

Instructor: Mit csinál (maga)?
Student: Mit csinálnak (maguk)?

1. Mit rajzol?	Mit rajzolnak?
2. Mit lát?	Mit látnak?
3. Mit ír?	Mit írnak?
4. Mit vásárol?	Mit vásárolnak?
5. Mit talál?	Mit találnak?
6. Mit hoz?	Mit hoznak?
7. Mit olvas?	Mit olvasnak?
8. Mit akar?	Mit akarnak?
9. Mit kér?	Mit kérnek?
10. Mit beszél?	Mit beszélnek?
11. Mit néz?	Mit néznek?
12. Mit ebédel?	Mit ebédelnek?

VARIATION DRILL

Proceed as directed in Unit 1.

1. Rajzolok egy vendéglőt.	I'm drawing a restaurant.
a. I'm drawing a station.	Rajzolok egy állomást.
b. I'm drawing a city.	Rajzolok egy várost.
c. I'm drawing a movie.	Rajzolok egy mozit.
d. I'm drawing a shoe.	Rajzolok egy cipőt.

2. <u>Nem látok könyvet</u>.	<u>I see no book</u>.
a. I see no chair.	Nem látok széket.
b. I see no stamp.	Nem látok bélyeget.
c. I see no milk.	Nem látok tejet.
d. I see no water.	Nem látok vizet.
3. <u>Játékot nézünk</u>.	<u>We're looking at a toy</u>.
a. We're looking at a coat.	Kabátot nézünk.
b. We're looking at a train.	Vonatot nézünk.
c. We're looking at a newspaper.	Újságot nézünk.
d. We're looking at a hat.	Kalapot nézünk.
4. <u>Kovács úr kér egy ceruzát</u>.	<u>Mr. Kovács wants a pencil</u>.
a. Mr. Szabó wants a cigarette.	Szabó úr kér egy cigarettát.
b. Mr. Rózsa wants a match.	Rózsa úr kér egy gyufát.
c. The girl wants a ball.	A lány kér egy labdát.
d. The lady wants a dress.	A hölgy kér egy ruhát.
e. Mrs. Kovács wants a handbag.	Kovácsné kér egy táskát.
5. <u>Látnak egy amerikai repülőteret</u>.	<u>They see an American airport</u>.
a. They see a Hungarian letter.	Látnak egy magyar levelet.
b. They see a Hungarian name.	Látnak egy magyar nevet.
c. They see an American passport.	Látnak egy amerikai útlevelet.
d. They see a Hungarian airport.	Látnak egy magyar repülőteret.
6. <u>Könyvet olvasok</u>.	<u>I'm reading a book</u>.
a. I'm bringing a book.	Könyvet hozok.
b. I'm writing a book.	Könyvet írok.
c. I'm buying a book.	Könyvet vásárolok.
d. I'm drawing a book.	Könyvet rajzolok.
e. I see a book.	Könyvet látok.
7. <u>Valamit kérek</u>.	<u>I want something</u>.
a. I speak something.	Valamit beszélek.
b. I understand something.	Valamit értek.
c. I look at something.	Valamit nézek.
d. I eat something for lunch.	Valamit ebédelek.
8. <u>Johnsonné egy kabátot vásárol</u>.	<u>Mrs. Johnson is buying a coat</u>.
a. Mrs. Kovács is looking at a coat.	Kovácsné egy kabátot néz.
b. Mrs. Rózsa asks for a coat.	Rózsáné egy kabátot kér.
c. Mrs. Szabó wants a coat.	Szabóné egy kabátot akar.
d. Mrs. Fehér sees a coat.	Fehérné egy kabátot lát.
9. <u>Újságot olvasunk</u>.	<u>We're reading a newspaper</u>.
a. We're buying a newspaper.	Újságot vásárolunk.
b. We're bringing a newspaper.	Újságot hozunk.
c. We're writing a newspaper.	Újságot írunk.
d. We find a newspaper.	Újságot találunk.
e. We see a newspaper.	Újságot látunk.
10. <u>Itt ülünk</u>.	<u>We're sitting here</u>.
a. We're talking here.	Itt beszélünk.
b. We're hurrying here.	Itt sietünk.
c. We're looking here.	Itt nézünk.
d. We're having lunch here.	Itt ebédelünk.

11. Johnsonék egy levelet írnak. — The Johnsons are writing a letter.

a. The Kovácses are bringing a letter. — Kovácsék egy levelet hoznak.
b. The Szabós are reading a letter. — Szabóék egy levelet olvasnak.
c. The Rózsas see a letter. — Rózsáék egy levelet látnak.
d. The Kises find a letter. — Kisék egy levelet találnak.

12. Könyvet olvasok. — I'm reading a book.

a. I'm writing a letter. — Levelet írok.
b. I'm buying a dress. — Ruhát vásárolok.
c. I'm finding a pencil. — Ceruzát találok.
d. I'm asking for a match. — Gyufát kérek.
e. I'm bringing a newspaper. — Újságot hozok.

13. Kovács egy lányt néz. — Kovács is looking at a girl.

a. Mary is asking for a stamp. — Mária egy bélyeget kér.
b. Mr. Szabó is writing a letter. — Szabó úr egy levelet ír.
c. The gentleman is bringing a chair. — Az úr egy széket hoz.
d. The girl is reading a book. — A lány egy könyvet olvas.
e. The lady finds a handbag. — A hölgy egy táskát talál.

14. Mária és én egy ruhát rajzolunk. — Mary and I are drawing a dress.

a. Mr. Szabó and I are writing a letter. — Szabó úr és én egy levelet írunk.
b. Mrs. Szabó and I are buying some milk. — Szabóné és én egy kis tejet vásárolunk.
c. Mrs. Rózsa and I are taking a seat. — Rózsáné és én helyet foglalunk.
d. Mrs. Fehér and I are reading a book. — Fehérné és én egy könyvet olvasunk.
e. Fehér and I are looking at a coat. — Fehér és én egy kabátot nézünk.

15. Kovácsék tejet kérnek. — The Kovácses want milk.

a. The Kovácses bring tea. — Kovácsék teát hoznak.
b. The Szabós write a book. — Szabóék könyvet írnak.
c. The Fehérs find a hotel. — Fehérék egy szállodát találnak.
d. The Johnsons look at a handbag. — Johnsonék egy táskát néznek.
e. Rózsa and Szabó want wine. — Rózsa és Szabó bort kérnek.

16. Szabó papírt kér. — Szabó asks for paper.

a. The girl and I bring bread. — A lány és én kenyeret hozunk.
b. The Johnsons are buying stamps. — Johnsonék bélyeget vásárolnak.
c. I'm reading a newspaper. — Én újságot olvasok.
d. Fehér brings a suitcase. — Fehér bőröndöt hoz.

17. Rózsáné nem olvas újságot. — Mrs. Rózsa doesn't read a newspaper.

a. Kovács doesn't write a letter. — Kovács nem ír levelet.
b. Fehér doesn't want tea. — Fehér nem kér teát.
c. Szabó doesn't bring a coat. — Szabó nem hoz kabátot.
d. The girl doesn't take a seat. — A lány nem foglal helyet.
e. Mrs. Johnson doesn't find a pencil. — Johnsonné nem talál ceruzát.

18. Nem kérünk bort. — We don't want wine.

a. They don't make coffee. — Nem csinálnak kávét.
b. I don't bring bread. — Nem hozok kenyeret.
c. He doesn't read a newspaper. — Nem olvas újságot.
d. We don't find a hotel. — Nem találunk szállodát.
e. They don't write a letter. — Nem írnak levelet.

19. Nem egy táskát hozok, hanem kettőt. — I'm not bringing one handbag but two.

a. I'm not asking for one chair, but for three. — Nem egy széket kérek, hanem hármat.
b. I don't want one ball, but seven. — Nem egy labdát akarok, hanem hetet.
c. I'm not writing one letter, but five. — Nem egy levelet írok, hanem ötöt.
d. I'm not kissing one girl, but six. — Nem egy lányt csókolok, hanem hatot.

20. Nagyon fáradt vagyok. — I'm very tired.

a. I'm very sick. — Nagyon beteg vagyok.
b. I'm very hungry. — Nagyon éhes vagyok.
c. I'm very fat. — Nagyon kövér vagyok.
d. I'm very tall. — Nagyon magas vagyok.
e. I'm very short. — Nagyon alacsony vagyok.

21. Nem vagyok fáradt. — I'm not tired.

a. I'm not short. — Nem vagyok alacsony.
b. I'm not sick. — Nem vagyok beteg.
c. I'm not tall. — Nem vagyok magas.
d. I'm not pretty. — Nem vagyok szép.
e. I'm not hungry. — Nem vagyok éhes.

22. Kovács Mária nem nagyon magas. — Mary Smith isn't very tall.

a. Mrs. Kovács isn't very fat. — Kovácsné nem nagyon kövér.
b. Fehér isn't very sick. — Fehér nem nagyon beteg.
c. Rózsa isn't very hungry. — Rózsa nem nagyon éhes.
d. Mrs. Szabó isn't very tired. — Szabóné nem nagyon fáradt.
e. Mrs. Fehér isn't very pretty. — Fehérné nem nagyon szép.

23. Milyen kalapot akar venni? — What kind of hat do you want to buy?

a. What kind of toy does he want to find? — Milyen játékot akar találni?
b. What kind of book does she want to read? — Milyen könyvet akar olvasni?
c. What kind of coat do they want to buy? — Milyen kabátot akarnak vásárolni?
d. What kind of newspaper do you want to read? — Milyen újságot akar olvasni?

TRANSLATION DRILL

1. How are you, Mr. Szabó? — Hogy van, Szabó úr?
2. Thank you, I'm fine. — Köszönöm, jól vagyok.
3. What are you doing? — Mit csinál?
4. I'm reading. — Olvasok.
5. Don't you want to have lunch? — Nem akar ebédelni?
6. No. I'm not hungry. — Nem. Nem vagyok éhes.
7. What are you reading? — Mit olvas?
8. I'm reading a book. — Könyvet olvasok.

9.	What kind of book are you reading?	Milyen könyvet olvas?
10.	A Hungarian book.	Magyar könyvet.
11.	Aren't you reading an English book?	Angol könyvet nem olvas?
12.	No, I don't understand English.	Nem, nem értek angolul.
13.	What are you doing later (afterwards)?	Mit csinál azután?
14.	I want to write a letter.	Levelet akarok írni.
15.	Where do you want to write?	Hol akar írni?
16.	Here in the café.	Itt, a kávéházban.
17.	Say, who is that gentleman?	Mondja, ki az az úr?
18.	The fat gentleman?	A kövér úr?
19.	Not the fat one, the thin one.	Nem a kövér, a sovány.
20.	He's John Rose. Don't you know him?	Rózsa János. Nem ismeri?
21.	No, I don't. Is he Hungarian?	Nem ismerem. Magyar?
22.	Yes, he's Hungarian.	Igen, magyar.
23.	Are you Hungarian also?	Maga is magyar?
24.	Yes, I'm Hungarian.	Igen, magyar vagyok.
25.	Is Mr. Kovács also Hungarian?	Kovács úr is magyar?
26.	No, Mr. Kovács is an American.	Nem, Kovács úr amerikai.
27.	Is Mr. Kovács tall?	Kovács úr magas?
28.	He isn't tall; he's short.	Nem magas, alacsony.
29.	And Mrs. Kovács?	És Kovácsné?
30.	She's tall.	Ő magas.
31.	What's Mrs. Kovács doing?	Mit csinál Kovácsné?
32.	She's shopping.	Vásárol.
33.	What's she buying?	Mit vásárol?
34.	A nice dress.	Egy szép ruhát.
35.	What kind of dress?	Milyen ruhát?
36.	A red dress.	Piros ruhát.
37.	Does she want to buy a coat also?	Kabátot is akar venni?
38.	Yes, a yellow coat.	Igen, egy sárga kabátot.
39.	Doesn't she want to buy anything else?	Mást nem akar venni?
40.	Certainly. A hat and a bag.	De igen! Egy kalapot és egy táskát.
41.	What kind of bag? A red bag?	Milyen táskát? Piros táskát?
42.	Not a red one but a brown one.	Nem pirosat, hanem barnát.
43.	She'll surely find one.	Biztosan talál egyet.
44.	Of course.	Biztosan.
45.	Are you tired?	Fáradt?
46.	Yes, I'm tired. It's very hot.	Igen, fáradt vagyok. Nagyon meleg van.
47.	Do you want coffee?	Parancsol egy kávét?
48.	I don't want coffee. I want a glass of beer.	Nem kérek kávét. Egy pohár sört kérek.
49.	A large glass of beer?	Egy nagy pohár sört?
50.	Yes. A large glass of beer.	Igen. Egy nagy pohár sört.

RESPONSE DRILL

1.	Jó estét! Mit csinál?	Good evening! What are you doing?
2.	Ebédelni akar?	Do you want to have lunch?
3.	Nagyon éhes?	Are you very hungry?
4.	Hol ebédel?	Where are you dining?
5.	Nem beteg?	Aren't you sick?
6.	Nem beteg, csak fáradt?	You're not sick, just tired, aren't you?
7.	Nagyon meleg van itt?	Is it very hot here?
8.	Akar egy kis hideg teát?	Do you want some cold tea?
9.	Sört parancsol?	Do you want beer?
10.	Nem akar egy kis hideg sört?	Don't you want some cold beer?
11.	Mit akar vásárolni?	What do you want to buy?
12.	Egy sárga kabátot akar venni?	Do you want to buy a yellow coat?
13.	Nem akar piros kabátot venni?	Don't you want to buy a red coat?

14. Mibe kerül a kabát?	How much does the coat cost?
15. Ceruzát akar vásárolni?	Do you want to buy a pencil?
16. Barna ceruzát akar?	Do you want a brown pencil?
17. Fehér parírt kér?	Are you asking for white paper?
18. Nem akar papírt?	Don't you want paper?
19. Nem akar semmit?	Don't you want anything?
20. Mit olvas?	What are you reading?
21. Magyar könyvet olvas?	Are you reading a Hungarian book?
22. Nem olvas semmit?	Aren't you reading anything?
23. Levelet ír?	Are you writing a letter?
24. Nem ír levelet?	Aren't you writing a letter?
25. Nem ír semmit?	Don't you write anything?
26. Meddig marad itt?	How long are you staying here?
27. Piros vagy sárga ceruzát akar?	Do you want a red or a yellow pencil?
28. Meleg vagy hideg teát akar?	Do you want hot or cold tea?
29. Olcsó vagy drága kabátot akar?	Do you want a cheap or an expensive coat?
30. Rózsa kisasszony magas vagy alacsony?	Is Miss Rózsa tall or short?
31. Kovácsné sovány vagy kövér?	Is Mrs. Kovács skinny or fat?
32. Johnson amerikai vagy magyar?	Is Johnson an American or a Hungarian?
33. Johnsonné piros vagy barna cipőt akar?	Does Mrs. Johnson want red or brown shoes?
34. Johnsonné szép asszony?	Is Mrs. Johnson a pretty woman?
35. Milyen tollat parancsol?	What kind of pen do you want?
36. Milyen kenyeret parancsol?	What kind of bread do you want?
37. Nem akar fehér kenyeret?	Don't you want white bread?
38. Lát egy kávéházat?	Do you see a café?
39. Rózsa úr olvas?	Is Mr. Rózsa reading?
40. Milyen újságot olvas?	What kind of newspaper is he reading?
41. Kér egy kis meleg teát?	Do you want some hot tea?
42. Kér egy magyar újságot?	Do you want a Hungarian newspaper?
43. Nem kér magyar újságot?	Don't you want a Hungarian newspaper?
44. Drága bőröndöt akar venni?	Do you want to buy an expensive suitcase?
45. Nem akar drága bőröndöt venni?	Don't you want to buy an expensive suitcase?
46. Maga magas?	Are you tall?
47. Kövér?	Are you fat?
48. Éhes?	Are you hungry?
49. Amerikai?	Are you an American?
50. Magyar?	Are you a Hungarian?

CONVERSATION PRACTICE

1

A: Jó napot, Kovács úr!
B: Jó napot, Johnson úr! Régen nem láttam.
A: Bizony nagyon régen. Hogy van, Kovács úr?
B: Köszönöm, jól vagyok. És maga, Johnson úr?
A: Köszönöm, én is jól vagyok.
B: Mit csinál most, Johnson úr?
A: Ebédelni akarok. Nem jön velem?
B: De igen. Nagyon szívesen.

2

A: Mit csinál, Szabó úr?
B: Csak ülök. Nagyon fáradt vagyok.
A: Én is fáradt vagyok. Nagyon meleg van.
B: Akar egy kis hideg kávét?
A: Köszönöm, nem kérek kávét. Sört kérek.
B: Pincér: két pohár sört kérünk. Meg egy angol újságot.
A: Maga angol újságot olvas?
B: Igen. És maga?
A: Én csak magyar újságot olvasok. Nem olvasok angolul.

3

A: Mondja, ki az az úr?
B: A magas úr?
A: Nem a magas, az alacsony.
B: Fehér a neve.
A: Amerikai?
B: Nem amerikai, hanem magyar.
A: Beszél angolul?
B: Igen, jól beszél angolul.

4

A: Ki az a szép hölgy?
B: Johnsonné. Ott van Johnson úr is.
A: Amerikaiak?
B: Igen, amerikaiak.
A: Mit csinálnak Budapesten?
B: Johnson amerikai diplomata.
A: Beszélnek magyarul?
B: Johnson jól beszél magyarul, de Johnsonné nem.

5

A: Mit csinálnak holnap?
B: Bécsbe utazunk vásárolni.
A: Mit akarnak venni?
B: A feleségem cipőt akar venni.
A: Mikor indulnak?
B: Reggel nyolckor indulunk.

6

A: Kérem az útleveleket!
B: Tessék.
A: Mi a neve?
B: Kovács János.
A: Hova utazik?
B: Bécsbe.
A: Meddig marad ott?
B: Három hétig.
A: Mi van a bőröndben?
B: Ruha és cipő.
A: Köszönöm. Szerencsés utat.

SITUATIONS

1. Mr. Johnson meets Mr. Rózsa on the street. He greets him and says he hasn't seen him for a very long time. Rózsa says that it has indeed been a long time. Johnson asks Rózsa what he is doing. Rózsa tells him that he is on his way to have lunch and asks Mr. Johnson whether he would like to go along with him. Johnson is glad to join him.

2. In the café they order two glasses of cold beer and something to eat. They talk about how warm it is and how tired they are. Mr. Johnson points to various people and asks information about them. Rózsa tells him everything that he knows about them.

3. Mr. Rózsa asks about how Mrs. Johnson is and what she's doing. Mr. Johnson tells him that she's fine and that they are going to Vienna the following day. Rózsa inquires what they are going to do there. Johnson explains to him that his wife wants to do some shopping and that she can't find various things that she wants in Budapest. They are going to stay in Vienna for two weeks and afterwards they'll come back to Budapest.

NARRATIVE

Johnson Péter amerikai diplomata Budapesten. Johnson ebédelni akar. Rózsa és Szabó a kávéházban ülnek. Rózsa alacsony és kövér. Szabó magas és sovány. Rózsa angol újságot olvas, Szabó magyart. Nagyon meleg van. Johnson egy pohár sört kér és papírt. Levelet akar írni. A pincér hoz sört és papírt.

Egy sovány alacsony úr is ott ül, és olvas. Angol könyvet olvas. Az Kovács. Szabó Mária is ott van. Magas, barna magyar lány. Nem beszél angolul csak magyarul. Sonkát, kenyeret és kávét kér. Nagyon éhes. Valamit rajzol.

Most itt jön Johnsonné is. Fáradt. Hideg teát kér. Reggel Bécsbe akar utazni. Bécsben vásárolni akar. Ruhát, kabátot, kalapot és cipőt akar venni. Egy hétig marad ott, azután visszajön Budapestre.

JOHNSON ÚR VÁSÁROLNI MEGY

Basic Sentences

miller	molnár
to go	menni
you go; he, she, it goes	megy
with Mr...	úrral

Mr. Miller is going shopping with Mr. Johnson. — Molnár úr vásárolni megy Johnson úrral.

I

new	új
shop, business, store	üzlet

JOHNSON

I'd like to buy a new suit. Do you know a good store? — Egy új ruhát szeretnék venni. Ismer egy jó üzletet?

I usually	szoktam
yesterday	tegnap
I bought	vettem
state	állam
state	állami (adj.)
department store	áruház, -at
state store	állami áruház

MOLNÁR

I usually shop in Vienna. But yesterday I bought a good suit at the State Store. — Én Bécsben szoktam vásárolni. De tegnap vettem egy jó ruhát az Állami Áruházban.

enough, sufficient, quite	elég
man	férfi, -ak
suit	férfiruha
are (they are, there are)	vannak
to spend	költeni

They have some fairly good men's suits there. How much do you want to spend? — Ott elég jó férfiruhák vannak. Mennyit akar költeni?

much, many	sok

JOHNSON

I don't want to spend a lot. How much does a good suit cost? — Nem akarok sokat költeni. Mibe kerül egy jó férfiruha?

about, approximately	körülbelül
thousand	ezer, ezret

MOLNÁR

It costs about 2,000 forints. — Körülbelül kétezer forintba kerül.

too	túl
it's possible	lehet
cheaper	olcsóbb
to get, receive	kapni

JOHNSON

That's too expensive. Isn't it possible to get a cheaper one? — Az túl drága. Nem lehet olcsóbbat kapni?

Alexander — Sándor
street — utca
still, yet, in addition, even — még
MASZEK — MASZEK, -et[1]

MOLNÁR

There's a small shop on Alexander Petőfi Street. It's still a MASZEK. — A Petőfi Sándor utcában van egy kis üzlet. Az még MASZEK.

perhaps — talán
let's go — menjünk
there (to that place) — oda
here (to this place) — ide
first, the first time — először

Perhaps we'll get a cheaper one there. Let's go there first. — Talán ott kapunk olcsóbbat. Menjünk oda először.

II

(In the store) — (Az üzletben)

salesclerk — eladó
to wish — kívánni

ELADÓ

Good day! What can I do for you? — Jó napot kívánok! Mi tetszik?

light (weight), easy — könnyű, -ek
summer — nyár, nyarat
summer suit, dress — nyári ruha

JOHNSON

I'd like a light-weight summer suit. — Egy könnyű nyári ruhát szeretnék.

colored — színű, -ek

ELADÓ

What color do you want? — Milyen színűt parancsol?

light (color), bright — világos
grey — szürke

JOHNSON

Light brown or grey, but not very expensive. — Világosbarnát vagy szürkét, de nem nagyon drágát.

show window — kirakat
similar, like — hasonló

I like that grey suit in the show window a lot. I want one like it. — Az a szürke ruha a kirakatban nagyon tetszik. Egy hasonlót kérek.

excellent	kitűnő
material, fabric, cloth	anyag
to try on	felpróbálni
ELADÓ	
Here's one. This is excellent English material. Please try the jacket on.	Itt van egy. Ez kitűnő angol anyag. Tessék a kabátot felpróbálni.
to stand	állni
becomes, suits ('stands well')	jól áll
is becoming to you, suits you	jól áll magának
mirror	tükör, tükröt
This looks very good on you. There's a mirror over there. How do you like it?	Nagyon jól áll magának. Ott van egy tükör. Hogy tetszik?
really, indeed	tényleg
JOHNSON	
It really fits well. What price is it?	Tényleg jól áll. Mi az ára?
hundred	száz, -at
ELADÓ	
1,500 forints.	Ezerötszáz forint.
I buy	megveszem
JOHNSON	
Good, I'll buy this one.	Jó, ezt megveszem.
sport	sport
jacket	zakó
pair of trousers	nadrág
shorts	alsónadrág
sock	zokni
handkerchief	zsebkendő
ELADÓ	
Do you want anything else? Sport-jacket or trousers?	Parancsol még valamit? Sportzakót vagy nadrágot?
is needed, wanted, necessary	kell
few, some	néhány
shirt	ing
JOHNSON	
No, thank you, I don't need any, but I would like a few shirts.	Köszönöm, az nem kell, de néhány inget szeretnék.
we got, received	kaptunk
ELADÓ	
What kind of shirts do you want? We received many nice ones yesterday.	Milyen inget parancsol? Tegnap sok szépet kaptunk.

blue	kék
JOHNSON	
Do you have blue ones also?	Kék is van?
of course	persze
that (conj.)	hogy
permitted, allowed	szabad
may I ask	szabad kérnem
size, measurement	méret
ELADÓ	
Of course we have. May I have your size?	Persze, hogy van! Szabad kérnem a méretet?
unfortunately	sajnos
to know, to know how, to be able	tudni
I know	tudom
exactly	pontosan
America	Amerika
half	fél, felet
JOHNSON	
Unfortunately I don't know exactly. In America it's fifteen and a half.[2]	Sajnos, nem tudom pontosan. Amerikában tizenöt és fél.
to believe	hinni
I believe	hiszem
(you, he, she, it) will be	lesz
ELADÓ	
I think this one will be big enough. How many do you want?	Azt hiszem, ez elég nagy lesz. Hányat parancsol?
altogether	összesen
JOHNSON	
I want a blue one and two white ones. How much is that altogether?	Egy kéket és két fehéret kérek. Mennyi az összesen?
fifty	ötven
necktie	nyakkendő
ELADÓ	
450 forints. We have some beautiful neckties also!	Négyszázötven forint. Szép nyakkendők is vannak!
somewhere, anywhere	valahol
perfume, scent	illatszer
store, shop	bolt
JOHNSON	
Thanks, I don't want neckties now. Is there a perfumery here somewhere?	Köszönöm, nyakkendőt most nem kérek. Van itt valahol egy illatszerbolt?
third	harmadik
house	ház, -at

ELADÓ	
There's one in the third building to the right.	Jobbra, a harmadik házban van egy.

III

(In the perfumery)	(Az illatszerboltban)
soap	szappan
JOHNSON	
Good morning! I'd like some soap.	Jó napot kívánok! Szappant szeretnék.
toilet soap laundry soap	mosdószappan mosószappan
ELADÓ	
Toilet soap or laundry soap?	Mosdószappant vagy mosószappant?
JOHNSON	
Toilet soap.	Mosdószappant.
quality piece, bar	minőségi darab
ELADÓ	
We have 'quality' toilet soap. How many bars do you want?	Minőségi mosdószappan van. Hány darabot parancsol?
to give give (command) shaving soap shaving cream face cream eau de Cologne	adni adjon (imperative) borotvaszappan borotvakrém arckrém kölnivíz
JOHNSON	
Give me two bars, please. Do you have shaving soap also?	Kérem, adjon két darabot. Borotvaszappan is van?
ELADÓ	
Yes, we have. It also is 'quality'. Here you are.	Igen, van. Az is minőségi. Tessék.
brush toothbrush	kefe fogkefe
JOHNSON	
I want a toothbrush also.	Fogkefét is kérek.
to choose	választani
ELADÓ	
Here are the toothbrushes. You can have your choice.	Itt vannak a fogkefék. Tessék választani.
green	zöld

JOHNSON	
Give me a green one.	Adjon egy zöldet.
toothpaste	fogkrém
ELADÓ	
Do you want some toothpaste also?	Fogkrémet is parancsol?
JOHNSON	
Good that you mentioned it. Yes, I do want some also. Do you have 'Odol'?	Jó, hogy mondja. Igen, azt is kérek. Van Odol?
tube	tubus
ELADÓ	
We have only 'quality' toothpaste. Do you want a small or a large tube?	Csak minőségi fogkrém van. Kis vagy nagy tubust parancsol?
razor blade	borotvapenge
JOHNSON	
I want a large one. Do you have razor blades?	Nagyot kérek. Borotvapenge is van?
run out (past participle)	elfogyott
ELADÓ	
I'm sorry, but we're out of razor blades. Don't you want anything else?	Sajnos, a borotvapenge elfogyott. Mást nem parancsol?
to pay	fizetni
JOHNSON	
No, thank you. How much is the bill?	Köszönöm, nem kérek. Mit fizetek?
thirty	harminc
forty	negyven
sixty	hatvan
seventy	hetven
eighty	nyolcvan
ninety	kilencven
ELADÓ	
330 forints.	Háromszázharminc forintot.
dish, utensil	edény
JOHNSON	
Here's 330 forints. Tell me please, where can we buy dishes?	Tessék a háromszázharminc forint. Mondja kérem, hol tudunk edényt venni?
Louis	Lajos
to try	megpróbálni

ELADÓ

There's a china shop on Lajos Kossuth street. They have very beautiful dishes there. Please try there.	A Kossuth Lajos utcában van egy edénybolt. Ott nagyon szép edények vannak. Tessék ott megpróbálni.

Notes to the Basic Sentences

[1] Term used to describe a store or personal business establishment as privately owned; abbreviation for Magánszektor.

[2] Hungarian collar sizes are measured in centimeters. To estimate from American sizes, multiply by 2.5.

Notes on Pronunciation

A. Stress

There are several features of pronunciation which are not shown by the regular spelling. One of these is <u>stress</u> (the relative intensity of one syllable as contrasted with another). Although a Hungarian word spoken as an isolated item generally has the main emphasis on the first syllable, Hungarian, like English, is spoken in phrases, each of which has one syllable more strongly accented than any other syllable in the phrase. Stress is often used in English to differentiate meaning between two words which otherwise are exactly the same in form, as for example, "Do not <u>insult</u> your mother-in-law" and "His conduct was an <u>insult</u> to his family." Although the pattern of primary accent on a word or phrase in Hungarian is not used to distinguish meaning, it nevertheless is a highly important feature of the language. In order to learn to speak Hungarian satisfactorily, the student must learn the stress patterns of the language as thoroughly as he learns the patterns of sounds. Hungarian, as English, distinguishes between four different degrees of loudness: the strongest emphasis is called primary stress; the next, secondary; the third, tertiary; and the weakest, unstressed. When a word stands in isolation, the loudest syllable has primary stress, but the same word occurring in a sentence may have a lesser degree of stress on the loudest syllable. In your classroom work and as you listen to the tape drills, observe carefully the stress patterns of your instructor's speech, and make a special effort to imitate them as closely as you can.

Practice

The following list gives you drill on primary stress in Hungarian. Be sure to emphasize the first syllable of each word, regardless of vowel length. When a long vowel occurs in a syllable other than the first, note that it is <u>not</u> stressed.

a.			
	pártja	partja	partját
	lába	labda	labdát
	kára	kara	karát
	állat	alatt	alád
	ágyak	agyak	adják
	kérek	kerek	kerék
	féle	fele	felé
	élem	elem	elém
	léce	lecke	leckét
	Éden	Ede	Edét
	ólom	oldok	oldót
	ődöng	Ödön	öltőt
	őrök	örök	öröklődő
	újat	ujjat	vaktyúk
	tűnik	tünet	tüzű

b.

akárcsak	alája	belátja	barátja
ajánlja	kefémet	eszméje	cserépje
fizetése	tehetsége	fizetését	járadékát
hajszálát	elvtársát	századát	fésűjét
feleségét	zsákmányolják	takarítják	uzsorázzák

B. Intonation

Another feature not shown by the ordinary spelling is the pitch or over-all sentence intonation (the "ups and downs" of the voice). While intonation in Hungarian is similar to English intonation in some respects, in many other important ways it is entirely different, and therefore needs careful attention. In general the high intonation points of a declarative sentence in Hungarian coincide with those of corresponding stress. The intonation patterns of Hungarian questions are more complicated. Although the paragraphs that follow will give you some general guidance on the problem, the subtleties of intonation as well as stress are such that they can best be learned by careful imitation of your instructor's speech and through systematic practice both in the classroom and in the tape lab.

The most common pattern of pitch in a declarative sentence in Hungarian consists of a high level at the beginning, gradually descending to a low point at the end of the statement:

A repülőtér egyenesen előre van.

Itt van az állomás.

Interrogative sentences introduced by a "question" word (e.g., mit, hol, hogy) have the same general pattern of intonation as declarative statements, but with a somewhat higher pitch initially; in the speech of many Hungarians there is also a rise in pitch at the very end.

Interrogative sentences introduced by a word other than a question word have two common patterns of intonation, depending on the meaning and the final element of the question. The most common pattern consists of a pitch that rises sharply on the next-to-the-last syllable of the question, and then falls. This is always the case when the final element is the subject of the sentence. In this pattern if the final element is a monosyllabic word, the highest pitch will occur on the final syllable of the word preceding this final word. The syllable that receives the highest pitch is underlined in each of the following sentences that illustrate this pattern. (Note in the examples that the force of the question falls on the first part of the Hungarian sentence.)

Áll Péter?	Is Peter standing (and not doing something else)?
Szép a lány?	Is the girl beautiful (and not ugly)?
Jó az út?	Is the road good (or something else)?
Ír Kovács?	Is Smith writing (or what)?

When the force of the question is directed at the last word of a sentence, there will be a rising pitch on the final syllable of the question. This pattern is limited to questions in which the final element is a predicate noun or pronoun, adjective or verb consisting of not more than two syllables. If the final word consists of more than two syllables or if the force of the question is directed to the first part of the statement, the highest pitch will always fall on the next to the last syllable.

János tanár?	Is John a teacher (and not a student)?
János tanár?	Is John (and not somebody else) a teacher?
A papír piros?	Is the paper red (and not white)?

A papír piros?	Is the paper (and not something else) red?
A sör jó?	Is the beer good (not bad)?
János fáradt?	Is John tired?
János fáradt?	Is John tired?
Péter áll?	Is Peter standing (and not sitting)?
Péter áll?	Is it Peter (and not someone else) who is standing?
Kovácsék ülnek?	Are the Smiths sitting (and not standing)?
Kovácsék ülnek?	Are the Smiths sitting?
Johnson amerikai?	Is Johnson an American? (or) Is Johnson an American?
Az ingek fehérek?	Are the shirts white? (or) Are the shirts white?
Kovácsné vásárol?	Is Mrs. Smith shopping (or) Is Mrs. Smith shopping?

In the pattern where an adjective is the final element and where the force of the question is directed at the subject, if the adjective is monosyllabic and comes immediately after a monosyllabic noun which itself is not preceded by an adjective, Hungarian always inserts an untranslatable a (az) between the two words. But if the noun is modified, or consists of more than one syllable, the use of the a (az) is optional. (Note that in the pattern: unmodified monosyllabic subject plus monosyllabic predicate adjective, the force of the question is directed at the subject when a (az) is used; otherwise the predicate is stressed, with corresponding change in intonation.)

A sör a jó?	Is it the beer (and not something else) that is good?
A barna sör jó? (or) A barna sör a jó?	Is it the dark beer that's good?
A kávé jó? (or) A kávé a jó?	Is the coffee good?

The pattern in which a one- or two-syllable verb as the final element in a question is the center of the question is equal in meaning to a question with a noun subject as the final element.

All Péter?	Is Peter standing (and not sitting)?
Péter áll?	Is Peter standing (and not sitting)?

Notes on Grammar
(For Home Study)

A. The Concept of the Plural

As already mentioned in the preceding unit, both English and Hungarian use the concept of number, which distinguishes one (singular) from more than one (plural). However, the use of this concept in the two languages is not always the same. Quite often Hungarian will use the singular form where English requires the plural. This is always the case after numerals and words denoting quantity, such as 'many', 'several', 'few'. Likewise, where English uses the plural in referring to several items of identical description, Hungarian will generally use the singular. In compound statements, where a subject consists of two singular nouns connected by the conjunction 'and', the verb in English will generally be plural, whereas the corresponding concept in Hungarian will usually be expressed by the singular form of the verb. This is always true when the subject refers to things rather than persons.

Compare the Hungarian and corresponding English below:

Hat férfit láttam.	I saw six men.
Itt van három magyar újság.	Here are three Hungarian newspapers.
Sok levelet írok.	I'm writing many letters.
Néhány könyvet vesz.	He's buying a few books.
Hol van a sör és a bor?	Where are the beer and the wine?
Cigarettát akarok venni.	I want to buy cigarettes.
Szép szeme van.	She has pretty eyes.
János és Mária vásárolni megy (mennek).	John and Mary are going shopping.
A könyv és a papír az asztalon van.	The book and the paper are on the table.

B. The Formation of the Plural of Nouns

Most English nouns have an ending in their plural forms, e.g., cats, dogs, horses. Hungarian likewise has an ending to indicate the plural: -k. This -k is added to words ending in a vowel in exactly the same way as the direct object suffix -t, that is, directly to the basic form if that form ends in any vowel except a and e. These vowels are modified into á and é respectively before the addition of the plural ending. For words ending in consonants, the -k must always be preceded by an auxiliary vowel. (Note that this differs from the formation of the direct object in that the direct object form does not always require an auxiliary vowel for words ending in consonants.)

The auxiliary vowels for the plural are exactly the same as those used for the direct object: -o- and -a- for back-vowel words, and -e- and -ö- for front-vowel words, in accordance with the rule of vowel harmony. The distribution of these vowels is identical also, since the direct object and plural stems are identical. Therefore, in all those cases where the direct object form does not require an auxiliary vowel, the corresponding form for the plural will generally require -o- before -k in back-vowel words, and -e- or -ö- before -k in front-vowel words. However, for the plural of proper names the ending is always -ék. (But note the usual change of -a, -e: Rózsa-Rózsáék, Fekete-Feketéék.)

The accusative (direct object) plural is formed by adding -at or -et (in accordance with the rule of vowel harmony) to the plural nominative (basic) form.

The chart following contains examples of the nominative (subject) and accusative (direct object) forms. (Note that in the nouns having two suffixes, the direct object suffix -t always follows the plural suffix -k and the second auxiliary vowel is always -a- for back-vowel words and -e- for front-vowel words. Note also that rounded-vowel nouns do not always take a rounded linking vowel to form the plural. However, those rounded-vowel nouns that do not require a linking vowel in the accusative will generally take the linking vowel -ö- before the plural suffix.)

Singular Subject	Plural Subject	Singular Object	Plural Object
ajtó	ajtók	ajtót	ajtókat
fiú	fiúk	fiút	fiúkat
mozi	mozik	mozit	mozikat
tű	tűk	tűt	tűket
vendéglő	vendéglők	vendéglőt	vendéglőket
szálloda	szállodák	szállodát	szállodákat
szoba	szobák	szobát	szobákat
csésze	csészék	csészét	csészéket
kefe	kefék	kefét	keféket
vonat	vonatok	vonatot	vonatokat
kabát	kabátok	kabátot	kabátokat
ágy	ágyak	ágyat	ágyakat
kávéház	kávéházak	kávéházat	kávéházakat
íj	íjak	íjat	íjakat
asztal	asztalok	asztalt	asztalokat
bor	borok	bort	borokat
lány	lányok	lányt	lányokat
tányér	tányérok	tányért	tányérokat
pénztár	pénztárak	pénztárt	pénztárakat
kés	kések	kést	késeket
könyv	könyvek	könyvet	könyveket
szék	székek	széket	székeket
ing	ingek	inget	ingeket
hölgy	hölgyek	hölgyet	hölgyeket
bőrönd	bőröndök	bőröndöt	bőröndöket
gömb	gömbök	gömböt	gömböket
sör	sörök	sört	söröket
rendőr	rendőrök	rendőrt	rendőröket
kenyér	kenyerek	kenyeret	kenyereket
levél	levelek	levelet	leveleket
név	nevek	nevet	neveket
szamár	szamarak	szamarat	szamarakat
úr	urak	urat	urakat

C. Cardinal Numerals

Cardinal numbers from one to ten form the basis on which Hungarian numbering is built. The numbers from eleven to nineteen and from twenty-one to twenty-nine are formed by adding these basic cardinals to the forms tizen and huszon, respectively. In the series of thirties (harminc) and beyond, the cardinal numbers are joined to the tens without intervening suffix or auxiliary vowel. The tens from forty to ninety are formed by adding the suffix -van or -ven, with corresponding shortening of long vowel where it occurs in the basic form (négy - negyven; hét - hetven).

The two forms for the number 'two': kettő and két, are in complementary distribution; that is, ordinarily they are not used interchangeably. Kettő is a substantive and is used when the numeral stands alone. Két, on the other hand, functions as an adjective and is always found in an attributive position.

Compound numerals up to 2000 are written as one word. From 2000 on the elements comprising the thousand-unit are written as one word. All units in the hundreds that follow are written as one word also, but hyphenated to the thousand-unit. If the number following the thousand-unit is less than 100, it also is hyphenated to the thousand-unit.

Where English uses commas to set off units of thousands in a series of figures, Hungarian uses spaces when the figure consists of five or more numbers.

The following list gives the numbers which will enable you to count through the thousands in Hungarian:

1	egy	11	tizenegy
2	kettő (két)	12	tizenkettő (tizenkét)
3	három	13	tizenhárom
4	négy	21	huszonegy
5	öt	29	huszonkilenc
6	hat	58	ötvennyolc
7	hét	72	hetvenkettő (hetvenkét)
8	nyolc	74	hetvennégy
9	kilenc	83	nyolcvanhárom
10	tíz	100	száz
20	húsz	200	kétszáz
30	harminc	300	háromszáz
40	negyven	999	kilencszázkilencvenkilenc
50	ötven	1000	ezer
60	hatvan	4000	négyezer
70	hetven	5055	ötezer-ötvenöt
80	nyolcvan	88 888	nyolcvannyolcezer-nyolcszáznyolcvannyolc
90	kilencven	231 122	kétszázharmincegyezer-százhuszonkettő

SUBSTITUTION DRILL

1. Nagyon szép nyakkendők vannak.	We have some nice neckties.
socks - handkerchiefs - shoes - movies - jackets - restaurants	zoknik - zsebkendők - cipők - mozik - zakók - vendéglők
2. Kitűnő férfiruhák vannak.	There are excellent suits.
hotels - handbags - toothbrushes - pencils - balls - razor blades	szállodák - táskák - fogkefék - ceruzák - labdák - borotvapengék
3. Hol vannak az áruházak?	Where are the department stores?
men - cafés - gentlemen - Americans	férfiak - kávéházak - urak - amerikaiak

4. Itt vannak a kirakatok.	Here are the show windows.
materials - trousers - women - wines - girls - toys - coats - perfumeries	anyagok - nadrágok - asszonyok - borok - lányok - játékok - kabátok - illatszerboltok
5. Milyen üzletek vannak Budapesten?	What kind of shops are there in Budapest?
chairs - books - embassies - stamps - dishes - shaving creams	székek - könyvek - követségek - bélyegek - edények - borotvakrémek
6. Hol vannak a levelek?	Where are the letters?
names - airfields - passports	nevek - repülőterek - útlevelek
7. Budapesten elég jó üzletek vannak.	There are fairly good shops in Budapest.
show windows - materials - cafés - tailors - handkerchiefs - hotels - department stores - airports - suitcases - razor blades	kirakatok - anyagok - kávéházak - szabók - zsebkendők - szállodák - áruházak - repülőterek - bőröndök - borotvapengék
8. Hol tudunk játékokat venni?	Where can we buy toys?
sportjackets - coats - socks - suits - handbags - materials - hats - soap - balls	sportzakókat - kabátokat - zoknikat - férfiruhákat - táskákat - anyagokat - kalapokat - szappanokat - labdákat
9. Tegnap szép ingeket kaptunk.	We got nice shirts in yesterday.
stamps - books - suitcases - chairs - handkerchiefs - dishes	bélyegeket - könyveket - bőröndöket - székeket - zsebkendőket - edényeket
10. Hol lehet szép üzleteket látni?	Where is it possible to see beautiful stores?
coats - books - materials - dishes - department stores - hotels - houses - embassies - airfields	kabátokat - könyveket - anyagokat - edényeket - áruházakat - szállodákat - házakat - követségeket - repülőtereket
11. Két inget kérek.	I want two shirts.
one coat - four hats - six handkerchiefs - three stamps - eight pencils - five handbags	egy kabátot - négy kalapot - hat zsebkendőt - három bélyeget - nyolc ceruzát - öt táskát
12. Néhány borotvapengét szeretnék.	I'd like to have a few razor blades.
cigarettes - pencils - neckties - toys - suitcases - toothbrushes - gifts - newspapers - roses	cigarettát - ceruzát - nyakkendőt - játékot - bőröndöt - fogkefét - ajándékot - újságot - rózsát
13. Sok szép kabátot kaptunk.	We received many beautiful coats.
socks - handkerchiefs - dishes - neckties - pens - toys - balls - shoes - glasses	zoknit - zsebkendőt - edényt - nyakkendőt - tollat - játékot - labdát - cipőt - poharat

VARIATION DRILL

I

1. Négy könyv kék. — Four books are blue.

    a. Three shirts are clean. — Három ing tiszta.
    b. Five suits are brown. — Öt férfiruha barna.
    c. Many department stores are big. — Sok áruház nagy.
    d. Two balls are red. — Két labda piros.
    e. Six neckties are new. — Hat nyakkendő új.

2. Két lány ül. — Two girls are sitting.

    a. Five men are dining. — Öt férfi ebédel.
    b. Four girls are drawing. — Négy lány rajzol.
    c. Two ladies are shopping. — Két hölgy vásárol.
    d. Seven women are traveling. — Hét asszony utazik.
    e. One gentleman is standing. — Egy úr áll.

3. A két ing háromszáz forint. — The two shirts are 300 forints.

    a. The two jackets are 700 forints. — A két zakó hétszáz forint.
    b. The five coffees cost one forint. — Az öt kávé egy forint.
    c. The ten razor blades are 80 forints. — A tíz borotvapenge nyolcvan forint.
    d. The three brushes are 30 forints. — A három kefe harminc forint.
    e. The six handkerchiefs are 18 forints. — A hat zsebkendő tizennyolc forint.

4. Három ceruzát kérek. — I want three pencils.

    a. I'm bringing two chairs. — Két széket hozok.
    b. I'm drawing six girls. — Hat lányt rajzolok.
    c. I see a few shops. — Néhány üzletet látok.
    d. I get many letters. — Sok levelet kapok.
    e. I read two newspapers. — Két újságot olvasok.

5. Kirakatokat nézünk. — We look at show windows.

    a. We purchase books. — Könyveket vásárolunk.
    b. We see girls. — Lányokat látunk.
    c. We bring chairs. — Székeket hozunk.
    d. We write letters. — Leveleket írunk.
    e. We find toys. — Játékokat találunk.

6. Ajándékokat hoznak. — They bring gifts.

    a. They see women. — Asszonyokat látnak.
    b. They read books. — Könyveket olvasnak.
    c. They buy socks. — Zoknikat vásárolnak.
    d. They look at passports. — Útleveleket néznek.
    e. They find letters. — Leveleket találnak.

7. Sok levelet olvasok. — I read many letters.

    a. We see shops. — Üzleteket látunk.
    b. They bring a few chairs. — Néhány széket hoznak.
    c. He draws girls. — Lányokat rajzol.
    d. I get many presents. — Sok ajándékot kapok.
    e. They read Hungarian books. — Magyar könyveket olvasnak.

II

Read the following:

20 meg 30 az 50	67 meg 11 az 78	482 meg 100 az 582
50 meg 20 az 70	39 meg 39 az 78	637 meg 60 az 697
60 meg 30 az 90	54 meg 46 az 100	999 meg 1 az 1000
10 meg 30 az 40	100 meg 50 az 150	888 meg 112 az 1000
30 meg 30 az 60	250 meg 70 az 320	555 meg 555 az 1110
40 meg 50 az 90	430 meg 50 az 480	1500 meg 1500 az 3000
70 meg 30 az 100	570 meg 60 az 630	2000 meg 1750 az 3750
73 meg 32 az 105	330 meg 330 az 660	4200 meg 150 az 4350
25 meg 55 az 80	55 meg 255 az 310	7600 meg 1400 az 9000
62 meg 28 az 90	365 meg 25 az 390	3100 meg 10 az 3110
11 meg 22 az 33	1000 meg 700 az 1700	7777 meg 200 az 7977
45 meg 13 az 58	1450 meg 550 az 2000	5000 meg 4999 az 9999

TRANSFORMATION DRILL

I

A

Instructor: Házat vásárolok.
Student: Házat vásárolunk.

1. Magyar újságot olvasok. — Magyar újságot olvasunk.
2. Angol levelet írok. — Angol levelet írunk.
3. Ajándékot hozok. — Ajándékot hozunk.
4. Kabátot akarok venni. — Kabátot akarunk venni.
5. Nyolckor indulok. — Nyolckor indulunk.
6. Piros rózsát kapok. — Piros rózsát kapunk.
7. Kávét kérek. — Kávét kérünk.
8. Kávéházban ebédelek. — Kávéházban ebédelünk.

B

Instructor: Angolul beszélünk.
Student: Angolul beszélek.

1. Magyarul értünk. — Magyarul értek.
2. Kirakatot nézünk. — Kirakatot nézek.
3. Öt forintot fizetünk. — Öt forintot fizetek.
4. Szerencsés utat kívánunk. — Szerencsés utat kívánok.
5. Amerikai könyvet választunk. — Amerikai könyvet választok.
6. Szép ajándékot adunk. — Szép ajándékot adok.
7. Piros labdát kapunk. — Piros labdát kapok.
8. Teát csinálunk. — Teát csinálok.

C

Instructor: Az úr széket hoz.
Student: Az urak széket hoznak.

1. A hölgy ruhát vásárol. — A hölgyek ruhát vásárolnak.
2. A férfi újságot olvas. — A férfiak újságot olvasnak.
3. A lány egy diplomatát ismer. — A lányok egy diplomatát ismernek.
4. Az amerikai a kávéházban ül. — Az amerikaiak a kávéházban ülnek.
5. Szabó ebédel. — Szabóék ebédelnek.
6. Johnson ajándékot hoz. — Johnsonék ajándékot hoznak.
7. Rózsa levelet ír. — Rózsáék levelet írnak.
8. Kovács egy angol könyvet kap. — Kovácsék egy angol könyvet kapnak.

D

Instructor: A lányok magyarul beszélnek.
Student: A lány magyarul beszél.

1. A férfiak levelet írnak.	A férfi levelet ír.
2. Kovácsék tíz forintot fizetnek.	Kovács tíz forintot fizet.
3. Az asszonyok kirakatot néznek.	Az asszony kirakatot néz.
4. A hölgyek rózsát kapnak.	A hölgy rózsát kap.
5. Szabóék jó utat kívánnak.	Szabó jó utat kíván.
6. Az urak újságot olvasnak.	Az úr újságot olvas.
7. Johnsonék ajándékot adnak.	Johnson ajándékot ad.
8. Molnárék kilenckor indulnak.	Molnár kilenckor indul.

E

Instructor: Újságot olvasunk.
Student: Újságot olvasok.

1. Magyar levelet írok.	Magyar levelet írunk.
2. Angol újságot olvasnak.	Angol újságot olvas.
3. Három forintot fizetek.	Három forintot fizetünk.
4. Kovács reggel indul.	Kovácsék reggel indulnak.
5. Amerikai könyvet választunk.	Amerikai könyvet választok.
6. Kávéházban ebédelek.	Kávéházban ebédelünk.
7. Szép ajándékot kap.	Szép ajándékot kapnak.
8. Johnsonék kabátot vásárolnak.	Johnson kabátot vásárol.

II

Instructor: Levelet kapok.
Student: Leveleket kapok.

1. Mária széket hoz.	Mária székeket hoz.
2. Rózsa lányt rajzol.	Rózsa lányokat rajzol.
3. Szép kirakatot látnak.	Szép kirakatokat látnak.
4. Barna bőröndöt vásárolnak.	Barna bőröndöket vásárolnak.
5. Ajándékot hozok.	Ajándékokat hozok.
6. Ceruzát kérek.	Ceruzákat kérek.
7. Szép üzletet látunk.	Szép üzleteket látunk.
8. Jó szállodát találok.	Jó szállodákat találok.
9. Könyvet vásárolok.	Könyveket vásárolok.
10. Johnson házat néz.	Johnson házakat néz.
11. Angol anyagot találnak.	Angol anyagokat találnak.
12. Amerikai tollat választunk.	Amerikai tollakat választunk.
13. Kovácsné fogkefét vásárol.	Kovácsné fogkeféket vásárol.
14. Magyar levelet írunk.	Magyar leveleket írunk.
15. Poharat akarok venni.	Poharakat akarok venni.
16. Repülőteret néznek.	Repülőtereket néznek.

INTONATION DRILL

A

Instructor: Szép.
Student: Szép?

1. Jó.	Jó?	8. Táskát.	Táskát?
2. Nagy.	Nagy?	9. Házban.	Házban?
3. Lányt.	Lányt?	10. Beteg.	Beteg?
4. Ing.	Ing?	11. Maga.	Maga?
5. Az.	Az?	12. Péter.	Péter?
6. Tiszta.	Tiszta?	13. Ők.	Ők?
7. Barnát.	Barnát?	14. Hideg.	Hideg?

B

Instructor: A lány szép. (The girl is pretty.)
Student: Szép a lány? (Is the girl pretty?)

1. Az úr magas.	Magas az úr?
2. Az ing kék.	Kék az ing?
3. A sör hideg.	Hideg a sör?
4. A szálloda tiszta.	Tiszta a szálloda?
5. A kávéház nagy.	Nagy a kávéház?
6. A nyakkendő sárga.	Sárga a nyakkendő?
7. A kabát világos.	Világos a kabát?
8. Ez tiszta.	Tiszta ez?
9. Az barna.	Barna az?

C

Instructor: Mária lány. (Mary is a girl.)
Student: Mária a lány? (Is Mary the girl?)
Mária lány? (Is Mary a girl?)

1. Péter úr.	Péter az úr?	Péter úr?
2. Kovácsné hölgy.	Kovácsné a hölgy?	Kovácsné hölgy?
3. Sándor szabó.	Sándor a szabó?	Sándor szabó?
4. János molnár.	János a molnár?	János molnár?
5. Lajos kovács.	Lajos a kovács?	Lajos kovács?

D

Instructor: A kávéház nagy. (The café is big.)
Student: A kávéház nagy? (Is the café big?)
A kávéház nagy? (Is the café big?)

1. A szálloda szép.	A szálloda szép?	A szálloda szép?
2. Az állomás új.	Az állomás új?	Az állomás új?
3. Az áruház jó.	Az áruház jó?	Az áruház jó?
4. A táska szép.	A táska szép?	A táska szép?
5. A mozi nagy.	A mozi nagy?	A mozi nagy?
6. Az üzletek jók.	Az üzletek jók?	Az üzletek jók?

E

Instructor: A papír piros. (The paper is red.)
Student: A papír piros? (Is the paper red?)
A papír piros? (Is the paper red?)

1. Az ing tiszta.	Az ing tiszta?	Az ing tiszta?
2. A kabát szürke.	A kabát szürke?	A kabát szürke?
3. A nadrág barna.	A nadrág barna?	A nadrág barna?
4. A nyakkendő sárga.	A nyakkendő sárga?	A nyakkendő sárga?
5. Az asszony beteg.	Az asszony beteg?	Az asszony beteg?
6. A kávéház drága.	A kávéház drága?	A kávéház drága?

F

Instructor: A ruha világos. (The dress is light.)
Student: A ruha világos? (Is the dress light?)

1. Az asszony alacsony.	Az asszony alacsony?
2. A férfi szerencsés.	A férfi szerencsés?
3. A hölgy gyönyörű.	A hölgy gyönyörű?
4. A lány amerikai.	A lány amerikai?

G

Instructor: Péter áll. (Peter is standing.)
Student: Péter áll? (Is Peter standing?)
Péter áll? (Is Peter standing?)

1. János ül.	János ül?	János ül?
2. Lajos néz.	Lajos néz?	Lajos néz?
3. Sándor lát.	Sándor lát?	Sándor lát?
4. Mária hoz.	Mária hoz?	Mária hoz?
5. Kovács ír.	Kovács ír?	Kovács ír?
6. Molnár megy.	Molnár megy?	Molnár megy?

H

Instructor: Lajos rajzol. (Louis is drawing.)
Student: Lajos rajzol? (Is Louis drawing?)
Lajos rajzol? (Is Louis drawing?)

1. János marad.	János marad?	János marad?
2. Rózsa olvas.	Rózsa olvas?	Rózsa olvas?
3. Mária siet.	Mária siet?	Mária siet?
4. Szabó beszél.	Szabó beszél?	Szabó beszél?
5. Sándor választ.	Sándor választ?	Sándor választ?

I

Instructor: Mária vásárol. (Mary is shopping.)
Student: Mária vásárol? (Is Mary shopping?)

1. János ebédel.	János ebédel?
2. Kovács parancsol.	Kovács parancsol?
3. Fehérék beszélnek.	Fehérék beszélnek?
4. A férfiak találkoznak.	A férfiak találkoznak?
5. Az asszonyok utaznak.	Az asszonyok utaznak?

J

Instructor: Az ing kék. (The shirt is blue.)
Student: Az ing a kék? (Is the shirt blue?)
Az ing kék? (Is the shirt blue?)

1. Az út jó.	Az út a jó?	Az út jó?
2. A lány nagy.	A lány a nagy?	A lány nagy?
3. A hölgy szép.	A hölgy a szép?	A hölgy szép?
4. A víz zöld.	A víz a zöld?	A víz zöld?
5. A bor jó.	A bor a jó?	A bor jó?

K

Instructor: A barna sör jó. (The dark beer is good.)
Student: A barna sör jó? (Is the dark beer good?)
A barna sör a jó? (Is the dark beer good?)

1. A kövér asszony beteg.	A kövér asszony beteg? A kövér asszony a beteg?
2. A kis kávéház drága.	A kis kávéház drága? A kis kávéház a drága?
3. A magas férfi amerikai.	A magas férfi amerikai? A magas férfi az amerikai?
4. A nagy áruház olcsó.	A nagy áruház olcsó? A nagy áruház az olcsó?
5. A sárga ing új.	A sárga ing új? A sárga ing az új?
6. A magas lány szép.	A magas lány szép? A magas lány a szép?

TRANSLATION DRILL

1.	What do the gentlemen want?	Mit parancsolnak az urak?
2.	I want to buy a book.	Könyvet akarok venni.
3.	A Hungarian book or an English book?	Magyar könyvet vagy angol könyvet?
4.	A Hungarian book.	Magyar könyvet.
5.	The Hungarian books are to the left. You can have your choice.	A magyar könyvek balra vannak. Tessék választani.
6.	I'll buy this one. How much is it?	Ezt megveszem. Mit fizetek?
7.	Ten forints. Don't you want anything else?	Tíz forintot. Mást nem parancsol?
8.	I'd like to have some stationery and a pen also.	Levélpapírt és tollat is szeretnék.
9.	Do you want white stationery?	Fehér levélpapírt?
10.	Yes, I want white.	Igen, fehéret kérek.
11.	Here you are.	Tessék.
12.	Do you know a good shoestore?	Ismer egy jó cipőüzletet?
13.	There's a good shoestore on Alexander Petőfi Street. What kind of shoes do you want to buy?	Van egy jó cipőüzlet a Petőfi Sándor utcában. Milyen cipőt akar venni?
14.	Summer shoes.	Nyári cipőt.
15.	What color do you want?	Milyen színűt parancsol?
16.	Brown. Those brown shoes in the show window are very beautiful. I want something similar.	Barnát. Az a barna cipő a kirakatban nagyon szép. Hasonlót kérek.
17.	Here's a pair.	Tessék, itt van egy pár.
18.	What's the price?	Mi az ára?
19.	350 forints.	Háromszázötven forint.
20.	I'd like to have a few handkerchiefs also.	Néhány zsebkendőt is szeretnék.
21.	Here are the handkerchiefs. Take your choice.	Itt vannak a zsebkendők. Tessék választani.
22.	I want three white handkerchiefs.	Három fehér zsebkendőt kérek.
23.	We have some beautiful neckties also.	Nagyon szép nyakkendők is vannak.
24.	It's good that you mentioned it. I need some of them too. This blue one will be good. How much is that altogether?	Jó, hogy mondja. Az is kell. Ez a kék jó lesz. Mennyit fizetek összesen?
25.	480 forints.	Négyszáznyolcvan forintot.
26.	I want to buy a pair of sport trousers also.	Egy sportnadrágot is akarok venni.
27.	Here's a nice pair. This is English material. Please try it on. It fits you well. How do you like it?	Itt van egy szép. Ez angol anyag. Tessék felpróbálni. Nagyon jól áll magának. Hogy tetszik?
28.	I think the trousers are a bit large.	Azt hiszem a nadrág egy kicsit nagy.
29.	Where can I buy some soap?	Hol lehet szappant venni?
30.	There's a perfumery on Lajos Kossuth Street. They have excellent toilet soaps there.	A Kossuth Lajos utcában van egy illatszerbolt. Ott kitűnő mosdószappanok vannak.
31.	I'd like some eau de Cologne also.	Kölnivizet is szeretnék.
32.	They have eau de Cologne but it's very expensive.	Kölnivíz van, de nagyon drága.
33.	I need a toothbrush and toothpaste also.	Fogkefe és fogkrém is kell.
34.	What kind of toothpaste do you want? A small tube or a large one?	Milyen fogkrémet parancsol? Kis vagy nagy tubust?
35.	How much is the large one?	Mibe kerül a nagy?
36.	It costs five forints.	Öt forintba kerül.
37.	And the small one?	És a kicsi?

38. That costs only three forints.	Az csak három forintba kerül.
39. I want a small one.	Kicsit kérek.
40. Here you are.	Tessék.

RESPONSE DRILL

1. A papír piros, vagy a könyv piros?	Is the paper red, or is the book red?
2. A kabát szürke, vagy a nadrág szürke?	Is the coat grey, or are the trousers grey?
3. A sör hideg, vagy a kávé hideg?	Is the beer cold, or is the coffee cold?
4. A férfi fáradt, vagy az asszony fáradt?	Is the man tired, or is the woman tired?
5. A szálloda drága, vagy a vendéglő drága?	Is the hotel expensive, or is the restaurant expensive?
6. A nyakkendő sárga, vagy az ing sárga?	Is the necktie yellow, or is the shirt yellow?
7. A bőrönd könnyű, vagy a szék könnyű?	Is the suitcase light, or is the chair light?
8. A kávéház nagy, vagy a vendéglő nagy?	Is the café big, or is the restaurant big?
9. Az üzlet jó, vagy a szabó jó?	Is the shop good, or is the tailor good?
10. Az üzlet drága vagy olcsó?	Is the shop expensive or cheap?
11. A papír piros vagy sárga?	Is the paper red or yellow?
12. A kávé hideg vagy meleg?	Is the coffee cold or hot?
13. A lány fáradt vagy beteg?	Is the girl tired or sick?
14. Az állomás nagy vagy kicsi?	Is the station big or small?
15. A nyakkendő sárga vagy kék?	Is the necktie yellow or blue?
16. János ír vagy olvas?	Is John writing or reading?
17. Mária siet vagy marad?	Is Mary hurrying away or is she staying?
18. Sándor ül vagy áll?	Is Alexander sitting or standing?
19. Sándor ül, vagy János ül?	Is Alexander sitting, or is John sitting?
20. Rózsa olvas, vagy Szabó olvas?	Is Rózsa reading, or is Szabó reading?
21. Az úr magyar?	Is the gentleman a Hungarian?
22. Hol akar magyar ruhát venni?	Where do you want to buy a Hungarian dress?
23. Hol akar kirakatokat nézni?	Where do you want to look at show windows?
24. Hol akar leveleket írni?	Where do you want to write letters?
25. Milyen leveleket akar írni?	What kind of letters do you want to write?
26. Magyar vagy angol könyveket akar olvasni?	Do you want to read Hungarian or English books?
27. Mit olvas?	What are you reading?
28. Mit néz?	What are you looking at?
29. Mit lát?	What do you see?
30. Mit kér?	What do you want?
31. Mit tud?	What do you know?
32. Mit kap?	What do you get?
33. Mit vásárol?	What are you buying?
34. Mit mond?	What are you saying?
35. Mit hoz?	What are you bringing?
36. Mit talál?	What do you find?
37. Mit ír?	What are you writing?
38. Mit beszél?	What are you speaking?
39. Mit költ?	What are you spending?
40. Mit választ?	What are you choosing?
41. Mit fizet?	What are you paying?
42. Mit próbál?	What are you trying on?
43. Kit néz?	Whom are you looking at?
44. Kit lát?	Whom do you see?

45. Kit hoz?	Whom are you bringing?
46. Kit talál ott?	Whom are you finding there?
47. Ki beszél?	Who's talking?
48. Ki ír?	Who's writing?
49. Ki kér?	Who's asking?
50. Ki fizet?	Who's paying?

CONVERSATION PRACTICE

1

A: Egy új cipőt szeretnék venni. Ismer egy jó üzletet?
B: A Petőfi Sándor utcában nagyon jó cipőüzletek vannak.
A: Mibe kerül egy pár cipő?
B: Körülbelül ötszáz forintba kerül.
A: Az nagyon drága. Nem lehet olcsóbbat kapni?
B: A Kossuth Lajos utcában van egy kis üzlet. Talán ott kapunk olcsóbbat.
A: Menjünk oda először.

2

A: Jó napot kívánok! Mit parancsolnak az urak?
B: Egy pár nyári cipőt szeretnék.
A: Milyen színűt?
B: Barnát vagy sárgát, de könnyűt. Az a barna cipő a kirakatban nagyon tetszik. Hasonlót kérek.
A: Szabad kérnem a méretet?
B: Sajnos, nem tudom pontosan. Amerikában kilenc.
A: Azt hiszem, ez elég nagy lesz. Tessék felpróbálni.
B: Igen, ez tényleg jó. Mi az ára?
A: Négyszáznyolcvan forint.
B: Jó, ezt megveszem. Tessék a négyszáznyolcvan forint.
A: Köszönöm. Viszontlátásra.
B: Viszontlátásra.

3

A: Jó napot kívánok. Borotvakrémet kérek.
B: Kicsit vagy nagyot parancsol?
A: Nagyot kérek.
B: Mást nem parancsol?
A: Kölnivizet is szeretnék.
B: Tessék választani.
A: Arckrémet is kérek.
B: Sajnos, az arckrém elfogyott.
A: Mit fizetek összesen?
B: Ötven forintot. Köszönöm. Viszontlátásra.
A: Viszontlátásra.

4

A: Néhány sportinget szeretnék.
B: Milyen színűt parancsol?
A: Szürkét, barnát vagy sárgát.
B: Szabad kérnem a méretet?
A: Sajnos, nem tudom pontosan. Amerikában tizenöt.
B: Itt van egy barna. Azt hiszem, ez elég nagy lesz. Hogy tetszik?
A: Nagyon szép. Mi az ára?
B: Kétszáz forint. Mást nem parancsol?
A: Köszönöm, most nem. Viszontlátásra.
B: Viszontlátásra.

SITUATIONS

1. You want to purchase a new light coat. You ask one of your friends where you can buy good things. He tells you where there's a good small shop and goes there with you. You buy not only a coat but a sport jacket, shirts, socks and handkerchiefs also. Then you inquire about a good shoe store.

2. In the shoe store you try on many shoes. One pair is too large, another too heavy, and a third too expensive. The clerk does his best to please you.

3. You ask where you can get soap and are told that it may be bought in the drug store. You go there and purchase not only soap but shaving cream, razor blades, toothbrushes and toothpaste also.

NARRATIVE

Johnson és Molnár vásárolni megy. Johnson először egy jó nyári ruhát akar venni. Világosbarnát vagy világosszürkét. Molnár ismer egy jó üzletet. Az üzlet egy kis üzlet, nem Állami Áruház. Johnson egy könnyű nyári ruhát vásárol. A ruha nagyon jól áll, és nem túl drága. Azután inget néznek.

Van sok ing: sportingek is vannak. De Johnson nem akar sportinget, csak két fehér és két világoskék inget. Szép nyakkendők is vannak, de nagyon drágák. Szappant, fogkefét és fogkrémet is akarnak venni. Jobbra, a harmadik házban van egy illatszerbolt. Johnson borotvapengét is kér, de az elfogyott.

Nagyon meleg van. Johnson és Molnár fáradt és éhes. Ebédelni akarnak egy kis vendéglőben.

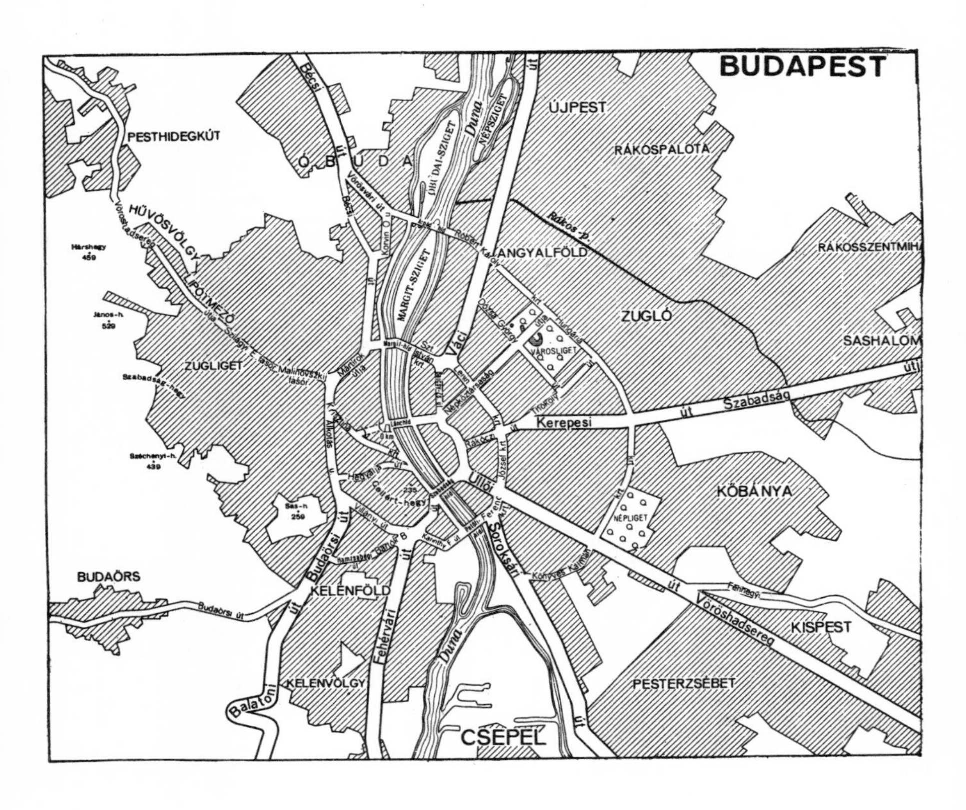

AZ EDÉNYBOLTBAN ÉS A GYÓGYSZERTÁRBAN

Basic Sentences

I

we are	vagyunk
MOLNÁR	
Here we are on Louis Kossuth Street.	Itt vagyunk a Kossuth Lajos utcában.
JOHNSON	
What beautiful dishes there are in the show window!	Milyen szép edények vannak a kirakatban!
china	porcelán
MOLNÁR	
This is Herend china.	Ez herendi porcelán.
JOHNSON	
Herend?	Herendi?
world famous	világ híres
MOLNÁR	
Herend china is world famous. Aren't you acquainted with it?	A herendi porcelán világhíres. Nem ismeri?
JOHNSON	
No. Is it expensive?	Nem. Drága?
these plate cup saucer fork knife spoon	ezek tányér csésze csészealj, -at villa kés kanál, kanalat
MOLNÁR	
Quite expensive. These plates are very expensive. Of course we have cheap plates also.	Elég drága. Ezek a tányérok nagyon drágák. Vannak persze olcsó tányérok is.

II

(In the store)	(Az üzletben)
what does it cost	mennyibe kerül
JOHNSON	
How much do these six plates cost?	Mennyibe kerül ez a hat tányér?

ELADÓ

They cost 200 forints.	Kétszáz forintba kerül.
those	azok

JOHNSON

That's very expensive. And how much do those blue ones cost?	Az nagyon drága. És mennyibe kerülnek azok a kékek?

ELADÓ

The blue ones? Those are only 160 forints.	A kékek? Azok csak százhatvan forintba kerülnek.
to wrap, to pack	csomagolni
wrap, pack (command)	csomagolja be (imperative)

JOHNSON

I'll buy the blue ones. Please wrap them. I'd like a few glasses also. What kind of glasses do you have?	A kékeket megveszem. Kérem, csomagolja be. Néhány poharat is szeretnék. Milyen poharak vannak?

ELADÓ

What kind do you want? Something beautiful?	Milyent parancsol? Valami szépet?
plain, simple	egyszerű
even, smooth, plain	sima

JOHNSON

I want to buy only plain glasses.	Csak egyszerű poharakat akarok venni.

ELADÓ

These are beautiful and not expensive.	Ezek szépek és nem drágák.
dozen	tucat

JOHNSON

Give me a dozen. And please wrap them also.	Adjon egy tucatot. És kérem, csomagolja be azokat is.

ELADÓ

Here you are.	Tessék.

JOHNSON

Where do I pay?	Hol fizetek?
cash desk	pénztár, -ak

ELADÓ

At the cashier's.	A pénztárnál.

III

to forget	elfelejteni
I forgot	elfelejtettem
aspirin	aszpirin

JOHNSON

I forgot to buy some aspirin and cigarettes.	Elfelejtettem aszpirint és cigarettát venni.

medicine	orvosság
pharmacy	gyógyszertár
on the other hand, however	pedig
tobacco shop	dohánybolt

MOLNÁR

You can get medicine only in a pharmacy. Cigarettes, however, you get at the tobacco shop.	Orvosságot csak gyógyszertárban lehet kapni. Cigarettát pedig a dohány-boltban.

strong	erős
mild, weak	gyenge

JOHNSON

Is it possible to get American cigarettes? Hungarian cigarettes are very strong.	Lehet amerikai cigarettát kapni? A magyar cigaretta nagyon erős.

difficult, heavy	nehéz
we	mi
we usually	szoktunk

MOLNÁR

It's difficult to get them in Pest. We usually get them in Vienna.	Pesten nehéz kapni. Mi Bécsben szoktunk venni.

future	jövő
next week	jövő hét
I go	megyek
then	akkor
for you, to you	maguknak (plural)

JOHNSON

Next week I'm going to Vienna. Then I'll bring some for you too. O.K.?	Jövő héten megyek Bécsbe. Akkor hozok maguknak is. Jó?

grateful	hálás
I'll be	leszek

MOLNÁR

I'll be very grateful if you do.	Nagyon hálás leszek, ha hoz.

to smoke	dohányozni
you smoke; he, she smokes	dohányzik

JOHNSON

Do you smoke very much?	Sokat dohányzik?

MOLNÁR

Unfortunately quite a lot.	Sajnos, elég sokat.

IV

(In the pharmacy)	(A gyógyszertárban)
ELADÓ	
What can I do for you?	Mi tetszik?
box, carton	doboz
JOHNSON	
I want a box of aspirin.	Kérek egy doboz aszpirint.
ELADÓ	
Don't you want anything else?	Mást nem parancsol?
bandage disinfectant, antiseptic	kötszer fertőtlenítő
JOHNSON	
I'd like some bandage and antiseptic.	Szeretnék kötszert és fertőtlenítőt.
wide narrow	széles keskeny
ELADÓ	
Do you want wide or narrow bandage?	Széles vagy keskeny kötszert parancsol?
at home bottle, glass	otthon üveg
JOHNSON	
Narrow. We have plenty of wide bandage at home. And I want a small bottle of antiseptic.	Keskenyet kérek. Széles kötszer van otthon. És kérek egy kis üveg fertőtlenítőt.
ELADÓ	
Here you are. That's 70 forints altogether.	Tessék. Ez összesen hetven forint.
JOHNSON	
Here's a hundred forints.	Itt van száz forint.
back due (as change) money	vissza visszajáró pénz
ELADÓ	
Here's the change.	Tessék a visszajáró pénz.

V

(On the street)	(Az utcán)
you buy; he, she buys	vesz
MOLNÁR	
Are you still going to buy something more?	Vesz még valami mást is?

child — gyerek
stocking — harisnya
skirt — szoknya
blouse — blúz
glove — kesztyű
underclothing, linen — fehérnemű
I buy — veszek

JOHNSON

I'm still going to buy two pairs of children's stockings. Where can I get them? — Még két pár gyerekharisnyát veszek. Hol lehet azt kapni?

pioneer — úttörő

MOLNÁR

Perhaps in the Pioneer Store. — Talán az Úttörő Áruházban.

JOHNSON

Then let's go there. — Akkor menjünk oda.

year — év
years old — éves
how old — hány éves

MOLNÁR

How old are the children? — Hány évesek a gyerekek?

boy — fiú
already — már
past, gone — elmúlt

JOHNSON

The boy's 8 years old. The girl's already past 12. — A fiú nyolc éves. A kislány már tizenkét éves elmúlt.

to go, walk — járni
school — iskola
to attend school — iskolába járni

MOLNÁR

Where do they go to school? — Hova járnak iskolába?

elementary, grammar — elemi
middle — közép
high school — középiskola

JOHNSON

The boy goes to the English grammar school, and the girl to high school. — A fiú az angol elemibe jár, a kislány meg középiskolába.

MOLNÁR

Do they like to go to school? — Szeretnek iskolába járni?

all, every, each — mind
student — tanuló

JOHNSON	
Yes. Both are good students.	Igen. Mind a kettő jó tanuló.
to that	annak
to this	ennek
really	igazán
to be glad, delighted, pleased	örülni
MOLNÁR	
I'm really happy about that.	Annak igazán nagyon örülök.
soon, before long	nemsokára
Hungary	Magyarország
in Hungary	Magyarországon
JOHNSON	
Summer will soon be here. What's the summer like in Hungary?	Nemsokára itt van a nyár. Milyen a nyár Magyarországon?
pleasant, agreeable	kellemes
apartment, flat	lakás
your, their apartment	lakásuk
cool	hűvös
MOLNÁR	
Very pleasant. Not too hot. How's your apartment? Cool enough?	Nagyon kellemes. Nem túl meleg. Milyen a lakásuk? Elég hűvös?
in Buda	Budán
to dwell, live in	lakni
room	szoba
JOHNSON	
Yes. We live in a big apartment in Buda. The rooms are quite cool.	Igen. Budán lakunk egy nagy lakásban. A szobák elég hűvösek.
furnished	berendezve
MOLNÁR	
Is the apartment already furnished?	Már be van a lakás rendezve?
completely	egészen
radio	rádió
lamp	lámpa
picture	kép
bed	ágy, -at
wardrobe, cabinet, closet	szekrény
table	asztal
JOHNSON	
Not completely yet. We have to buy a radio and a few lamps.	Még nem egészen. Egy rádiót és néhány lámpát kell venni.
to hope	remélni
I hope	remélem
MOLNÁR	
I hope you find nice lamps. But I've got to go now. See you later.	Remélem, talál szép lámpákat. De most megyek. Viszontlátásra.

Notes on Pronunciation

Consonant Assimilation

Often when words are spoken together or when endings are added to words, there is a modification in their pronunciation that is not reflected in writing. For example, the word 'had' by itself has a different pronunciation from the same word in the combination 'had two'; likewise the pronunciation of 'horse' by itself sounds quite different from the same word compounded into 'horseshoe' although again the spelling does not show this difference. In cases like the above, when two or more consonant sounds come together and the pronunciation of the first one or two is modified in such a way as to make it 'blend' with the last, those consonants that are modified in pronunciation are said to be assimilated to the last one. In the first example above, the 'd' of 'had' has been assimilated to the 't' of 'two'.

The principle of assimilation plays a very important part in Hungarian pronunciation. Because of the agglutinative nature of the language with its richness of suffixes, assimilation is a common process in the spoken language. In order to make his pronunciation actually sound like Hungarian and really acceptable to the native Hungarian speaker, the student will have to keep in mind the modifications caused by the process of assimilation, and practice these changes as they occur in speech.

To understand how assimilation works, the student must keep in mind that speech sounds are classified into two categories: voiced sounds and voiceless sounds. A voiced sound is one that is produced by tonal vibration of the vocal cords. A voiceless sound is one made without the vibration. An easy way to train oneself to recognize the difference between voicelessness and voicing is to cover the ears tightly with the hands and say, aloud, a pair of words like 'pack: bag : pack : bag'. A strong buzz is audible throughout the word 'bag', but only for the vowel of 'pack'. Or the vibration can be felt with the fingers by pressing them gently against the 'Adam's apple'.

The following table lists most of the Hungarian voiced and voiceless consonants. (Note that the articulation of any voiced consonant and its voiceless counterpart placed immediately below it in the chart is the same; the only difference between the two is the element of voicing. For example, g and k are the same sounds except that g is voiced and k is not.)

Voiced:	b	d	g	gy	v	z	zs
Voiceless:	p	t	k	ty	f	sz	s

In Hungarian whenever a voiced consonant comes before any unvoiced consonant whether in the same word or in two contiguous words spoken in one breath group, the voiced consonant is assimilated and pronounced as unvoiced.

Likewise, if an unvoiced consonant comes before any voiced consonant, the unvoiced consonant is pronounced as voiced.

Practice

b - p	p - b	d - t	t - d	g - k
zsebkendő	népdal	adtam	füstbe	üveg sör
dobtam	képzel	hadsereg	tűt gyárt	légkör
abszolút	ép zsák	szedd fel	forintba	zengte

k - g	gy - ty	ty - gy	v - f	f - v
csak gyufa	egyszerű	füttydal	névtelen	csúf dolog
New Yorkban	egy cigaretta	löttyben	évforduló	csúf zaj
lakva	egy - két	fütty zsendül	évkor	

z - sz	sz - z	zs - s	s - zs
azt	százszdal	rozskenyér	városban
vízpart	Jászberény	törzstiszt	keresd
tűzkár	kész gyártmány	varázspor	világos gyár

Notes on Grammar
(For Home Study)

A. Position of the Direct Object in a Sentence

Kérek egy bélyeget.	I want a stamp.
Találnak egy levelet.	They find a letter.
Képet rajzol.	He's drawing a picture.

Note in the above examples that in an affirmative sentence the direct object may come either before or after the verb. When it is placed before the verb, the indefinite article may be omitted. When the object follows the verb, the indefinite article is generally used.

Nem írok levelet.	I'm not writing a letter.
Nem olvasunk könyvet.	We're not reading a book.

In negative sentences like the two above, the position of the direct object is always after the verb and nem is placed immediately before the verb. Note that the indefinite article is omitted in this pattern.

B. Use and Agreement of Adjectives

Adjectives (for example: jó - 'good', tiszta -'clean', piszkos - 'dirty', éhes - 'hungry', meleg - 'warm', hideg - 'cold',) have the following general functions in Hungarian:

1. Attributes, which correspond to the English limiting and descriptive adjectives placed before the noun they modify.

2. Predicates, which correspond to predicate adjectives in English.

3. Substantives (with noun to wnich they refer not expressed).

When used as an attribute, the adjective in Hungarian is invariable, as in English, with the exception of the demonstrative adjective ('this', 'that'), which must agree in number and case with the noun it modifies:

Ismerek egy magyar urat.	I know a Hungarian gentleman.
Piros cipőt akar venni.	She wants to buy red shoes.
Ezek az angol lányok.	These are the English girls.

When used as a predicate, the adjective will always agree in number with the subject:

Az a két ceruza piros.	Those two pencils are red.
Ezek az ágyak alacsonyak.	These beds are low.
A tanulók magyarok.	The students are Hungarian.

When used as a substantive, its number will be determined by the noun that it describes, and its case will depend on the way it is used in the sentence:

Meleg teát akar? Nem, hideget.	Do you want hot tea? No, cold.
Piros rózsákat vesz? Nem, fehéreket.	Is he buying red roses? No, white ones.
Angol anyagot vásárol? Nem, amerikait.	Is he shopping for English material? No, American.
Itt vannak a jók?	Are the good ones here?

C. Nominative and Accusative Forms of Adjectives

The accusative singular of adjectives ending in a vowel is formed in the same way as that of nouns ending in a vowel (that is, -a, -e become -á, -é). Adjectives ending in a consonant generally have a vowel is usually -a- (after back vowels) or -e- (after front vowels) -o- is occasionally found after back vowels as in nagyot. A few words have no vowel, as magyart, angolt.

Nem talál pirosat, csak sárgát.	She can't find a red one but only a yellow one.
Hideg teát kérek, nem meleget.	I want cold tea, not hot.
A nagyot megveszem.	I'll buy the large one.

The nominative plural of adjectives is formed in the same way as that of nouns. However, where a linking vowel is necessary, generally it will be -a- or -e- before the -k. Most adjectives whose basic forms end in i, ú or ű require the auxiliary vowel -a- or -e- before the plural suffix:

Éhesek vagyunk.	We're hungry.
A poharak piszkosak.	The glasses are dirty.
A szobák egyszerűek.	The rooms are plain.
A lányok amerikaiak.	The girls are American.

The accusative plural of adjectives is formed by adding -a- or -e- plus -t to the plural nominative form:

Egyszerűeket kérünk.	We want simple ones.
Szürkéket akar, nem barnákat.	He wants grey ones, not brown ones.
A nagyokat megveszem.	I'll buy the big ones.

D. Position of the Predicate Adjective in a Sentence

(Én) beteg vagyok. Ki?	I'm sick. Who?
Én vagyok beteg.	I am sick.
(Mi) éhesek vagyunk. Kik?	We're hungry. Who?
Mi vagyunk éhesek.	We are hungry.

As shown in the above sentences, the position of a predicate adjective in an affirmative sentence with subject in the first person is before the verb. However, an answer to the question 'Who?' (ki, kik?), where the subject is emphasized, will require the predicate adjective to be placed after the verb.

(Én) nem vagyok fáradt.	I'm not tired.
(Mi) nem vagyunk kövérek.	We're not fat.
(Én) nem vagyok éhes.	I'm not hungry.
(Én) nem vagyok nagy?	Am I not big?

In a negative sentence like the examples above, the predicate adjective likewise always comes after the verb.

E. Interrogative Form of an Equational Sentence

1. A szálloda tiszta? 2. Tiszta a szálloda?	Is the hotel clean?
1. Az esték hidegek? 2. Hidegek az esték?	Are the evenings cold?
1. A kávé meleg? 2. Meleg a kávé?	Is the coffee hot?
1. A fiúk jók? 2. Jók a fiúk?	Are the boys good?

As illustrated in the above examples, Hungarian employs two patterns for the question form of an equational sentence: (1) the usual declarative word order (subject plus predicate adjective), and (2) inverted order (predicate adjective plus subject). Although there may be no difference in the meaning of the two patterns, Hungarian prefers the form requiring the adjective before the noun. (Note that as a predicate the adjective is inflected regardless of whether it comes after the noun or before it.)

F. The Present Tense of Lenni ('To Be', 'To Become')

(Én)	vagyok	(Mi)	vagyunk
(Te)	vagy	(Ti)	vagytok
(Maga)	van	(Maguk)	vannak
(ő)	van	(ők)	vannak

G. Hol - itt - ott; hova - ide - oda

Hol van a szálloda?	Where's the hotel?
Johnson úr itt van.	Mr. Johnson's here.
Ott van jobbra a vendéglő.	The restaurant's there to the right.
Hova megy?	Where are you going?
Ide akar jönni?	Do you want to come here?
Jövő héten oda megy.	He's going there next week.

The underlined words in all the sentences above have one thing in common: they all have something to do with location or place. The distinction between hol - itt - ott and hova - ide - oda is that the first set always refers to location or place at or in which, whereas the set hova - ide - oda always indicates place or location to which:

hol : where (at, in, what place)
itt : here (in this place)
ott : there (in that place)

hova : where (to what place, 'whither')
ide : here (to this place, 'hither')
oda : there (to that place, 'thither')

Keep in mind that a word from the set hova - ide - oda is used with a verb indicating motion or movement from one place to another, whereas a word from the group hol - itt - ott is used when the verb does not indicate motion or when the movement is confined within a specified place or location.

SUBSTITUTION DRILL

1. A tányérok nagyon drágák. — The plates are very expensive.

   gloves - radios - cups - forks - lamps - beds - houses - medicines - tables - shops - glasses - spoons

   kesztyűk - rádiók - csészék - villák - lámpák - ágyak - házak - orvosságok - asztalok - boltok - poharak - kanalak

2. A kirakatban szép edények vannak. — There are beautiful dishes in the show window.

   pictures - shirts - shoes - lamps - coats - boxes - knives - handbags

   képek - ingek - cipők - lámpák - kabátok - dobozok - kések - táskák

3. Milyenek a <u>lakások</u> Magyarországon?	What are the <u>apartments</u> like in Hungary?
shops - cafés - hotels - restaurants - materials - tailors	üzletek - kávéházak - szállodák - vendéglők - anyagok - szabók
4. Ezek a tányérok <u>drágák</u>.	These plates are <u>expensive</u>.
clean - brown - yellow - grey	tiszták - barnák - sárgák - szürkék
5. A férfiak <u>magasak</u>.	The men are <u>tall</u>.
short - skinny - tired - American	alacsonyak - soványak - fáradtak - amerikaiak
6. A lányok <u>szépek</u>.	The girls are <u>pretty</u>.
hungry - sick - fat - beautiful - pleasant	éhesek - betegek - kövérek - gyönyörűek - kellemesek
7. A szobák elég <u>hűvösek</u>.	The rooms are quite <u>cool</u>.
warm - cold - nice - simple - narrow - wide - light - clean - cheap	melegek - hidegek - szépek - egyszerűek - keskenyek - szélesek - világosak - tiszták - olcsók
8. <u>Fehérek</u> is vannak?	Are there <u>white ones</u> also?
blue ones - simple ones - easy ones - nice ones - warm ones - cold ones - wide ones - narrow ones	kékek - egyszerűek - könnyűek - szépek - melegek - hidegek - szélesek - keskenyek
9. A <u>kékeket</u> megveszem.	I'll buy the <u>blue ones</u>.
easy ones - warm ones - grey ones - wide ones - white ones - narrow ones - fat ones	könnyűeket - melegeket - szürkéket - széleseket - fehéreket - keskenyeket - kövéreket
10. A <u>világosakat</u> nem veszem meg.	I won't buy the <u>light ones</u>.
big ones - expensive ones - clean ones - yellow ones - brown ones - cheap ones - new ones - good ones	nagyokat - drágákat - tisztákat - sárgákat - barnákat - olcsókat - újakat - jókat
11. Milyent parancsol? Valami <u>szépet?</u>	What kind do you want? Something <u>nice?</u>
blue - yellow - white - expensive - cheap - good - small - grey - light - narrow - wide - red	kéket - sárgát - fehéret - drágát - olcsót - jót - kicsit - szürkét - világosat - keskenyet - széleset - pirosat

VARIATION DRILL

1. <u>Az ingek fehérek</u>.	<u>The shirts are white</u>.
a. The shops are cool.	Az üzletek hűvösek.
b. The dishes are blue.	Az edények kékek.
c. The pictures are pretty.	A képek szépek.
d. The chairs are light.	A székek könnyűek.
e. The cabinets are narrow.	A szekrények keskenyek.

2. A lámpák drágák. — The lamps are expensive.

   a. The streets are clean. — Az utcák tiszták.
   b. The stockings are brown. — A harisnyák barnák.
   c. The skirts are yellow. — A szoknyák sárgák.
   d. The suits are light grey. — A ruhák világosszürkék.
   e. The handbags are light brown. — A táskák világosbarnák.

3. A férfiak fáradtak. — The men are tired.

   a. The gentlemen are skinny. — Az urak soványak.
   b. The beds are low. — Az ágyak alacsonyak.
   c. The houses are new. — A házak újak.
   d. The cafés are bright. — A kávéházak világosak.
   e. The Americans are tall. — Az amerikaiak magasak.

4. A kirakatok nagyok. — The show windows are big.

   a. The women are Hungarian. — Az asszonyok magyarok.
   b. The girls are English. — A lányok angolok.
   c. The apartments are good. — A lakások jók.
   d. The materials are cheap. — Az anyagok olcsók.
   e. The coats are not cheap. — A kabátok nem olcsók.

5. A lányok éhesek. — The girls are hungry.

   a. The children are sick. — A gyerekek betegek.
   b. The ladies are fat. — A hölgyek kövérek.
   c. The men are tall. — A férfiak magasak.
   d. The gentlemen are tired. — Az urak fáradtak.
   e. The women are skinny. — Az asszonyok soványak.

6. A fáradt pincérek nem sietnek. — The tired waiters don't hurry.

   a. The sick men don't travel. — A beteg férfiak nem utaznak.
   b. The hungry children don't talk. — Az éhes gyerekek nem beszélnek.
   c. The pretty ladies don't shop. — A szép hölgyek nem vásárolnak.
   d. The American girls don't spend. — Az amerikai lányok nem költenek.
   e. The fat gentlemen don't read. — A kövér urak nem olvasnak.

7. A kék edények nem szépek. — The blue dishes are not pretty.

   a. The new gloves are not good. — Az új kesztyűk nem jók.
   b. The small rooms are not cool. — A kis szobák nem hűvösek.
   c. The red cups are not cheap. — A piros csészék nem olcsók.
   d. The brown cabinets are not large. — A barna szekrények nem nagyok.
   e. The yellow lamps are not light. — A sárga lámpák nem világosak.

8. Hol tudunk poharakat venni? — Where can we buy glasses?

   a. Where can we ask for lamps? — Hol tudunk lámpákat kérni?
   b. Where can we try (on) coats? — Hol tudunk kabátokat próbálni?
   c. Where can we look at show windows? — Hol tudunk kirakatokat nézni?
   d. Where can we read newspapers? — Hol tudunk újságokat olvasni?
   e. Where can we see pretty girls? — Hol tudunk szép lányokat látni?

9. Tessék helyet foglalni. — Please sit down.

   a. Please come here. — Tessék idejönni.
   b. Please go there. — Tessék odamenni.
   c. Please eat your dinner. — Tessék ebédelni.
   d. Please speak Hungarian. — Tessék magyarul beszélni.
   e. Please hurry. — Tessék sietni.
   f. Please bring a newspaper. — Tessék egy újságot hozni.

10. Hol lehet szép üzleteket látni? — Where is it possible to see nice shops?

a. Where is it possible to buy good knives? — Hol lehet jó késeket venni?
b. Where is it possible to get cheap cabinets? — Hol lehet olcsó szekrényeket kapni?
c. Where is it possible to write English letters? — Hol lehet angol leveleket írni?
d. Where is it possible to read Hungarian books? — Hol lehet magyar könyveket olvasni?
e. Where is it possible to get good materials? — Hol lehet jó anyagokat kapni?

TRANSFORMATION DRILL

I

A

Instructor: A gyerek fáradt.
Student: A gyerekek fáradtak.

1. A férfi magas. — A férfiak magasak.
2. A lány sovány. — A lányok soványak.
3. Az asszony beteg. — Az asszonyok betegek.
4. Szabó éhes. — Szabóék éhesek.
5. Kovács fáradt. — Kovácsék fáradtak.
6. A fiú erős. — A fiúk erősek.
7. A kislány szép. — A kislányok szépek.

B

Instructor: Éhes vagyok.
Student: Éhesek vagyunk.

1. Fáradt vagyok. — Fáradtak vagyunk.
2. Beteg vagyok. — Betegek vagyunk.
3. Magas vagyok. — Magasak vagyunk.
4. Sovány vagyok. — Soványak vagyunk.
5. Szép vagyok. — Szépek vagyunk.
6. Kövér vagyok. — Kövérek vagyunk.
7. Jó vagyok. — Jók vagyunk.
8. Alacsony vagyok. — Alacsonyak vagyunk.

C

Instructor: A lány beteg.
Student: A lányok betegek.
or
Instructor: Gyenge vagyok.
Student: Gyengék vagyunk.

1. A gyerek éhes. — A gyerekek éhesek.
2. Fáradt vagyok. — Fáradtak vagyunk.
3. Az asszony szép. — Az asszonyok szépek.
4. A fiú sovány. — A fiúk soványak.
5. Erős vagyok. — Erősek vagyunk.
6. Fehér beteg. — Fehérék betegek.
7. Sovány vagyok. — Soványak vagyunk.
8. Nagy vagyok. — Nagyok vagyunk.
9. A lány kövér. — A lányok kövérek.

D

Instructor: Nem vagyok fáradt.
Student: Nem vagyunk fáradtak.

1. Nem vagyok éhes.	Nem vagyunk éhesek.
2. A férfi nem fáradt.	A férfiak nem fáradtak.
3. A gyerek nem nagy.	A gyerekek nem nagyok.
4. Nem vagyok jó.	Nem vagyunk jók.
5. A fiú nem szép.	A fiúk nem szépek.
6. Nem vagyok gyenge.	Nem vagyunk gyengék.
7. Kovács nem beteg.	Kovácsék nem betegek.
8. A lány nem amerikai.	A lányok nem amerikaiak.
9. Nem vagyok erős.	Nem vagyunk erősek.

II

A

Instructor: A kabát szép.
Student: Három kabát szép.
A kabátok szépek.

1. Az ágy alacsony.	Két ágy alacsony.	Az ágyak alacsonyak.
2. Az üzlet tiszta.	Sok üzlet tiszta.	Az üzletek tiszták.
3. Az utca széles.	Négy utca széles.	Az utcák szélesek.
4. A lakás hűvös.	Néhány lakás hűvös.	A lakások hűvösek.
5. A doboz keskeny.	Hat doboz keskeny.	A dobozok keskenyek.
6. A csésze kék.	Öt csésze kék.	A csészék kékek.
7. A ruha szürke.	Három ruha szürke.	A ruhák szürkék.
8. A diplomata angol.	Két diplomata angol.	A diplomaták angolok.
9. Az ing piszkos.	Kilenc ing piszkos.	Az ingek piszkosak.

B

Instructor: A rózsák gyönyörűek.
Student: Ezek a rózsák gyönyörűek.
Ezek gyönyörű rózsák.

1. A szekrények drágák.	Ezek a szekrények drágák.	Ezek drága szekrények.
2. A képek szépek.	Ezek a képek szépek.	Ezek szép képek.
3. A kések jók.	Azok a kések jók.	Azok jó kések.
4. A lányok magyarok.	Azok a lányok magyarok.	Azok magyar lányok.
5. Az urak amerikaiak.	Azok az urak amerikaiak.	Azok amerikai urak.
6. A lámpák világosak.	Ezek a lámpák világosak.	Ezek világos lámpák.
7. A gyerekek éhesek.	Ezek a gyerekek éhesek.	Ezek éhes gyerekek.
8. A szobák melegek.	Ezek a szobák melegek.	Ezek meleg szobák.
9. Az ágyak szélesek.	Azok az ágyak szélesek.	Azok széles ágyak.

C

Instructor: Levelet írok.
Student: Három levelet írok.
Leveleket írok.

1. Kabátot veszek.	Két kabátot veszek.	Kabátokat veszek.
2. Könyvet olvasok.	Néhány könyvet olvasok.	Könyveket olvasok.
3. Képet rajzolok.	Öt képet rajzolok.	Képeket rajzolok.
4. Gyereket hozok.	Nyolc gyereket hozok.	Gyerekeket hozok.
5. Magyar fiút ismerek.	Hat magyar fiút ismerek.	Magyar fiúkat ismerek.
6. Szép lányt látok.	Két szép lányt látok.	Szép lányokat látok.
7. Ruhát próbálok.	Sok ruhát próbálok.	Ruhákat próbálok.
8. Nyári ruhát nézek.	Néhány nyári ruhát nézek.	Nyári ruhákat nézek.
9. Nyakkendőt kérek.	Három nyakkendőt kérek.	Nyakkendőket kérek.

III

A

Instructor: Meleg kávét kérek.
Student: Meleget kér?

1. Hideg sört kérek. — Hideget kér?
2. Meleg kabátot hozok. — Meleget hoz?
3. Kék nyakkendőt veszek. — Kéket vesz?
4. Piros labdát kapok. — Pirosat kap?
5. Barna kalapot találok. — Barnát talál?
6. Fehér porcelánt nézek. — Fehéret néz?
7. Szürke ruhát vásárolok. — Szürkét vásárol?
8. Négy gyereket látok. — Négyet lát?
9. Széles asztalt akarok. — Széleset akar?

B

Instructor: Barna szekrényeket néznek.
Student: Barnákat néznek?

1. Fehér zsebkendőket kérünk. — Fehéreket kérnek?
2. Nagy ágyakat találunk. — Nagyokat találnak?
3. Fáradt férfiakat látunk. — Fáradtakat látnak?
4. Olcsó tányérokat vásárolunk. — Olcsókat vásárolnak?
5. Híres férfiakat ismerünk. — Híreseket ismernek?
6. Szép lányokat csókolunk. — Szépeket csókolnak?
7. Könnyű asztalokat hozunk. — Könnyűeket hoznak?
8. Sima poharakat választunk. — Simákat választanak?
9. Egyszerű asszonyokat ismerünk. — Egyszerűeket ismernek?

IV

A

Instructor: Hol vannak a gyerekek?
Student: Itt vannak a gyerekek.

1. Hol van az Állami Áruház? — Ott van az Állami Áruház.
2. Hol vannak jó férfiruhák? — Itt vannak jó férfiruhák.
3. Hol lehet olcsó cipőt kapni? — Ott lehet olcsó cipőt kapni.
4. Hol van egy tükör? — Itt van egy tükör.
5. Hol ebédel Johnson úr? — Ott ebédel Johnson úr.
6. Hol lehet enni? — Ott lehet enni.
7. Hol lehet írni? — Itt lehet írni.
8. Hol ül Éva? — Ott ül Éva.

B

Instructor: Hova járnak iskolába a gyerekek?
Student: Ide járnak iskolába a gyerekek.

1. Hova siet Mária? — Oda siet Mária.
2. Hova megy Johnson úr? — Oda megy Johnson úr.
3. Hova akar Éva jönni? — Ide akar Éva jönni.
4. Hova megy Mária enni? — Oda megy Mária enni.
5. Hova megy Johnsonné vásárolni? — Ide megy Johnsonné vásárolni.
6. Hova utaznak Kovácsék? — Oda utaznak Kovácsék.
7. Hova akar Péter menni? — Oda akar Péter menni.
8. Hova járnak enni? — Ide járnak enni.

C

Instructor: Hol vásárol Mária?
Student: Ott vásárol Mária.
or
Instructor: Hova megy Mária vásárolni?
Student: Oda megy Mária vásárolni.

1. Hol ül Éva?	Itt ül Éva.
2. Hova utaznak Johnsonék?	Oda utaznak Johnsonék.
3. Hol ebédel Szabó úr?	Ott ebédel Szabó úr.
4. Hova megy Szabó úr ebédelni?	Oda megy Szabó úr ebédelni.
5. Hova akar Mária menni?	Oda akar Mária menni.
6. Hol van a gyerek?	Itt van a gyerek.
7. Hova siet János?	Ide siet János.
8. Hol van egy dohánybolt?	Ott van egy dohánybolt.

TRANSLATION DRILL

1. Peter Johnson is an American Foreign Service Officer in Budapest.	Johnson Péter amerikai diplomata Budapesten.
2. The Johnsons live in Buda in a big house.	Johnsonék Budán laknak egy nagy házban.
3. The rooms in the house are large and cool.	A házban a szobák nagyok és hűvösek.
4. The apartment is already completely furnished.	A lakás már egészen be van rendezve.
5. They still have to buy a few lamps and pictures.	Még néhány lámpát és képet kell venni.
6. The children go to a Hungarian school.	A gyerekek magyar iskolába járnak.
7. The little girl likes to go to school very much.	A kislány nagyon szeret iskolába járni.
8. The little girl is a good student, but the boy isn't.	A kislány jó tanuló, de a fiú nem.
9. The girl is seven years old; the boy's eight.	A kislány hét éves, a fiú nyolc.
10. Both speak Hungarian very well.	Mind a kettő nagyon jól beszél magyarul.
11. Johnson also speaks Hungarian quite well.	Johnson is elég jól beszél magyarul.
12. Now he's going shopping.	Most vásárolni megy.
13. There's a china shop on Lajos Kossuth street.	A Kossuth Lajos utcában van egy edénybolt.
14. Johnson goes there.	Johnson oda megy.
15. There's Herend china in the show window.	A kirakatban herendi porcelán van.
16. The Herend china is very expensive.	A herendi porcelán nagyon drága.
17. They also have cheap china in the store.	Az üzletben olcsó edények is vannak.
18. Johnson buys six plates and cups.	Johnson vesz hat tányért és csészét.
19. He wants some forks, knives and spoons also.	Villát, kést és kanalat is kér.
20. Afterwards he looks at glasses.	Azután poharakat néz.
21. He wants to buy plain glasses only.	Csak egyszerű poharakat akar venni.
22. He finds some beautiful and cheap glasses.	Szép és olcsó poharakat talál.
23. He buys a dozen.	Vesz egy tucatot.
24. He pays at the cashier's.	Fizet a pénztárnál.
25. Afterwards he goes to a tobacco shop and to a pharmacy.	Azután egy dohányboltba és egy gyógyszertárba megy.

26. He wants to buy cigarettes in the tobacco shop.	A dohányboltban cigarettát akar venni.
27. Johnson asks for American cigarettes.	Johnson amerikai cigarettát kér.
28. But they have only Hungarian cigarettes in the tobacco shop.	De a dohányboltban csak magyar cigaretták vannak.
29. The Hungarian cigarettes are very strong.	A magyar cigaretta nagyon erős.
30. Johnson doesn't want strong cigarettes.	Johnson nem akar erős cigarettát.
31. In the pharmacy he buys a box of aspirin.	A gyógyszertárban egy doboz aszpirint vesz.
32. He wants to get some bandage and antiseptic also.	Kötszert és fertőtlenitőt is akar venni.
33. They have wide and narrow bandage.	Van széles és keskeny kötszer.
34. Johnson buys some wide and some narrow also.	Johnson vesz széleset is és keskenyet is.
35. In the Pioneer Store he asks for children's stockings.	Az Úttörő Áruházban gyerekharisnyát kér.
36. He sees beautiful pictures in a show window.	Egy kirakatban szép képeket lát.
37. He buys two pictures there.	Ott vesz két képet.
38. The pictures are Hungarian pictures and they are not expensive.	A képek magyar képek és nem drágák.
39. It's warm and Johnson is very tired.	Meleg van és Johnson nagyon fáradt.
40. He goes to a café for lunch.	Egy kávéházba megy ebédelni.

RESPONSE DRILL

1. Drágák a magyar könyvek?	Are the Hungarian books expensive?
2. Jók az angol cipők?	Are the English shoes good?
3. Olcsók az amerikai rádiók?	Are the American radios cheap?
4. Szépek a magyar lányok?	Are the Hungarian girls pretty?
5. Tiszták az amerikai szállodák?	Are the American hotels clean?
6. Éhesek a gyerekek?	Are the children hungry?
7. Kellemesek az esték?	Are the evenings pleasant?
8. Hűvösek a szobák?	Are the rooms cool?
9. Kövérek az asszonyok?	Are the women fat?
10. Magasak a férfiak?	Are the men tall?
11. Fáradtak a gyerekek?	Are the children tired?
12. Kékek az ingek?	Are the shirts blue?
13. Fehérek a blúzok?	Are the blouses white?
14. Nagyok az áruházak?	Are the department stores big?
15. Alacsonyak az ágyak?	Are the beds low?
16. Tiszták az utcák?	Are the streets clean?
17. Barnák a szekrények?	Are the cabinets brown?
18. A lakás meleg, vagy a vonat meleg?	Is the apartment hot, or is the train hot?
19. A szoba nagy vagy kicsi?	Is the room large, or small?
20. A kabát meleg vagy hideg?	Is the coat warm, or cold?
21. A szoba nagy, vagy a lakás nagy?	Is the room large, or is the apartment large?
22. Mit parancsol? Aszpirint?	What do you want? Aspirin?
23. Milyen borotvaszappant parancsol? Amerikait?	What kind of shaving soap do you want? American?
24. Milyen csészéket akar venni? Herendit?	What kind of cups do you want to buy? Herendi?
25. Milyen nyakkendőt parancsol? Pirosat?	What kind of necktie do you want? A red one?
26. Milyen zoknikat akar? Angolt?	What kind of socks do you want? English ones?
27. Hol lehet orvosságot venni?	Where can one buy medicine?

28. Mit lehet illatszerboltban kapni?	What can you get in a perfumery?
29. Mit lehet dohányboltban venni?	What can you buy in a tobacco shop?
30. Az amerikai cigaretta gyenge?	Are the American cigarettes mild?
31. Van angol elemi Budapesten?	Is there an English grammar school in Budapest?
32. Van magyar középiskola Washingtonban?	Is there a Hungarian high school in Washington?
33. Vannak magyar pincérek Washingtonban?	Are there any Hungarian waiters in Washington?
34. A fiúk amerikaiak az iskolában?	Are the boys in the school American?
35. Mibe kerül ez az üveg kölniviz?	How much is this bottle of eau de Cologne?
36. Van otthon fertőtlenítő?	Do you have antiseptic at home?
37. Milyen a lakásuk? Elég nagy?	What's your apartment like? Big enough?
38. Milyen a kabát? Elég meleg?	What's the coat like? Warm enough?
39. Milyenek az üzletek? Elég szépek?	What are the shops like? Nice enough?
40. Hány doboz cigarettát parancsol?	How many packages of cigarettes do you want?
41. Milyen kötszert parancsol?	What kind of bandage do you want?
42. Hol van a szálloda? Itt van jobbra?	Where's the hotel? Is it here to the right?
43. Hova megy Mária? Oda balra?	Where is Mary going? There to the left?
44. Itt van Johnson úr?	Is Mr. Johnson here?
45. Ide jön Johnson úr?	Is Mr. Johnson coming here?
46. Oda mennek a gyerekek?	Are the children going there?
47. Itt vannak a lányok?	Are the girls here?
48. Ott van egy tükör?	Is there a mirror there?
49. Hol ebédel?	Where are you eating dinner?
50. Hova megy ebédelni?	Where are you going to have dinner?

CONVERSATION PRACTICE

1

A: Mondja: hol tudunk csészét, villát, kést és kanalat venni?
B: A Petőfi Sándor utcában van egy kis üzlet. Tessék ott megpróbálni.

2

A: Mi tetszik?
B: Csészéket és csészealjakat szeretnék venni.
A: Milyent parancsol? Herendit?
B: Nem, csak valami egyszerűt akarok.
A: Itt van egy fehér. Ez hogy tetszik?
B: Elég szép. Mibe kerül egy tucat?
A: Nyolcvan forintba kerül.
B: Olcsóbb is van?
A: Az a kék olcsóbb. Az csak ötven forint. Az tetszik?
B: Igen. Azokat megveszem. Kérem, csomagolja be.
A: Parancsol még valami mást is?
B: Köszönöm, nem. Hol fizetek?
A: A pénztárnál.

3

A: Jó napot kívánok!
B: Jó napot! Mi tetszik?
A: Kést, villát és kanalat szeretnék venni.
B: Milyent parancsol? Valami szépet?
A: Szépet, de olcsót szeretnék.
B: Ezek itt szépek és nem drágák.
A: Mennyibe kerül egy kés?
B: Tíz forintba kerül. A kanál és a villa is.
A: Kérem, adjon hat darab kést, hat darab villát és hat darab kanalat.
B: Kis vagy nagy kanalat parancsol?
A: Kicsit kérek.
B: Ez összesen száznyolcvan forint.
A: Tessék a pénz.
B: Köszönöm. A viszontlátásra.

4

A: Jó napot kívánok!
B: Jó napot kívánok!
A: Egy doboz aszpirint szeretnék.
B: Tessék. Parancsol még valamit?
A: Egy üveg fertőtlenítőt is kérek.
B: Ez összesen tizenöt forint.
A: Borotvaszappant is szeretnék.
B: Borotvaszappant csak illatszerboltban lehet kapni.
A: Van itt valahol egy illatszerbolt?
B: Balra, a harmadik házban van egy.
A: Köszönöm.
B: Szívesen.

SITUATIONS

1. You want to buy cups and saucers. One of your friends tells you that there is a shop on Louis Kossuth Street where the prices are not too high. You go there and see some beautiful china. They tell you that it's Hungarian Herend china and quite expensive. You like it so much that you buy not only cups and saucers but a dozen large plates also. You want twelve glasses too. You'd like to get knives and forks but they don't have any in the store. They tell you that you can probably get them at the State Store.

2. You need some cigarettes and ask where you can buy a package. They explain to you that cigarettes may be obtained only in a tobacco shop. You ask for some aspirin and you are told that drugs are sold only in a pharmacy. You ask where the pharmacy is. They give you the exact location.

3. In the pharmacy you ask for something for a headache. You buy a large box of aspirin. You buy some bandage and antiseptic also in case you may need them at home for your four children. Your two boys are now in school; they're attending the English grammar school. The two girls are still too young for school.

NARRATIVE

Johnsonék Budán laknak egy nagy házban. Minden szoba szépen be van rendezve. Csak még néhány lámpát és egy rádiót kell venni.

Johnsonné vásárolni megy. Egy új nyári ruhát akar venni. Gyerekruhát és gyerekcipőt is akar nézni.

A Petőfi Sándor utcában sok szép üzlet van. A kirakatokban szép ruhák vannak. Az üzletek kicsik, nem nagy áruházak. Johnsonné először oda megy. Egy üzletben talál egy nagyon szép, de drága ruhát.

Az Úttörő Áruházban jó fiúruhák vannak. Ott vesz egy szürke nadrágot és kabátot. Az Állami Áruházban talál egy szép szoknyát. Cipőt MASZEK üzletben néz.

Azután egy gyógyszertárban aszpirint, kötszert és fertőtlenítőt vásárol. Szappant is akar venni, de azt az illatszerboltban lehet kapni.

A kirakatban rádiót és lámpát lát. A gyerekszobába kell még néhány kép és lámpa. Ágyak és szekrények már vannak. Vesz egy szép magyar képet és lámpát.

A Kossuth Lajos utcában van egy porcelánüzlet. Ott hat herendi csészét és tányért vásárol.

Azután Johnsonné ebédelni megy egy kis vendéglőbe. Johnson már ott van. A pincér mindjárt két pohár vizet hoz. Hideg sonkát, kenyeret és két csésze hideg teát kérnek.

Két férfi és két lány is ül ott. A férfiak magasak és soványak. A lányok szépek. A férfiak angolok. A lányok magyarok.

Johnson a jövő héten Bécsbe utazik. Ott cigarettát is akar venni. Budapesten nehéz amerikai cigarettát kapni. A magyar cigaretta nagyon erős. Molnár úr is kér cigarettát. Ő is sokat dohányzik.

KACSATÖMÉS. (Palócföld.)

JOHNSONÉK VACSORÁRA MENNEK

Basic Sentences

I

black	fekete
supper, dinner (evening meal)	vacsora
for supper	vacsorára
to eat supper	vacsorázni
to invite, call	hívni
you, they invited	hívtak
married couple	házaspár
The Blacks have invited an American couple, the Johnsons, for supper.	Feketéék vacsorára hívtak egy amerikai házaspárt, Johnsonékat.
flower	virág
to carry, take	vinni
you carry, take; he, she, it carries, takes	visz
the lady of the house, landlady	háziasszony
to the lady of the house	a háziasszonynak
Mr. Johnson brings flowers for the hostess.	Johnson úr virágot visz a háziasszonynak.

II

to introduce	bemutatni
I introduce	bemutatom
Eve	Éva
you, they met	találkoztak
FEKETE	
I kiss your hand, Madam! Let me introduce my wife, Eve. I don't believe you've met yet.	Kezét csókolom, asszonyom! Bemutatom a feleségemet, Évát. Azt hiszem, még nem találkoztak.
God	Isten
you, he, she, it brought	hozta
husband	férj
my husband	a férjem
from you	magukról
ÉVA	
Welcome to our home! My husband often speaks about you. Please sit down.	Isten hozta magukat! A férjem gyakran beszél magukról. Tessék helyet foglalni.
FEKETE	
How do you like Budapest, Madam?	Hogy tetszik Budapest, asszonyom?
everywhere, all over	mindenhol
tree, wood	fa
garden	kert

MÁRIA	
I like it very much. There are trees and gardens everywhere in the city. And so many beautiful flowers in every garden!	Nagyon tetszik. Mindenhol fák és kertek vannak a városban. Sok szép virág van minden kertben.
spring	tavasz
in spring	tavasszal
JOHNSON	
Yes, the city is very beautiful in the springtime.	Igen, a város nagyon szép tavasszal.
not only	nemcsak
autumn, fall	ősz, -ök
in the autumn	ősszel
winter, (in winter)	tél, telet, (télen)
ÉVA	
It's beautiful not only in spring but in the fall also.	Nemcsak tavasszal szép, hanem ősszel is.
mountain, hill	hegy
valley	völgy
forest, woods	erdő
surroundings, vicinity	környék
in the vicinity	a környéken
There are many hills and forests in the vicinity.	Sok hegy és erdő van a környéken.
you, they usually	szoktak
you, he, she, it usually	szokott
to make, to go on an excursion	kirándulni
JOHNSON	
Do you often go hiking in the mountains?	Szoktak gyakran kirándulni a hegyekbe?
Sunday, on Sunday	vasárnap[1]
always	mindig
up	fel
we go	megyünk
to fish	halászni
creek, brook, stream	patak
river	folyó
lake	tó, tavat
ÉVA	
Yes. On Sundays we always go up into the mountains. The children like to fish in the creek.	Igen. Vasárnap mindig felmegyünk a hegyekbe. A gyerekek szeretnek halászni a patakban.
cognac	konyak
FEKETE	
Would you like some beer or cognac?	Egy kis sört vagy konyakot parancsolnak?

to drink	inni
I drink	iszom
MÁRIA	
Thank you very much, but I don't drink anything.	Köszönöm szépen, én nem iszom semmit.
you drink; he, she drinks	iszik
FEKETE	
And you, Mr. Johnson? What will you have?	És maga, Johnson úr? Mit iszik?
JOHNSON	
I want some beer.	Én egy kis sört kérek.
news	újság
United States	Egyesült Államok
ÉVA	
What's the latest in the United States?	Mi újság az Egyesült Államokban?
there isn't; you aren't; he, she, it isn't	nincs, nincsen
old, ancient	régi, -ek
JOHNSON	
There's no news. Everything is just as before.	Nincs semmi újság. Minden a régi.
MÁRIA	
What a lovely, big apartment this is!	Milyen szép nagy ez a lakás!
FEKETE	
I'm glad you like it. Where do you live?	Örülök, hogy tetszik. Maguk hol laknak?
because	mert
kitchen	konyha
modern	modern
to look for	keresni
other	másik
MÁRIA	
On Kossuth Lajos Street. But I don't like to live there, because the kitchen isn't modern. We're looking for another apartment.	A Kossuth Lajos utcában. De nem szeretek ott lakni, mert a konyha nem modern. Keresünk egy másik lakást.
in this	ebben
in that	abban
for rent, to let	kiadó
behind	mögött

FEKETE	
There's a house for rent on this street, with a big garden behind the house.	Ebben az utcában van egy ház kiadó. A ház mögött nagy kert van.
JOHNSON	
How many rooms are there in the house?	Hány szoba van a házban?
dining room	ebédlő
living room	nappali
smoker	dohányzó
bedroom	hálószoba
of course, naturally	természetesen
bathroom	fürdőszoba
ÉVA	
I believe there are six or seven: a dining room, a living room, a study, three bedrooms, and, of course, a kitchen and a bathroom.	Azt hiszem, hat vagy hét: egy ebédlő, egy nappali, egy dohányzó, három hálószoba és természetesen konyha és fürdőszoba.
to look at	megnézni
I look at	megnézem
to be suitable	megfelelni
address	cím
JOHNSON	
I'm going to look at it tomorrow. Perhaps it'll be suitable. May I have the address?	Holnap megnézem. Talán megfelel. Szabad kérnem a címet?
poet	költő
ready	kész
ÉVA	
26 Költő Street. But now let's go into the dining room. Dinner's ready.	Költő utca huszonhat. De most menjünk az ebédlőbe. Kész a vacsora.
into, in	be
you, they go	mennek
(They go into the dining room.)	(Bemennek az ebédlőbe.)

III

vase	váza
JOHNSON	
What beautiful roses there are in the vase!	Milyen gyönyörű rózsák vannak a vázában!
day, sun	nap
every day, daily	mindennap
fresh	friss
to put	tenni
I put	teszek

ÉVA	
I put fresh flowers in the vases every day.	Mindennap friss virágot teszek a vázákba.
piano	zongora
to play the piano	zongorázni
you play; he, she plays the piano	zongorázik
JOHNSON	
I saw a black piano in the other room. Who plays it?	Egy fekete zongorát láttam a másik szobában. Ki zongorázik?
to play	játszani
you play; he, she plays	játszik
FEKETE	
My wife does.	A feleségem játszik.
music	zene
classic, classical	klasszikus
MÁRIA	
Does she play modern or classical music?	Modern vagy klasszikus zenét játszik?
mainly, especially	főleg
record	lemez
phonograph	lemezjátszó
FEKETE	
Classical for the most part. But we have a phonograph and some modern records in the other room.	Főleg klasszikusokat. De van egy lemezjátszó és néhány modern lemez a másik szobában.
song	dal
folksong	népdal
gypsy	cigány
I like	szeretem
JOHNSON	
Do you have folksongs also? I like Hungarian folksongs and gypsy music very much.	Vannak népdalok is? Nagyon szeretem a magyar népdalokat és a cigányzenét.
there aren't; you, they aren't	nincsenek
I play	játszom
on the piano	zongorán
ÉVA	
Unfortunately we don't have any. But I'll be happy to play some Hungarian songs on the piano.	Sajnos, azok nincsenek. De szívesen játszom néhány magyar dalt a zongorán.
out	ki
from there	onnan
from here	innen
view, sight	kilátás
we eat	eszünk

ice cream — fagylalt
we drink — iszunk

FEKETE

Let's go out into the garden. The view from there is lovely. There we'll have some ice cream and something to drink.

Menjünk ki a kertbe. Onnan szép a kilátás. Ott eszünk egy kis fagylaltot és iszunk valamit.

I eat — eszem
never — sohasem

JOHNSON

Thank you, I never eat ice cream.

Köszönöm, én nem eszem sohasem fagylaltot.

you eat; he, she eats — eszik

FEKETE

And you, Madam? Will you have a little ice cream?

És maga, asszonyom? Eszik egy kis fagylaltot?

MÁRIA

Yes, thank you.

Szívesen.

apricot — barack
brandy — pálinka

FEKETE

Would you like some apricot brandy, Mr. Johnson?

Parancsol egy kis barackpálinkát, Johnson úr?

little, few — kevés

JOHNSON

Thank you, a small amount.

Köszönöm, egy keveset kérek.

health — egészség

FEKETE

To your health!

Egészségére!

(They drink.)

(Isznak.)

watch, clock — óra

(Johnson looks at his watch.)

(Johnson megnézi az órát.)

late — késő
half past eleven — fél tizenkettő
quarter past eleven — negyed tizenkettő
quarter to twelve — háromnegyed tizenkettő
home — haza

JOHNSON

It's very late, half past eleven already. I'm afraid we'll have to go home.

Nagyon késő van, már fél tizenkettő. Sajnos, haza kell menni.

we thank	köszönjük
to visit	meglátogatni
us	minket

MÁRIA

Thank you very much for the delightful evening. I hope that you also will come to visit us soon.	Nagyon köszönjük ezt a kellemes estét. Remélem, hogy maguk is nemsokára meglátogatnak minket.

Note to the Basic Sentences

[1] In Hungarian writing the days of the week are not capitalized unless they come at the beginning of the sentence.

Notes on Pronunciation

A. Hungarian c

Some speakers of English use a sound like the Hungarian c at the end of English words like 'hats' or 'cats'. Pronounce English 'Lent's' (as in 'Lent's the period before Easter'), and then ask your teacher to pronounce Hungarian kilenc and observe the difference in the two similar sounds. You will find it easier to produce the Hungarian c at the end of the word than at the beginning, since in English we are not accustomed to use the sound at the beginning of a word (excepting in such a term as the 'tsetse fly'). After you have practiced and mastered the sound at the end of words, then practice it at the beginning and in the middle of words.

Practice 1.

nyolc	nyolcvan	biccen	tárca	Mici	cár	cakk
rác	kilencven	moccan	mérce	deci	cím	cucc
élc	polctól	icce	élces	éca	cipő	ceruza
férc	férctől	uccu	fércel	ecet	cukor	cucli
léc	lecke	saccol	március	dacos	cifra	cikk

B. Hungarian s

If you pronounce English 'show' and then ask your teacher to pronounce Hungarian só, you will notice that the first sound of the Hungarian word is not quite the same as the English sound. To produce the Hungarian sound you will have to round and protrude your lips more than you do for the English sound.

Practice 2.

semmi	ismerni	Párizst	lassan
sovány	vásárolni	és	fusson
sör	városok	kis	orvossal
sárga	feleség	piros	tessék
sport	egyenesen	Budapest	frissen
steril	testvér	magas	siessen
stílus	füstöl	friss	mossa

C. Hungarian l

Pronounce English 'low' and 'less'. Then ask your instructor to pronounce Hungarian ló and lesz. Practice these words, repeating them several times after your instructor. You will notice that in these words the l-sound is almost identical in both languages. (In the pronunciation of the Hungarian l the tip of the tongue is held lightly against the back of the upper teeth.) Now pronounce English 'hole' and 'tool'. Then ask your instructor to pronounce

Hungarian hol and túl. It will be clear that the l-sound in these Hungarian words does not correspond to the l-sound in the matched English words but is very similar to the initial sound in the first two words, ló and lesz. Whereas the pronunciation of English l varies according to its position in a word or breath group, Hungarian l is pronounced much the same in all positions.

Practice 3.

lakik	elég	fal	mellett
levél	ülő	föl	üllő
lusta	alatt	kel	állunk
liba	kelet	áll	kellett
lőszer	tolat	tál	tollat

Notes on Grammar
(For Home Study)

A. The Suffixes -ban, -ben and -ba, -be

We have already seen how Hungarian expresses many grammatical concepts, for example, person, number and case, by the addition of suffixes to a single root or stem. This pattern of structure, which seems strange to English speakers, is found in many other languages. In this unit we are concerned with two additional sets of suffixes which indicate structural relationships which are expressed in English by separate words. The examples below show how Hungarian and English differ in expressing the concept represented in English by the words 'in', 'into' and 'to':

Mi van a bőröndben?	What's in the suitcase?
Az Állami Áruházban elég jó ruhák vannak.	In the State Store there are some fairly good suits.
Nagyon szeretnek halászni a folyóban.	They like to fish a lot in the river.
Mi újság az Egyesült Államokban?	What's the latest in the United States?
Szoktak kirándulni a hegyekbe?	Do you usually go on hikes to the mountains?
A fiú az angol elemibe jár.	The boy goes to the English grammar school.
Menjünk az ebédlőbe.	Let's go to the dining room.
Friss rózsákat teszek a vázákba.	I put fresh roses in the vases.

Note that in these sentences -ban (or -ben) corresponds to English 'in' and -ba or -be to English 'to' or 'into'. That is, -ban (-ben) indicates 'in' (showing place where), while -ba (-be) with verbs of motion indicate movement 'into' a place or area.

The suffixes -ba or -be and -ban or -ben are added to the "basic form" of the noun except when that form ends in -a or -e, in which case these vowel sounds are lengthened into á or é before the suffix.

For the plural the -ban, -ben, and the -ba, -be suffixes are added to the plural basic form, the formation of which is outlined in Unit 3.

The drawing below illustrates the distinction in meaning between -ban, -ben and -ba, -be:

-Ban, -ben means 'in, within, inside' an enclosure or space. The verb of the statement in which it is used usually does not indicate motion; however, if it does, the motion is confined within the area as defined by the suffixed noun:

A tanulók a vendéglőben vannak.	The students are in the restaurant.
Autóbuszok járnak a városban.	There are buses moving in the city.

-Ba, -be means 'to, into'. It is generally used in conjunction with a verb expressing motion from outside to the inside of or into an area or enclosure:

Bécsbe megy.	He's going to Vienna.
Autóbuszok járnak a városba.	There are buses moving into the city.

B. The Present Tense of Some Irregular Verbs

Note that the main irregularities of the verbs below occur in their stems. The personal endings for the most part follow a pattern, and are entirely regular in the plural.

ENNI	MENNI	VENNI	INNI	VINNI	JÖNNI
eszem (eszek)	megyek	veszek	iszom (iszok)	viszek	jövök
eszel	mész (mégy)	veszel	iszol	viszel	jössz
eszik	megy	vesz	iszik	visz	jön
eszünk	megyünk	veszünk	iszunk	viszünk	jövünk
esztek	mentek	vesztek	isztok	visztek	jöttök
esznek	mennek	vesznek	isznak	visznek	jönnek

C. How to Say 'Is Not' and 'Are Not' in Hungarian

A gyerek nincs az iskolában.	The child isn't in school.
Nincs kert a városban.	There's no garden in the city.
Kovácsék nincsenek az ebédlőben.	The Smiths aren't in the dining room.
Nincsenek szép virágok a vázákban.	There aren't any beautiful flowers in the vases.
Nem vagyunk éhesek.	We're not hungry.
A konyha nem elég modern.	The kitchen isn't modern enough.
Az urak nem tanulók.	The gentlemen are not students.

As seen in the sentences above, the negative forms corresponding to van and vannak are nincs (or nincsen) and nincsenek respectively. For all other persons of lenni ('to be') the usual rule for the formation of the negative applies: nem before the verb. (However, keep in mind that in an equational sentence where there is no verb, the negative is expressed by nem alone.)

D. The Concept of Postpositions: Mögött

Note that in the sentence, A ház mögött kert van, the word mögött has the same use as the English word 'behind'. Since the word 'behind' comes before the word to which it relates, it is classified as a 'preposition'. Because the Hungarian word mögött comes after the noun to which it relates, it is called a 'postposition'. In Hungarian the 'object' of a postposition is in the basic form. The general concept of the postposition in Hungarian will be analyzed in a subsequent unit.

E. Distinction Between Haza and Otthon

Besides its common meaning of 'fatherland', 'native country', haza also has the connotation of 'to one's own home or residence'. It is distinguished in use from otthon (which also means 'home') in the same way as ott differs from oda: haza is used only where motion is expressed or implied; otherwise otthon is required: Haza megy? 'Are you going home?'; otthon vannak 'they're at home.'

SUBSTITUTION DRILL

I

1. Mi van a dobozban? — What's in the box?

living room - creek - lake - newspaper - smoker - vase - show window - glass - bed — nappaliban - patakban - tóban - újságban - dohányzóban - vázában - kirakatban - pohárban - ágyban

2. Nincs semmi a csészében. — There's nothing in the cup.

garden - valley - dining room - water - shop - restaurant - dish - book - suitcase - letter — kertben - völgyben - ebédlőben - vízben - üzletben - vendéglőben - edényben - könyvben - bőröndben - levélben

3. A gyerek a konyhában van. — The child is in the kitchen.

living room - house - movie - school - store - café - river - train — nappaliban - házban - moziban - iskolában - boltban - kávéházban - folyóban - vonatban

4. A gyerek nincs a kertben. — The child isn't in the garden.

forest - store - dining room - restaurant - valley - mountains — erdőben - üzletben - ebédlőben - vendéglőben - völgyben - hegyekben

5. Kovács az ebédlőben olvas. — Kovács is reading in the dining room.

garden - forest - living room - dining room - apartment - café - bedroom - house — kertben - erdőben - nappaliban - ebédlőben - lakásban - kávéházban - hálószobában - házban

6. Éva nem olvas a konyhában. — Eve isn't reading in the kitchen.

room - garden - living room - forest - school - restaurant - house - hotel — szobában - kertben - nappaliban - erdőben - iskolában - vendéglőben - házban - szállodában

7. Mi újság az Egyesült Államokban? — What's new in the United States?

Vienna - London - New York - the school - the city - — Bécsben - Londonban - New Yorkban - az iskolában - a városban -

8. Éva a konyhába megy.	Eve's going into the kitchen.
smoker - living room - school - bedroom - hotel - café	dohányzóba - nappaliba - iskolába - hálószobába - szállodába - kávéházba
9. A kertbe megyek.	I'm going into the garden.
dining room - valley - restaurant - shop - mountains - forest	ebédlőbe - völgybe - vendéglőbe - üzletbe - hegyekbe - erdőbe
10. Holnap Bécsbe megyünk.	We're going to Vienna tomorrow.
New York - Washington - London - San Francisco	New Yorkba - Washingtonba - Londonba - San Franciscoba
11. Bemennek a házba.	They go into the house.
store - café - restaurant - hotel - forest - dining room - living room - kitchen - school	üzletbe - kávéházba - vendéglőbe - szállodába - erdőbe - ebédlőbe - nappaliba - konyhába - iskolába
12. Fél tizenkettő van.	It's half past eleven.
twelve - two - four - six - eight - ten - one - nine - five - seven - three	egy - három - öt - hét - kilenc - tizenegy - kettő - tíz - hat - nyolc - négy
13. Negyed tizenkettő van.	It's quarter past eleven.
one - two - four - six - seven - eight - ten - nine - five - three - twelve	kettő - három - öt - hét - nyolc - kilenc - tizenegy - tíz - hat - négy - egy
14. Háromnegyed tizenkettő van.	It's quarter to twelve.
two - three - five - six - eight - ten - eleven - seven - nine - one - four	kettő - három - öt - hat - nyolc - tíz - tizenegy - hét - kilenc - egy - négy
15. Fél tíz van.	It's half past nine.
quarter to ten - quarter past ten - half past eleven - quarter to eleven - quarter past three - half past five - quarter to seven - quarter past nine	háromnegyed tíz - negyed tizenegy - fél tizenkettő - háromnegyed tizenegy - negyed négy - fél hat - háromnegyed hét - negyed tíz

II

1. Én virágot teszek a vázába.	ők tesznek, János és én teszünk, a lány tesz, a lány és a fiú tesznek, ő tesz, én teszek, maga tesz
2. Mária meleg kabátot vesz.	én veszek, Kovácsék vesznek, ő vesz, mi veszünk, maguk vesznek, ők vesznek
3. Szabóék ajándékot visznek.	Lajos visz, ők visznek, én viszek, maga visz, a gyerekek visznek, mi viszünk
4. Mi két hétig vagyunk Bécsben.	Péter van, én vagyok, maga van, Péter és Éva vannak, a fiú van, Sándor és én vagyunk
5. Péter nem hisz mindent.	Mária és én hiszünk, ők hisznek, maga hisz, Johnsonék hisznek, mi hiszünk, én hiszek

6. Johnsonék Magyarországra mennek.	én megyek, Sándor és Éva mennek, János megy, mi megyünk, maguk mennek, ő megy
7. Szabó Amerikába jön.	Szabóék jönnek, mi jövünk, maga jön, én jövök, ők jönnek, Éva és Péter jönnek
8. Én nem eszem fagylaltot.	maguk esznek, Péter és én eszünk, a gyerek eszik, ők esznek, ő eszik, a fiúk esznek
9. A férfiak pálinkát isznak.	én iszom, maguk isznak, Péter iszik, mi iszunk, ők isznak, János iszik
10. Éva nagyon örül.	maga örül, ő és én örülünk, ő örül, maga és ő örülnek, mi örülünk, én örülök
11. Mária egy gyereket hoz. (rajzol, hív, bemutat, ismer, keres)	Mária és én hozunk, én hozok, Mária és maga hoznak, ő hoz, mi hozunk, Szabóék hoznak
12. János a városban vásárol. (jár, siet, ül)	maga és én vásárolunk, maga vásárol, mi vásárolunk, Kovácsék vásárolnak, én vásárolok, Maga és János vásárol

TRANSFORMATION DRILL

I

A

Instructor: Bort kérek.
Student: Nem kérek bort.

1. Újságot olvasok.	Nem olvasok újságot.
2. Levelet írunk.	Nem írunk levelet.
3. Kenyeret hozunk.	Nem hozunk kenyeret.
4. Pálinkát iszom.	Nem iszom pálinkát.
5. Helyet foglalunk.	Nem foglalunk helyet.
6. Gyufát kérnek.	Nem kérnek gyufát.
7. Sonkát eszik.	Nem eszik sonkát.
8. Házat vesznek.	Nem vesznek házat.
9. Budapestre megy.	Nem megy Budapestre.

B

Instructor: Fáradt vagyok.
Student: Nem vagyok fáradt.

1. Magas vagyok.	Nem vagyok magas.
2. Éhesek vagyunk.	Nem vagyunk éhesek.
3. Beteg vagyok.	Nem vagyok beteg.
4. Kövérek vagyunk.	Nem vagyunk kövérek.
5. Modern vagyok.	Nem vagyok modern.
6. Alacsony vagyok.	Nem vagyok alacsony.
7. Erősek vagyunk.	Nem vagyunk erősek.
8. Szép vagyok.	Nem vagyok szép.
9. Frissek vagyunk.	Nem vagyunk frissek.

C

Instructor: János éhes.
Student: János nem éhes.

1.	A férfi erős.	A férfi nem erős.
2.	A lányok gyengék.	A lányok nem gyengék.
3.	A ház modern.	A ház nem modern.
4.	Az asztal széles.	Az asztal nem széles.
5.	A magyarok híresek.	A magyarok nem híresek.
6.	A lány egyszerű.	A lány nem egyszerű.
7.	A szobák keskenyek.	A szobák nem keskenyek.
8.	A fiú kövér.	A fiú nem kövér.
9.	A gyerekek jók.	A gyerekek nem jók.

D

Instructor: A gyerek a kertben van.
Student: A gyerek nincs a kertben.
(Nincs a gyerek a kertben.)

1.	Az asszony a konyhában van.	Az asszony nincs a konyhában.
2.	A pincér a vendéglőben van.	A pincér nincs a vendéglőben.
3.	A konyak a szekrényben van.	A konyak nincs a szekrényben.
4.	A gyufa a dobozban van.	A gyufa nincs a dobozban.
5.	A könyv az ebédlőben van.	A könyv nincs az ebédlőben.
6.	A kávé a konyhában van.	A kávé nincs a konyhában.
7.	Péter a házban van.	Péter nincs a házban.
8.	A pálinka a nappaliban van.	A pálinka nincs a nappaliban.
9.	A gyerek a szobában van.	A gyerek nincs a szobában.

E

Instructor: A gyerek az iskolába megy.
Student: A gyerek nem megy az iskolába.
(Nem megy a gyerek az iskolába.)

1.	A kislány a kertben játszik.	A kislány nem játszik a kertben.
2.	A fiú az ebédlőben eszik.	A fiú nem eszik az ebédlőben.
3.	Sándor ajándékot hoz.	Sándor nem hoz ajándékot.
4.	Kovács a kávéházban iszik.	Kovács nem iszik a kávéházban.
5.	Fekete a dohányzóban olvas.	Fekete nem olvas a dohányzóban.
6.	Molnár a nappaliban zongorázik.	Molnár nem zongorázik a nappaliban.
7.	Mária elemibe jár.	Mária nem jár elemibe.
8.	János poharat visz az ebédlőbe.	János nem visz poharat az ebédlőbe.
9.	Éva virágot tesz a vázába.	Éva nem tesz virágot a vázába.

F

Instructor: A gyerekek a kertben vannak.
Student: Nincsenek a gyerekek a kertben.
(A gyerekek nincsenek a kertben.)

1.	A poharak a szekrényben vannak.	Nincsenek a poharak a szekrényben.
2.	A csészék a konyhában vannak.	Nincsenek a csészék a konyhában.
3.	A lányok a moziban vannak.	Nincsenek a lányok a moziban.
4.	A székek az ebédlőben vannak.	Nincsenek a székek az ebédlőben.
5.	Az ingek a hálószobában vannak.	Nincsenek az ingek a hálószobában.

G

Instfuctor: A hölgyek a kertben esznek.
Student: Nem esznek a hölgyek a kertben.
(A hölgyek nem esznek a kertben.)

1. A férfiak a kávéházban isznak. — Nem isznak a férfiak a kávéházban.
2. A lányok a nappaliban olvasnak. — Nem olvasnak a lányok a nappaliban.
3. Az urak a dohányzóban ülnek. — Nem ülnek az urak a dohányzóban.
4. Az asszonyok a konyhába mennek. — Nem mennek az asszonyok a konyhába.
5. A lányok az üzletben vásárolnak. — Nem vásárolnak a lányok az üzletben.

H

Instructor: A kislány az iskolában van.
Student: A kislány nincs az iskolában.
(Nincs a kislány az iskolában.)

1. Sándor angol elemibe jár. — Sándor nem jár angol elemibe.
2. A férfiak a vendéglőbe mennek. — A férfiak nem mennek a vendéglőbe.
3. Péter Amerikában van. — Péter nincs Amerikában.
4. Molnár az ebédlőben eszik. — Molnár nem eszik az ebédlőben.
5. A labdák a szobában vannak. — A labdák nincsenek a szobában.
6. János Bécsbe utazik. — János nem utazik Bécsbe.
7. A lányok a moziban vannak. — A lányok nincsenek a moziban.
8. A hölgyek az üzletben vásárolnak. — A hölgyek nem vásárolnak az üzletben.
9. A magyar cigaretta erős. — A magyar cigaretta nem erős.

I

Instructor: A víz nem meleg.
Student: Nincs meleg víz.

1. A bor nem jó. — Nincs jó bor.
2. A sör nem hideg. — Nincs hideg sör.
3. A szoba nem meleg. — Nincs meleg szoba.
4. A lány nem szép. — Nincs szép lány.
5. A rózsa nem piros. — Nincs piros rózsa.
6. A ház nem modern. — Nincs modern ház.
7. Az ing nem barna. — Nincs barna ing.
8. A pincér nem magyar. — Nincs magyar pincér.
9. A virág nem friss. — Nincs friss virág.

J

Instructor: A poharak nem tiszták.
Student: Nincsenek tiszta poharak.

1. A szobák nem nagyok. — Nincsenek nagy szobák.
2. Az iskolák nem olcsók. — Nincsenek olcsó iskolák.
3. A tanulók nem magyarok. — Nincsenek magyar tanulók.
4. Az asztalok nem tiszták. — Nincsenek tiszta asztalok.
5. A ceruzák nem sárgák. — Nincsenek sárga ceruzák.
6. Az utcák nem szélesek. — Nincsenek széles utcák.
7. A lakások nem modernek. — Nincsenek modern lakások.
8. A lámpák nem drágák. — Nincsenek drága lámpák.
9. Az edények nem tiszták. — Nincsenek tiszta edények.

II

Instructor: A gyerek haza megy.
Student: A gyerek otthon van.

1. Haza megy Kovács úr?	Otthon van Kovács úr?
2. Mindig haza megyek.	Mindig otthon vagyok.
3. Johnsonék haza mennek.	Johnsonék otthon vannak.
4. Mikor megy haza?	Mikor van otthon?
5. Viszek haza barackpálinkát.	Van otthon barackpálinka.
6. Haza jön ebédelni?	Otthon ebédel?
7. Sietek haza vacsorázni.	Otthon vacsorázom.
8. Haza jönnek enni.	Otthon esznek.

VARIATION DRILL

1. <u>A kislány az iskolában van</u>.	<u>The little girl's in the school</u>.
a. The newspaper's in the bedroom.	Az újság a hálószobában van.
b. Kovács is in the hotel.	Kovács a szállodában van.
c. Eve's in the kitchen.	Éva a konyhában van.
d. The box is in the smoker.	A doboz a dohányzóban van.
e. The hostess is in the living room.	A háziasszony a nappaliban van.
2. <u>A kislány nincs az iskolában</u>.	<u>The little girl isn't in the school</u>.
a. The newspaper isn't in the bedroom.	Az újság nincs a hálószobában.
b. Kovács isn't in the hotel.	Kovács nincs a szállodában.
c. Eve isn't in the kitchen.	Éva nincs a konyhában.
d. The box isn't in the smoker.	A doboz nincs a dohányzóban.
e. The hostess isn't in the living room.	A háziasszony nincs a nappaliban.
3. <u>Nincs kert a városban</u>.	<u>There's no garden in the city</u>.
a. There's no coffee in the cup.	Nincs kávé a csészében.
b. There's no wine in the glass.	Nincs bor a pohárban.
c. There's no waiter in the restaurant.	Nincs pincér a vendéglőben.
d. There's no cabinet in the dining room.	Nincs szekrény az ebédlőben.
4. <u>Éva nem tanuló</u>.	<u>Eve isn't a student</u>.
a. John isn't a miller.	János nem molnár.
b. Peter isn't a tailor.	Péter nem szabó.
c. Louis isn't a blacksmith.	Lajos nem kovács.
d. Alexander isn't a poet.	Sándor nem költő.
e. The box isn't brown.	A doboz nem barna.
5. <u>Péter az ebédlőben olvas</u>.	<u>Peter's reading in the dining room</u>.
a. Fekete's sitting in the garden.	Fekete a kertben ül.
b. John's writing in the café.	János a kávéházban ír.
c. Mary's shopping in the store.	Mária az üzletben vásárol.
d. Johnson's eating dinner in the city.	Johnson a városban ebédel.
e. The boy's walking in the forest.	A fiú az erdőben jár.

6. János nem olvas az ebédlőben. — John isn't reading in the dining room.

a. Fekete isn't writing in the garden. — Fekete nem ír a kertben.
b. Molnár isn't sitting in the café. — Molnár nem ül a kávéházban.
c. Peter isn't eating dinner in the restaurant. — Péter nem ebédel a vendéglőben.
d. Mary isn't drawing in the school. — Mária nem rajzol az iskolában.
e. The girl isn't walking in the forest. — A lány nem jár az erdőben.

7. A gyerekek nem jók az iskolában. — The children aren't good in school.

a. The roses in the vase aren't fresh. — A rózsák nem frissek a vázában.
b. The rooms in the hotel aren't big. — A szobák nem nagyok a szállodában.
c. The flowers in the garden aren't pretty. — A virágok nem szépek a kertben.
d. The apartments in the city aren't modern. — A lakások nem modernek a városban.
e. The glasses in the kitchen aren't clean. — A poharak nem tiszták a konyhában.

8. Nincsenek tiszta tányérok a szekrényekben. — There are no clean plates in the cabinets.

a. There are no pretty flowers in the vases. — Nincsenek szép virágok a vázákban.
b. There are no good children in the school. — Nincsenek jó gyerekek az iskolában.
c. There are no cheap suits in the shops. — Nincsenek olcsó ruhák az üzletekben.
d. There are no small houses in the United States. — Nincsenek kis házak az Egyesült Államokban.
e. There are no hungry women in the mountains. — Nincsenek éhes asszonyok a hegyekben.

9. A gyerekek nincsenek a kertben. — The children aren't in the garden.

a. The women aren't in the kitchen. — A nők nincsenek a konyhában.
b. The men aren't in the café. — A férfiak nincsenek a kávéházban.
c. The boys aren't in the living room. — A fiúk nincsenek a nappaliban.
d. The girls aren't in the movie. — A lányok nincsenek a moziban.
e. They aren't in the hotel. — Ők nincsenek a szállodában.

10. János a kávéházba megy ebédet enni. — John goes to the café to eat dinner.

a. Peter goes into the living room to read a newspaper. — Péter a nappaliba megy újságot olvasni.
b. Eve goes into the kitchen to make coffee. — Éva a konyhába megy kávét csinálni.
c. Mary goes into the smoker to write a letter. — Mária a dohányzóba megy levelet írni.
d. The girl goes to the city to buy a dress. — A lány a városba megy ruhát venni.
e. Alexander goes to the garden to draw trees. — Sándor a kertbe megy fákat rajzolni.

11. <u>Poharakat teszek a szekrénybe</u>.	<u>I'm putting glasses into the cabinet</u>.
a. I'm taking chairs to the kitchen.	Székeket viszek a konyhába.
b. I'm packing suits into the suitcase.	Ruhákat csomagolok a bőröndbe.
c. I'm bringing cups into the dining room.	Csészéket hozok az ebédlőbe.
d. I'm putting pencils into the box.	Ceruzákat teszek a dobozba.
12. <u>Mit tesz a szekrénybe</u>?	<u>What are you putting into the cabinet</u>?
a. What are you taking into the kitchen?	Mit visz a konyhába?
b. What are you packing into the suitcase?	Mit csomagol a bőröndbe?
c. What are you bringing into the living room?	Mit hoz a nappaliba?
d. What are you putting into the dish?	Mit tesz az edénybe?
13. <u>Nem eszem fagylaltot a vendéglőben</u>.	<u>I'm not eating ice cream in the restaurant</u>.
a. John doesn't eat ham in the café.	János nem eszik sonkát a kávéházban.
b. Mary and I don't eat supper in the dining room.	Mária és én nem eszünk vacsorát az ebédlőben.
c. The Kovácses don't eat anything in the living room.	Kovácsék nem esznek semmit a nappaliban.
d. I don't eat dinner in the kitchen.	Nem eszem ebédet a konyhában.
14. <u>Egy pohár bort iszom</u>.	<u>I'm drinking a glass of wine</u>.
a. Kovács drinks beer.	Kovács sört iszik.
b. The Feketes are drinking cognac.	Feketéék konyakot isznak.
c. We drink a cup of coffee.	Egy csésze kávét iszunk.
d. The girl drinks apricot brandy.	A lány barackpálinkát iszik.
e. I don't drink anything.	Én nem iszom semmit.

TRANSLATION DRILL

1. John Molnár goes to Washington.	Molnár János Washingtonba megy.
2. Washington is in the United States.	Washington az Egyesült Államokban van.
3. Washington is a large, beautiful city.	Washington egy nagyon nagy, szép város.
4. There are trees and gardens everywhere in the city.	Mindenhol fák és kertek vannak a városban.
5. There are many flowers in every garden.	Minden kertben sok virág van.
6. The city is very beautiful in spring and in fall.	A város nagyon szép tavasszal és ősszel.
7. But the summer is very hot.	De a nyár nagyon meleg.
8. At first the Molnárs live in a hotel.	Molnárék először egy szállodában laknak.
9. But the hotel is too expensive.	De a szálloda túl drága.
10. They look for an apartment.	Keresnek egy lakást.
11. They find a house for rent on a beautiful street.	Egy szép utcában találnak egy kiadó házat.

12. There's a large garden behind the house.	A ház mögött nagy kert van.
13. There are many rooms in the house: a dining room, a living room, two bedrooms, a children's room, two bathrooms and a kitchen.	A házban sok szoba van: egy ebédlő, egy nappali, két hálószoba, egy gyerekszoba, két fürdőszoba és egy konyha.
14. The Molnárs are going there to live.	Molnárék oda mennek lakni.
15. Mrs. Molnár likes to sit in the garden.	Molnárné szeret a kertben ülni.
16. There are red roses in the garden.	A kertben piros rózsák vannak.
17. Mrs. Molnár puts fresh roses in the vases every day.	Molnárné mindennap friss rózsákat tesz a vázákba.
18. In the living room there is a piano.	A nappaliban egy zongora van.
19. Mrs. Molnár plays the piano a lot.	Molnárné sokat zongorázik.
20. She plays Hungarian songs and modern music.	Magyar népdalokat játszik és modern zenét.
21. The children go to an American school.	A gyerekek amerikai iskolába járnak.
22. The two little girls go to the grammar school, and the two boys, to the high school.	A két kislány elemibe jár, a két fiú meg középiskolába.
23. The schools in Washington are beautiful and modern.	Az iskolák Washingtonban szépek és modernek.
24. On Sundays the Molnárs always go out for a ride.	Vasárnap Molnárék mindig kirándulnak.
25. There are hills and forests in the vicinity.	Hegyek és erdők vannak a környéken.
26. There's a little creek in a valley.	Egy kis patak van egy völgyben.
27. Molnár and the boys fish in the creek.	Molnár és a gyerekek halásznak a patakban.
28. Mrs. Molnár and the girls take a walk in the valley.	Molnárné és a lányok járnak a völgyben.
29. There are many beautiful flowers in the valley.	A völgyben sok szép virág van.
30. The Molnárs take lots of flowers home.	Molnárék sok virágot visznek haza.
31. There's a little restaurant in the forest.	Egy kis vendéglő van az erdőben.
32. There's a big garden behind the restaurant.	A vendéglő mögött nagy kert van.
33. In the garden there are green tables and chairs.	A kertben zöld asztalok és székek vannak.
34. Men, women, and children sit in the garden.	Férfiak, asszonyok és gyerekek ülnek a kertben.
35. The Molnárs go into the restaurant.	Molnárék bemennek a vendéglőbe.
36. The waiter brings cold water right away.	A pincér mindjárt hideg vizet hoz.
37. Molnár wants cold beer, Mrs. Molnár wants cold coffee, and the children want cold milk.	Molnár hideg sört, Molnárné hideg kávét, a gyerekek meg hideg tejet kérnek.
38. It's very pleasant to sit in the garden. The view from there is lovely.	Nagyon kellemes a kertben ülni. Szép a kilátás onnan.
39. It's a beautiful evening; it isn't too hot.	Szép este van, nincs túl meleg.
40. It's late. The Molnárs pay and go home.	Késő van. Molnárék fizetnek és hazamennek.

RESPONSE DRILL

1.	Mi van a szobában?	What's in the room?
2.	Ki van a házban?	Who's in the house?
3.	Mi van a pohárban?	What's in the glass?
4.	Ki van a vendéglőben?	Who's in the restaurant?
5.	Ki van az iskolában?	Who's in the school?
6.	Az iskola amerikai?	Is the school American?
7.	A tanuló magyar?	Is the student Hungarian?
8.	Jó tanulók vannak az iskolában?	Are there good students in the school?
9.	Mi van az alacsony szekrényben?	What's in the low cabinet?
10.	Nincsenek csészék a konyha-szekrényben?	Aren't there cups in the kitchen cabinet?
11.	Hány tanuló van az iskolában?	How many students are there in the school?
12.	Hány váza van a dohányzóban?	How many vases are there in the smoker?
13.	Hol van a szekrény a szobában?	Where's the cabinet in the room?
14.	Hova járnak a gyerekek iskolába?	Where do the children go to school?
15.	Hol van Éva?	Where is Eve?
16.	Hova megy Éva?	Where is Eve going?
17.	Mikor indul a vonat New Yorkba?	When does the train start for New York?
18.	Mikor megy moziba?	When are you going to the movie?
19.	Hol ebédel? A vendéglőben?	Where are you having dinner? In the restaurant?
20.	A vendéglőbe megy ebédelni?	Are you going to the restaurant to have dinner?
21.	Hol lakik?	Where are you living?
22.	Hány szoba van a lakásban?	How many rooms are there in the apartment?
23.	Hova megy?	Where are you going?
24.	Milyen lemezek vannak az üzletben?	What kind of records are there in the shop?
25.	Milyen virágot tesz a vázába?	What kind of flowers are you putting into the vase?
26.	Milyen edényt visz a konyhába?	What kind of dish are you taking into the kitchen?
27.	Milyen poharakat hoz az ebédlőbe?	What kind of glasses are you bringing into the dining room?
28.	Hány óra van?	What time is it?
29.	Vasárnap van?	Is it Sunday?
30.	Már nyár van?	Is it summer already?
31.	Meleg van ősszel Washingtonban?	Is it hot in Washington in the fall?
32.	Sok fa van a kertben?	Are there many trees in the garden?
33.	Szépek a fák a kertben?	Are the trees pretty in the garden?
34.	Sok folyó van a völgyben?	Are there many rivers in the valley?
35.	Nagy folyók vannak az Egyesült Államokban?	Are there big rivers in the United States?
36.	Milyenek a tavak Amerikában?	What are the lakes like in the United States?
37.	Szoktak halászni a patakban?	Do you usually fish in the stream?
38.	Mi újság van Washingtonban?	What's the news in Washington?
39.	Milyen újságot olvas?	What kind of newspaper do you read?
40.	Mit tesz a dobozba?	What are you putting into the box?
41.	Hol van a lemezjátszó?	Where's the phonograph?
42.	Zongorázik?	Are you playing the piano?
43.	Hol van a zongora?	Where's the piano?
44.	Mit akar inni? Barackpálinkát vagy konyakot?	What do you want to drink? Apricot brandy or cognac?
45.	Mit keres az ebédlőben?	What are you looking for in the dining room?
46.	Ebben a házban laknak Kovácsék?	Are the Kovácses living in this house?
47.	Hol lesz jövő héten?	Where will you be next week?
48.	Hány éves?	How old are you?

49. Hova megy jövő tavasszal? — Where are you going next spring?
50. Milyen a tavasz Magyarországon? — What's the spring like in Hungary?

CONVERSATION PRACTICE

1

A: Hogy tetszik Budapest?
B: Nagyon szép. Sok fa és kert van mindenhol.
A: Milyen a környék? Az is szép?
B: Igen, az is szép. Sok hegy és erdő van a környéken.
A: Szoktak kirándulni?
B: Igen, tavasszal és ősszel mindig kirándulunk a hegyekbe.
A: Mit csinálnak a hegyekben?
B: A gyerekek halásznak a patakban. Mi meg járunk az erdőben.

2

A: Egy zongorát láttam a nappaliban. Maga zongorázik?
B: Sajnos, én nem tudok. A feleségem játszik.
A: Mit játszik? Magyar dalokat?
B: Igen, főleg magyar dalokat játszik. Meg modern zenét.
A: Klasszikusokat nem játszik?
B: Azokat nem. De van egy lemezjátszó és klasszikus lemezek is vannak.
A: Vannak amerikai lemezek is?
B: Azok még nincsenek.

3

A: Milyen a lakásuk?
B: Nem nagyon jó. A szobák nem elég hűvösek.
A: Itt, a harmadik utcában van egy nagy ház kiadó.
B: Régi a ház?
A: Nem régi. Csak öt éves.
B: Hány szoba van a házban?
A: Nem tudom biztosan. Talán hat vagy hét.
B: Kert is van?
A: Igen, nagy kert van. A ház mögött sok barackfa van.
B: Holnap megnézem. Talán megfelel. Remélem, nem lesz nagyon drága.
A: Nem hiszem.

4

A: Parancsol egy kis barackpálinkát?
B: Köszönöm, de én nem iszom sohasem pálinkát.
A: Talán egy kis fagylaltot?
B: Csak egy keveset kérek.
A: Barack- vagy kávéfagylaltot parancsol?
B: Kávéfagylaltot kérek.
A: Hogy tetszik a kilátás innen?
B: Nagyon szép. Este gyönyörű a város.
A: Hány óra van?
B: Sajnos, nagyon késő van. Haza kell menni.

SITUATION

You are invited to a family dinner. After the meal you sit by the fireside in the living room and are offered apricot brandy or cognac to drink. During the discussion that follows you talk about various subjects:

a. How you like the city and the countryside.
b. Where you live and how you like living there.
c. What kind of music you like.

Afterwards you express your appreciation for the pleasant evening, take leave, return home, and spend a short time reading the evening paper before retiring for the night.

NARRATIVE

Johnsonék meglátogatnak egy magyar házaspárt, Feketééket. Feketéék egy szép nagy házban laknak. A ház mögött egy nagy kert van. A kertben sok virág van. A házban hat szoba van: egy ebédlő, egy nappali, egy dohányzó, egy gyerekszoba, két hálószoba és természetesen konyha és fürdőszoba. A szobákban asztalok, székek és képek vannak. A hálószobában két ágy és egy nagy tükör van. A gyerekszobában kis ágyak, székek és asztalok vannak. A dohányzóban egy nagy fekete zongora áll.

Feketéné szépen zongorázik. Főleg klasszikusokat játszik, de játszik magyar dalokat is. A másik szobában egy lemezjátszó és sok lemez van. Modern lemezek is vannak.

Johnsonné nem iszik semmit, Johnson úr egy kis sört kér. Johnsonné azt mondja, hogy keresnek egy másik lakást. Most a Kossuth Lajos utcában laknak, de nem szeretnek ott lakni. A konyha nem modern, és a lakás kicsi. A Költő utcában van egy ház kiadó. Feketéné azt mondja, hogy talán az megfelel.

Vasárnap Johnsonék és Feketéék kirándulnak a hegyekbe. A hegyekben sok folyó, patak és tó van. Az erdőben kellemes hűvös van. A gyerekek nagyon szeretnek halászni a patakban.

Azután a két házaspár és a két gyerek bemegy egy vendéglőbe. A vendéglő mögött kert van. Asztalok és székek vannak a kertben. Férfiak, asszonyok, fiúk és lányok ülnek a kertben. Esznek, isznak, beszélnek.

A férfiak magyar bort isznak és hideg sonkát esznek. Az asszonyok nem isznak bort, csak kávét. Tejet is tesznek a kávéba. A két gyerek fagylaltot eszik.

A cigányok egy régi magyar dalt játszanak. Nagyon kellemes este van; jó a kertben ülni.

SZÉP VÁROS BUDAPEST

Basic Sentences

I

today	ma
MÁRIA	
Where are we going today?	Hova megyünk ma?
national bank check to cash	nemzeti bank csekk beváltani
JOHNSON	
Let's first go to the Hungarian National Bank. I want to cash a check. Afterwards we'll meet John Nagy. We're going to see the city.	Először menjünk a Magyar Nemzeti Bankba. Egy csekket akarok beváltani. Azután találkozunk Nagy Jánossal. Megnézzük a várost.
which branch, sub-office	melyik fiók
MÁRIA	
What branch office do you want to go to?	Melyik bankfiókba akar menni?
so, like as far as I know city hall next to, beside, by	úgy úgy tudom városháza mellett
JOHNSON	
I think there's one next to the city hall. Do you know where the city hall is?	Úgy tudom, a városháza mellett van egy. Tudja, hogy hol van a városháza?
me in vain to ask (a question) why doorman, porter	engem hiába kérdezni, megkérdezni miért portás
MÁRIA	
I don't know - no use asking me. Why don't you ask the doorman?	Nem tudom, engem hiába kérdez. Miért nem kérdezi meg a portást?
JOHNSON	
All right, I'll ask him.	Jó, megkérdezem.

II

to find	megtalálni

JOHNSON

Will you tell me, please, where the city hall is? How can I find it?

Mondja kérem, hol van a városháza? Hogy találom meg?

go (command) — menjen (imperative)
downtown — belváros
suburb — külváros
bus — autóbusz
on bus — autóbuszon
streetcar — villamos

PORTÁS

Go downtown by bus or by streetcar.

Menjen be autóbuszon vagy villamoson a belvárosba.

stop, stopping place — megálló

JOHNSON

Where's the bus stop?

Hol van az autóbuszmegálló?

exactly — éppen
door — ajtó
window — ablak
before, in front of — előtt
park — park

PORTÁS

It's just in front of the door. However, the streetcar stop is right next to the park.

Éppen az ajtó előtt van. A villamosmegálló pedig a park mellett van.

to get off — leszállni
to get on — felszállni

JOHNSON

Where do I have to get off?

Hol kell leszállni?

ticket — jegy
ticket collector — jegyszedő
then, later — majd
to tell — megmondani

PORTÁS

The driver will tell you later where you have to get off.

A jegyszedő majd megmondja, hol kell leszállni.

consulate — konzulátus

JOHNSON

Where's the American Consulate?

Hol van az amerikai konzulátus?

freedom, liberty — szabadság
square — tér, teret
on the square — a téren

PORTÁS

It's next to the National Bank, on Liberty Square.

A Nemzeti Bank mellett van, a Szabadság téren.

III

Saturday	szombat
Monday	hétfő
Tuesday	kedd
Wednesday	szerda
Thursday	csütörtök, -öt
Friday	péntek
so, like this	így
to work	dolgozni

NAGY

It's Saturday today, and so we're not working.	Ma szombat van, így nem dolgozunk.
after, behind	után
to walk	sétálni
I'd like	szeretném
fine art	szépművészet
museum	múzeum
Museum of Fine Arts	Szépművészeti Múzeum

JOHNSON

After the bank let's go for a walk. I'd like to see the Museum of Fine Arts.	A bank után menjünk sétálni. Szeretném megnézni a Szépművészeti Múzeumot.
picture gallery	képtár, -at
interesting	érdekes

NAGY

All right, let's visit the picture gallery. It's very interesting.	Jó, menjünk megnézni a képtárat. Nagyon érdekes.

JOHNSON

What kind of paintings do you like? The modern ones?	Milyen képeket szeret? A moderneket?

NAGY

I don't like modern paintings but old ones.	Nem a modern képeket szeretem, hanem a régieket.

JOHNSON

Where's the Museum of Fine Arts?	Hol van a Szépművészeti Múzeum?
town park	városliget
was	volt
near	közel
far	messze
statue	szobor, szobrot
monument	emlékmű, -vet

NAGY

It's in the City Park. The famous Stalin monument used to be near there also.	A Városligetben. Ott volt közel a híres Sztálin-szobor is.
your, his wife	a felesége
with us	velünk

JOHNSON

Isn't your wife coming with us?

A felesége nem jön velünk?

NAGY

Unfortunately she can't today.

Sajnos, ma nem tud jönni.

JOHNSON

Why? What's she doing?

Miért? Mit csinál?

in the morning	délelőtt, -öt
to cook	főzni, megfőzni
lunch, dinner	ebéd
to take	elvinni
animal	állat
zoo	állatkert

NAGY

She's cooking the dinner in the morning. Afterwards she's taking the children to the zoo.

Délelőtt megfőzi az ebédet. Azután elviszi a gyerekeket az állatkertbe.

afternoon	délután

JOHNSON

And in the afternoon?

És délután?

pastry shop	cukrászda
pastry, cake	sütemény

NAGY

In the afternoon she's taking them to a pastry shop. The children like to eat ice cream very much. But they like pastry also.

Délután cukrászdába viszi őket. A gyerekek nagyon szeretnek fagylaltot enni. De szeretik a süteményt is.

worth while	érdemes

JOHNSON

I'm not acquainted with the city yet. What's there in Budapest worth looking at?

Még nem ismerem a várost. Mit érdemes megnézni Budapesten?

citadel, castle, fort	vár, -at
to show	mutatni, megmutatni
Matthias	Mátyás
church	templom
fisher, fisherman	halász
bastion	bástya

NAGY

The fort is very interesting. After the museum I'll show you the fort also. The famous Matthias Church and the Fishermen's Bastion are there.

A Vár nagyon érdekes. A múzeum után megmutatom a Várat is. Ott van a híres Mátyás-templom és a Halászbástya.

cathedral	bazilika
JOHNSON	
Is the Cathedral also in the fort?	A Bazilika is a Várban van?
NAGY	
No. The fort is in Buda; the Cathedral, however, is in Pest.	Nem. A Vár Budán van, a Bazilika pedig Pesten.
parliament	országház, -at
JOHNSON	
Where's the Parliament? In Pest?	Az Országház hol van? Pesten?
Danube shore, bank on the shore, bank building	Duna part a parton épület
NAGY	
Yes, it's on the bank of the Danube. It's a very beautiful building. It's worth seeing too.	Igen, a Dunaparton van. Nagyon szép épület. Azt is érdemes megnézni.

IV

(Late afternoon in a café on the bank of the Danube)	(Késő délután egy kávéházban a Dunaparton)
such, of this kind such, of that kind ship rowboat to swim, float, sail you swim; he, she, it swims, floats, sails on the Danube	ilyen olyan hajó csónak úszni úszik a Dunán
JOHNSON	
Are there always so many ships on the Danube?	Mindig ilyen sok hajó úszik a Dunán?
freight carrier, transporter freighter person, individual excursion boat, pleasure boat	teher, terhet szállító teherszállító hajó személy kirándulóhajó
NAGY	
Yes. There are many freighters and passenger ships. There are, of course, excursion boats also.	Igen. Sok a teherszállító és a személyszállító hajó. Vannak persze kirándulóhajók is.
to transport, carry	szállítani
JOHNSON	
What do the freighters transport?	Mit szállítanak a teherszállító hajók?

fruit	gyümölcs, -öt
vegetable	zöldség
capital	főváros
machine	gép
furniture	bútor
village	falu, falut (falvat)

NAGY

The freighters bring fruit and vegetables into the capital. From here, on the other hand, they carry machines into other cities and villages.	A teherszállító hajók hozzák a gyümölcsöt és a zöldséget a fővárosba. Innen pedig a gépeket viszik más városokba és falukba.
to bathe	fürdeni

JOHNSON

Is it possible to swim in the Danube?	Lehet fürdeni a Dunában?
bath	fürdő
thermal bath, medical bath	gyógyfürdő
man, human being	ember

NAGY

It's possible in the summer, but the water is cold. There are many baths in Budapest. Sick people in particular frequent the thermal baths.	Nyáron lehet, de a víz hideg. Budapesten sok fürdő van. A beteg emberek főleg gyógyfürdőkbe járnak.

JOHNSON

How many people there are on the bank of the Danube!	Mennyi ember sétál a Dunaparton!

NAGY

If you aren't tired, let's go for a walk also, shall we?	Ha nem fáradt, mi is menjünk sétálni. Jó?
to drink up	meginni
to eat up	megenni
my coffee	a kávém

JOHNSON

Gladly, only I'll finish my coffee first. Aren't you going to eat your pastry?	Szívesen, csak először megiszom a kávémat. Nem eszi meg a süteményt?

NAGY

Why, yes, I'll finish it. I'll call the waiter right away and pay him.	De igen, megeszem. Mindjárt hívom a pincért fizetni.
to light, to switch on	meggyújtani, gyújtani
to burn	égni

JOHNSON

Right now they're lighting the lamps on the bank of the Danube. Do you see them? They're already on. How beautiful this city is!	Éppen most gyújtják meg a lámpákat a Dunaparton. Látja? Már égnek is. Milyen szép ez a város!

bill — számla

NAGY

Magnificent! But here comes the waiter. Check, please. — Gyönyörű! De itt jön a pincér. Kérem a számlát.

Notes on Pronunciation

Consonant Assimilation (Continued)

In Unit 4 we learned that certain sounds coming before other sounds in Hungarian undergo changes in pronunciation. Under certain circumstances the pronunciation of the first consonant of a combination is not only changed but its length is also affected, and sometimes the pronunciation of the second consonant is modified. Note the following circumstances under which this phenomenon occurs, and listen carefully to your instructor's pronunciation of the examples in each category:

(a) When the sound t, d, ty, or gy comes immediately before the sound represented by the letter s in Hungarian spelling, the first sound is assimilated. The sound of s in turn is modified, with the resulting combination being pronounced as a double cs when between vowels, and as a single cs when before or after a consonant sound.

Practice 1.

agyseb — tartsad
fádság — tekintse
nagyságos — teremtsed
hadsereg — nagy strapa
fáradtság — gyöngysor

(b) When any of these same consonants (t, d, ty or gy) precedes sz, the combination is pronounced as a double c before vowels, and as a single c before consonants or when final.

Practice 2.

hatszáz — játszva
egyszerű — metsz
tetszik — adsz
gyógyszer — hagysz

(c) The combination of any of the above consonants before the sound zs results in the sound of double zs between vowels, and single zs after a consonant sound.

Practice 3.

nagy zsák — handzsár
két zsemle — halandzsa
szakadt zseb — bandzsít

(d) The combination of any of these consonants with z is pronounced as double d plus z between vowels, and as single d plus z before consonants or when final.

Practice 4.

nagyzol — pedzve
kérődzik — kérődzve
pedzi — pedz

(e) When t or ty comes before j the combination is pronounced as tty between vowels, and as ty after consonants.

Practice 5.

barátja	osztja
kabátjuk	boltja
bátyja	lantja
pecsétjeik	tartjuk

(f) The sound d or gy plus j will be pronounced as ddy between vowels and dy after consonants.

Practice 6.

adjon	mindjárt
szidja	mondja
hagyja	hordja
fedje	kardjaik

(g) N plus j or ny plus j is pronounced as ny.

Practice 7.

menjünk	hányja
kenjük	anyjuk
bánja	hunyjon
fonja	

(h) Hungarian l plus j results in the sound yy.

Practice 8.

beszéljen	üljön
tanulja	keljen
foglaljon	folyjon
féljen	találjon

Notes on Grammar
(For Home Study)

A. The Definite and the Indefinite Forms of the Verb

Újságot olvasok.	I'm reading a newspaper.
Megkérdezem a portást.	I'll ask the porter.
Hideg sonkát esznek.	They're eating cold ham.
Nem ismerem a várost.	I don't know the city.
Ma hova megyünk?	Where are we going today?
Jól vagyok.	I'm well.
Mennyi ember sétál a Dunaparton!	How many people are walking on the bank of the Danube!

The above examples contain two types of verbs. The words underlined with a single line are known as 'transitive' verbs; that is, the action of the verb is carried over to an object. Thus, a transitive verb usually requires an object to complete its meaning.

The words underlined with a double line are 'intransitive' verbs, forms that do not require a direct object to complete their meaning. Generally the personal endings of the present tense for an intransitive verb in Hungarian are the same as those given in the chart in Unit 2 for the present tense forms.

Every transitive verb in Hungarian has two different sets of endings: the definite and the indefinite. The particular form used in a given case depends on the direct object of the verb: as a rule, if the object refers to a definite person or thing, the definite form of the verb is required; and if the object is indefinite, the verb will take the indefinite personal endings. The indefinite personal endings are identical to the endings of an intransitive verb.

From the forms below of the Present Definite of typical regular verbs, it will be seen that the stem of each verb is identical to the third person singular of the Present Indefinite. The definite personal endings are added to the stem in accordance with the type of vowel contained in the stem: back, front unrounded, or front rounded.

(én)	várom	kérem	töröm
(te)	várod	kéred	töröd
(maga) (ön)	várja várja	kéri kéri	töri töri
(ő)	várja	kéri	töri
(mi)	várjuk	kérjük	törjük
(ti)	várjátok	kéritek	töritek
(maguk) (önök)	várják várják	kérik kérik	törik törik
(ők)	várják	kérik	törik

B. Assimilation of -j- in the Present Definite

Note that in words like the following whenever the sibilants s, z, and sz are followed by the sound j, the resulting combination is pronounced and spelled as a double sibilant, that is,

s plus j becomes ss
z plus j becomes zz
sz plus j becomes ssz (the conventional way of writing sz plus sz)

Stem	Present Definite Ending	Present Definite
olvas- olvas- olvas- olvas- olvas- olvas-	-om -od -ja -juk -játok -ják	olvasom olvasod olvassa olvassuk olvassátok olvassák
hoz- hoz- hoz- hoz- hoz- hoz-	-om -od -ja -juk -játok -ják	hozom hozod hozza hozzuk hozzátok hozzák
halász- halász- halász- halász- halász- halász-	-om -od -ja -juk -játok -ják	halászom halászod halássza halásszuk halásszátok halásszák
főz- főz- főz- főz- főz- főz-	-öm -öd -i -jük -itek -ik	főzöm főzöd főzi főzzük főzitek főzik

C. How to Use the Definite and the Indefinite

1. A lány a magyar könyvet olvassa.
2. A férfiak az ebédet kérik.
3. Hívom a gyereket.
4. Pétert látom.
5. Nagyon szeretik Magyarországot.
6. Péter magát is látja.
7. A gyerekek őket keresik.
8. Az emberek magukat kérdezik.
9. Látják? (Do you see it?)
10. Melyiket akarja?
11. Tudja, hogy hol van a városháza?

1. A lány magyar könyvet olvas.
2. A férfiak ebédet kérnek.
3. Hívok egy gyereket.
4. Embereket látok.
5. Két pár cipőt veszek.
6. Egy kis kenyeret ad.
7. Sok gyümölcsöt eszünk.
8. Péter engem kérdez.
9. A gyerekek minket keresnek.
10. Mit akar?
11. Kit lát?
12. Milyent vesz?
13. Hányat kér?

The preceding sentences contain examples of definite verbs (first column) and indefinite verbs (second column). If you will pick out the direct objects in the first column, you will see that those of the first three sentences are identified as definite by the definite article a (az) preceding them. The object of sentence 4 is a proper noun (a definite person), and that of sentence 5 is also a proper noun (name of a definite country). The objects of 6, 7 and 8 are al personal pronouns. Sentence 9 shows by the fact the verb is definite that there is an object of the seeing. There is no separate pronoun used. The English translation must have 'it', 'him' or some other object expressed, which is determined by the context. Sentence 10 in the first column contains an interrogative word that always requires the definite form of the verb. The last sentence contains a subordinate clause used as the object of the verb. Constructions of this type always require the definite form of the verb. In sentences of this type the dependent clause begins with hogy; however this connective is sometimes omitted.

In the second column the first three sentences are identified as indefinite by either an unmodified object or by the indefinte article egy. (You have already seen many cases in previous units where the indefinite article may be omitted.) The vagueness or generality of the object in sentence 4 requires the indefinite form of the verb. Sentences 5, 6 and 7 have objects limited by cardinal numbers or words indicating quantity, all of which the Hungarians consider as indefinite. The first person personal pronoun objects in 8 and 9 require the indefinite form of the verb, even though they refer to specific persons. The final four sentences begin with interrogative words, each of which requires the indefinite form of the verb.

The chart below summarizes the types of direct objects that require the definite form of the verb, and those which require the indefinite:

Definite	Indefinite
Noun preceded by definite article: az állomást	Noun preceded by indefinite article: egy várost
Proper nouns: Pétert, Magyarországot	Noun with no article: Cigarettát kérek.
Personal Pronouns: magát, magukat, őt, őket	Noun preceded by number: Hat ceruzát keresek.
Interrogative: melyiket	Noun preceded by quantity word: Sok pénzt kapok.
Subordinate clause introduced by hogy and used as direct object of main verb.	Personal pronouns: engem, minket (first person)
	Vagueness of noun: Embereket látok.
	Interrogatives: mit, kit, milyent, hányat

D. The Definite Article Before Nouns Used in a General Sense

A teherszállító hajók hozzák a gyümölcsöt és a zöldséget a fővárosba. Innen pedig a gépeket viszik más városokba és falukba.

The freighters bring fruit and vegetables into the capital. From here, on the other hand, they carry machines into other cities and villages.

Nem a modern képeket szeretem, hanem a régieket.

I don't like modern paintings but old ones.

The above sentences taken from the dialog of this unit contain several examples of a usage where Hungarian employs the definite article before nouns in a construction where English omits it. In cases like this when a noun is used in a general sense to include all of a class, Hungarian as a rule requires the definite article before the noun.

E. The Verbal Prefix Meg

Megkérdezem a portást.	I'll ask the doorman.
Menjünk megnézni a képtárat.	Let's go visit the picture gallery.
Meggyújtják a lámpákat.	They're lighting the lamps.
Délelőtt megfőzi az ebédet.	She cooks the dinner in the morning.
Miért nem kérdezi meg a portást?	Why don't you ask the doorman?
Nem eszi meg a fagylaltot?	Won't you eat the ice cream?
De igen, megeszem.	Why, yes, I'll eat it.

The form meg besides its use as a conjunction ('and') is frequently used as a separable verb prefix. As such it may either modify the basic meaning of a verb or change its meaning completely. Generally it strengthens or emphasizes the action of the verb, or gives to the verb the aspect of completed or inclusive action.

A construction in English that corresponds to Hungarian meg with respect to completeness of action is the word 'up' used with a verb, as in 'he eats up the food'; 'the dog chews up the carpet'; 'the fire burns up the house'.

As indicated above, meg may be separated from its verb, and under certain circumstances comes after it. Meg is only one of many prefixes in Hungarian which behave in this way. An analysis of their position in a sentence will be made in a later unit.

F. Nem Before a Word Other Than a Verb

Nem magyar könyvet olvas, hanem angolt.	She isn't reading a Hungarian book, but an English one.
Nem Budapesten lakik, Bécsben lakik.	He doesn't live in Budapest; he lives in Vienna.
Nem a konyhában van, az ebédlőben van.	It's not in the kitchen; it's in the dining room.
Nem egy pár cipőt hozok, hanem kettőt.	I'm going to bring not one pair of shoes, but two.
Nem angol csekket akarok beváltani, hanem amerikait.	I don't want to cash an English check, but an American one.

In Unit 1 we learned that to make a sentence negative in Hungarian, nem is placed before the verb. However, in the sentences above, nem does not come immediately before the verb. Each of these examples follows a similar pattern: one word or idea negated and opposed by another. The word negated is preceded by nem. Thus, actually, nem as used in these sentences does not negate the sentence. It emphasizes instead the negation of one element contrasted to or opposed by another.

SUBSTITUTION DRILL

1. A gyereket <u>hívom</u>.	<u>I call</u> the child.
visit - see - show - draw - bring - find	meglátogatom - látom - mutatom - rajzolom - hozom - megtalálom
2. A lányt <u>ismerem</u>.	<u>I know</u> the girl.
look for - look at - take - ask (for) - understand - ask (a question)	keresem - nézem - viszem - kérem - értem - kérdezem
3. A magyar könyvet <u>olvassa</u>.	<u>He reads</u> the Hungarian book.
writes - finds - wants - sees	írja - megtalálja - akarja - látja
4. Az ebédet <u>megfőzi</u>.	<u>She cooks</u> the dinner.
takes - eats - asks for - looks at - looks for	viszi - eszi - kéri - nézi - keresi
5. A gyereket <u>rajzoljuk</u>.	<u>We draw</u> the child.
ask - look for - look at - like - understand - take - bring - see - show - find	kérjük - keressük - nézzük - szeretjük - értjük - visszük - hozzuk - látjuk - mutatjuk - megtaláljuk
6. A lámpákat <u>meggyújtják</u>.	<u>They light</u> the lamps.
show - make - draw - see - bring	mutatják - csinálják - rajzolják - látják - hozzák
7. A kalapot <u>keresik</u>.	<u>They look for</u> the hat.
look at - ask for - buy - take	nézik - kérik - megveszik - viszik
8. Először menjünk a <u>bankba</u>.	Let's go <u>to the bank</u> first.
suburb - Museum of Fine Arts - town park - Parliament - park - picture gallery - zoo - church - Cathedral	külvárosba - Szépművészeti Múzeumba - városligetbe - Országházba - parkba - képtárba - állatkertbe - templomba - Bazilikába
9. Melyik <u>bankba</u> akar menni?	To which <u>bank</u> do you want to go?
restaurant - hotel - café - cathedral - shop - movie - park - forest - school	vendéglőbe - szállodába - kávéházba - bazilikába - boltba - moziba - parkba - erdőbe - iskolába
10. Úgy tudom a városháza <u>mellett</u> van egy.	I think there's one <u>next to</u> the city hall.
behind - in front of	mögött - előtt
11. Az autóbuszmegálló éppen az <u>ajtó</u> előtt van.	The bus stop is just in front of the <u>door</u>.
house - church - park - museum - pastry shop - zoo - statue	ház - templom - park - múzeum - cukrászda - állatkert - szobor

12. Ma szombat van.	It's Saturday today.
Sunday - Friday - Tuesday - Monday - Wednesday - Thursday - hot - cold - cool	vasárnap - péntek - kedd - hétfő - szerda - csütörtök - meleg - hideg - hűvös
13. Menjünk megnézni a képtárat.	Let's go visit the picture gallery.
museum - town park - villages - freighters - downtown - Fishermen's Bastion - parliament - cathedral - zoo	múzeumot - városligetet - falukat - teherszállító hajókat - belvárost - Halászbástyát - országházat - bazilikát - állatkertet
14. A Bazilika is a Várban van?	Is the Cathedral also in the fort?
hotel - Museum of Fine Arts - Matthias Church - pastry shop - Fishermen's Bastion - zoo	szálloda - Szépművészeti Múzeum - Mátyás-templom - cukrászda - Halászbástya - állatkert
15. Mennyi ember sétál a Dunaparton!	How many people there are walking on the bank of the Danube!
sitting - standing - reading - coming and going	ül - áll - olvas - jön-megy

TRANSFORMATION DRILL

I

A

Instructor: Levelet írok. (I write a letter.)
Student: Írok egy levelet. (I write a letter.)
Írom a levelet. (I write the letter.)

1. Hegyet látok.	Látok egy hegyet.	Látom a hegyet.
2. Gyereket hívok.	Hívok egy gyereket.	Hívom a gyereket.
3. Házat keresek.	Keresek egy házat.	Keresem a házat.
4. Kertet mutatok.	Mutatok egy kertet.	Mutatom a kertet.
5. Ajándékot kapok.	Kapok egy ajándékot.	Kapom az ajándékot.
6. Dobozt hozok.	Hozok egy dobozt.	Hozom a dobozt.
7. Újságot olvasok.	Olvasok egy újságot.	Olvasom az újságot.
8. Bőröndöt viszek.	Viszek egy bőröndöt.	Viszem a bőröndöt.
9. Inget kérek.	Kérek egy inget.	Kérem az inget.
10. Lányt nézek.	Nézek egy lányt.	Nézem a lányt.
11. Kávét csinálok.	Csinálok egy kávét.	Csinálom a kávét.
12. Ebédet főzök.	Főzök egy ebédet.	Főzöm az ebédet.

B

Instructor: Hajót látunk. (We see a ship.)
Student: Látunk egy hajót. (We see a ship.)
Látjuk a hajót. (We see the ship.)

1. Gyereket hívunk.	Hívunk egy gyereket.	Hívjuk a gyereket.
2. Könyvet írunk.	Írunk egy könyvet.	Írjuk a könyvet.
3. Számlát kapunk.	Kapunk egy számlát.	Kapjuk a számlát.
4. Könyvet kérünk.	Kérünk egy könyvet.	Kérjük a könyvet.
5. Házat nézünk.	Nézünk egy házat.	Nézzük a házat.
6. Vacsorát főzünk.	Főzünk egy vacsorát.	Főzzük a vacsorát.
7. Iskolát keresünk.	Keresünk egy iskolát.	Keressük az iskolát.
8. Levelet olvasunk.	Olvasunk egy levelet.	Olvassuk a levelet.
9. Kabátot viszünk.	Viszünk egy kabátot.	Visszük a kabátot.

10. Ajándékot veszünk.	Veszünk egy ajándékot.	Vesszük az ajándékot.
11. Vacsorát eszünk.	Eszünk egy vacsorát.	Esszük a vacsorát.
12. Pohár bort iszunk.	Iszunk egy pohár bort.	Isszuk a pohár bort.

C

Instructor: Péter levelet ír. (Peter writes a letter.)
Student: Péter a levelet írja. (Peter writes the letter.)
Péter írja a levelet. (Peter writes the letter.)

1. A lány gyereket hív.	A lány a gyereket hívja.	A lány hívja a gyereket.
2. Kovács kertet mutat.	Kovács a kertet mutatja.	Kovács mutatja a kertet.
3. Sándor lányt rajzol.	Sándor a lányt rajzolja.	Sándor rajzolja a lányt.
4. A nő kávét csinál.	A nő a kávét csinálja.	A nő csinálja a kávét.
5. Lajos könyvet olvas.	Lajos a könyvet olvassa.	Lajos olvassa a könyvet.
6. A fiú virágot hoz.	A fiú a virágot hozza.	A fiú hozza a virágot.
7. Péter bort iszik.	Péter a bort issza.	Péter issza a bort.
8. Mária sonkát eszik.	Mária a sonkát eszi.	Mária eszi a sonkát.
9. János lemezt vesz.	János a lemezt veszi.	János veszi a lemezt.
10. A fiú kabátot visz.	A fiú a kabátot viszi.	A fiú viszi a kabátot.
11. A férfi tejet kér.	A férfi a tejet kéri.	A férfi kéri a tejet.
12. Éva ebédet főz.	Éva az ebédet főzi.	Éva főzi az ebédet.
13. A lány ruhát néz.	A lány a ruhát nézi.	A lány nézi a ruhát.
14. A hölgy fát keres.	A hölgy a fát keresi.	A hölgy keresi a fát.
15. A gyerek süteményt szeret.	A gyerek a süteményt szereti.	A gyerek szereti a süteményt.

D

Instructor: A fiúk fákat rajzolnak.
Student: A fiúk a fákat rajzolják.

1. A lányok leveleket írnak.	A lányok a leveleket írják.
2. A férfiak hajókat látnak.	A férfiak a hajókat látják.
3. Az asszonyok gyerekeket hívnak.	Az asszonyok a gyerekeket hívják.
4. Kovácsék házakat mutatnak.	Kovácsék a házakat mutatják.
5. A tanulók könyveket olvasnak.	A tanulók a könyveket olvassák.
6. Rózsáék bort hoznak.	Rózsáék a bort hozzák.
7. Az urak számlát kérnek.	Az urak a számlát kérik.
8. A hölgyek fagylaltot szeretnek.	A hölgyek a fagylaltot szeretik.
9. A fiúk labdákat keresnek.	A fiúk a labdákat keresik.
10. A lányok képeket néznek.	A lányok a képeket nézik.
11. Az asszonyok ebédet főznek.	Az asszonyok az ebédet főzik.
12. A férfiak bőröndöket visznek.	A férfiak a bőröndöket viszik.
13. Szabóék ajándékokat vesznek.	Szabóék az ajándékokat veszik.
14. Johnsonék vacsorát esznek.	Johnsonék a vacsorát eszik.
15. Kovácsék magyar bort isznak.	Kovácsék a magyar bort isszák.

II

A

Instructor: János engem (minket) kérdez.
Student: János magát (őt, magukat, őket) kérdezi.

1. János engem kér. (magát)	János magát kéri.
2. Péter minket szeret. (őket)	Péter őket szereti.
3. Éva engem néz. (őt)	Éva őt nézi.
4. Mária minket hív. (magukat)	Mária magukat hívja.
5. Kovács engem lát. (magát)	Kovács magát látja.
6. Fekete minket keres. (őket)	Fekete őket keresi.
7. Szabó engem rajzol. (őt)	Szabó őt rajzolja.
8. Johnson minket hoz. (magukat)	Johnson magukat hozza.
9. Nagy minket visz. (őt)	Nagy őt viszi.

B

Instructor: A fiúk engem (minket) hívnak.
Student: A fiúk magát (magukat, őt, őket) hívják.

1. A lányok minket látnak. (magát)	A lányok magát látják.
2. Kovácsék engem meglátogatnak. (őt)	Kovácsék őt meglátogatják.
3. Az asszonyok engem szeretnek. (őt)	Az asszonyok őt szeretik.
4. Fehérék minket keresnek. (őket)	Fehérék őket keresik.
5. Feketéék minket visznek. (magukat)	Feketéék magukat viszik.
6. Rózsáék engem hoznak. (magát)	Rózsáék magát hozzák.
7. Szabóék engem kérnek. (őket)	Szabóék őket kérik.
8. A férfiak minket néznek. (őket)	A férfiak őket nézik.
9. A fiúk engem rajzolnak. (magát)	A fiúk magát rajzolják.

C

Instructor: Kit hív Mária?
Student: Engem hív Mária, nem magát hívja.

1. Kit szeret Péter? (engem, nem magát)	Engem szeret Péter, nem magát szereti.
2. Kit kér János? (minket, nem őt)	Minket kér János, nem őt kéri.
3. Kit keres Éva? (minket, nem magukat)	Minket keres Éva, nem magukat keresi.
4. Kit visz Lajos? (engem, nem őket)	Engem visz Lajos, nem őket viszi.
5. Kit ismer Sándor? (minket, nem őket)	Minket ismer Sándor, nem őket ismeri.
6. Kit hoz Kovács? (engem, nem magát)	Engem hoz Kovács, nem magát hozza.
7. Kit rajzol Fehér? (minket, nem őt)	Minket rajzol Fehér, nem őt rajzolja.
8. Kit kérdez Fekete? (engem, nem magát)	Engem kérdez Fekete, nem magát kérdezi.

D

Instructor: Kiket hívnak a fiúk?
Student: Minket hívnak a fiúk, nem őket hívják.

1. Kiket kérdeznek a fiúk? (minket, nem magukat)	Minket kérdeznek a fiúk, nem magukat kérdezik.
2. Kiket keresnek Kovácsék? (minket, nem őket)	Minket keresnek Kovácsék, nem őket keresik.
3. Kit hoznak Fehérék? (engem, nem őt)	Engem hoznak Fehérék, nem őt hozzák.
4. Kit ismernek Johnsonék? (engem, nem őket)	Engem ismernek Johnsonék, nem őket ismerik.
5. Kiket kérnek Rózsáék? (minket, nem magukat)	Minket kérnek Rózsáék, nem magukat kérik.
6. Kiket hoznak Szabóék? (minket, nem őket)	Minket hoznak Szabóék, nem őket hozzák.
7. Kit néznek a lányok? (engem, nem őt)	Engem néznek a lányok, nem őt nézik.
8. Kiket szeretnek a tanulók? (őket, nem minket)	Őket szeretik a tanulók, nem minket szeretnek.

E

Instructor: Kit ismer János?
Student: Engem ismer János, nem magát ismeri.
or
Instructor: Kit kérnek Kovácsék?
Student: Engem kérnek Kovácsék, nem őket kérik.

1. Kit visz Sándor? (engem, nem magát)	Engem visz Sándor, nem magát viszi.
2. Kit keresnek Kovácsék? (minket, nem őket)	Minket keresnek Kovácsék, nem őket keresik.
3. Kiket szeretnek a lányok? (minket, nem magukat)	Minket szeretnek a lányok, nem magukat szeretik.
4. Kit rajzol Péter? (engem, nem őt)	Engem rajzol Péter, nem őt rajzolja.
5. Kiket néznek a gyerekek? (minket, nem őket)	Minket néznek a gyerekek, nem őket nézik.
6. Kiket hoznak Feketéék? (magukat, nem minket)	Magukat hozzák Feketéék, nem minket hoznak.

III

Instructor: Milyen épületet keres?
Student: Melyik épületet keresi?

1. Milyen kabátot vesz?	Melyik kabátot veszi?
2. Milyen levelet ír?	Melyik levelet írja?
3. Milyen ruhát mutatnak?	Melyik ruhát mutatják?
4. Milyen üzletet keresnek?	Melyik üzletet keresik?
5. Milyen bőröndöt hoz?	Melyik bőröndöt hozza?
6. Milyen asztalt vesznek?	Melyik asztalt veszik?
7. Milyen bort isznak?	Melyik bort isszák?

VARIATION DRILL

1. <u>Megmutatom a gyógyfürdőket</u>.	<u>I'll show the thermal baths</u>.
a. I'll light the lamps.	Meggyújtom a lámpákat.
b. I'll visit the Johnsons.	Meglátogatom Johnsonékat.
c. I'll tell the news.	Megmondom az újságot.
d. I'll find the road.	Megtalálom az utat.
e. I'll drink the wine.	Megiszom a bort.
2. <u>Megnézem a képtárat</u>.	<u>I'll look at the picture gallery</u>.
a. I'll buy the coat.	Megveszem a kabátot.
b. I'll look for the house.	Megkeresem a házat.
c. I'll eat the supper.	Megeszem a vacsorát.
d. I'll cook the dinner.	Megfőzöm az ebédet.
3. <u>Nem ismerem a várost</u>.	<u>I don't know the city</u>.
a. I don't understand the girl.	Nem értem a lányt.
b. I don't call the waiter.	Nem hívom a pincért.
c. I don't see the road.	Nem látom az utat.
d. I don't find the pencil.	Nem találom a ceruzát.
4. <u>Ismeri a várost</u>?	<u>Do you know the city</u>?
a. Do you like Budapest?	Szereti Budapestet?
b. Are you looking for the letter?	Keresi a levelet?
c. Are you looking at the child?	Nézi a gyereket?
d. Do you want the coffee now?	Most kéri a kávét?

5. Meggyújtja a lámpát. — She lights the lamp.

   a. He tells the news. — Megmondja az újságot.
   b. She visits the Fehérs. — Meglátogatja Fehéréket.
   c. She writes the letter. — Megírja a levelet.
   d. He finds the pencil. — Megtalálja a ceruzát.
   e. He shows the zoo. — Megmutatja az állatkertet.
   f. He drinks the coffee. — Megissza a kávét.

6. Hívja a pincért. — He's calling the waiter.

   a. He's seeing the child. — Látja a gyereket.
   b. She's making the coffee. — Csinálja a kávét.
   c. He's drawing the girl. — Rajzolja a lányt.
   d. He's bringing the suitcase. — Hozza a bőröndöt.
   e. She's reading the letter. — Olvassa a levelet.

7. Szeretik a fagylaltot. — They like the ice cream.

   a. They know the man. — Ismerik az embert.
   b. They look for the street. — Keresik az utcát.
   c. They ask for the dinner. — Kérik az ebédet.
   d. They look at the city. — Nézik a várost.

8. Meggyújtják a lámpákat. — They light the lamps.

   a. They show the suits. — Megmutatják a ruhákat.
   b. They visit the Nagys. — Meglátogatják Nagyékat.
   c. They invite the Johnsons. — Meghívják Johnsonékat.
   d. They tell the news. — Megmondják az újságot.

9. Hívjuk a lányokat. — We're calling the girls.

   a. We're seeing the ships. — Látjuk a hajókat.
   b. We're drawing the children. — Rajzoljuk a gyerekeket.
   c. We're reading the Hungarian book. — Olvassuk a magyar könyvet.
   d. We're bringing the present. — Hozzuk az ajándékot.
   e. We're drinking the strong wine. — Isszuk az erős bort.

10. Megfőzzük az ebédet. — We cook the dinner.

   a. We look at the city. — Megnézzük a várost.
   b. We buy the pastry. — Megvesszük a süteményt.
   c. We look for the street. — Megkeressük az utcát.
   d. We eat the supper. — Megesszük a vacsorát.
   e. We'll ask the doorman. — Megkérdezzük a portást.

11. Megnézem a múzeumot. — I'll look at the museum.

   a. We'll visit the Fehérs. — Meglátogatjuk Fehéréket.
   b. They drink up the wine. — Megisszák a bort.
   c. He listens to the news. — Meghallgatja az újságot.
   d. I'll buy the wood. — Megveszem a fát.

12. A gyerekek szeretik a fagylaltot. — The children like the ice cream.

   a. Mary knows Johnson. — Mária ismeri Johnsont.
   b. The woman is looking for the child. — Az asszony keresi a gyereket.
   c. The girls are looking at the pictures. — A lányok nézik a képeket.
   d. I find the pencil. — Én megtalálom a ceruzát.

13. <u>Péter meglátogatja Évát.</u> — <u>Peter visits Eve.</u>

a. John kisses the little girl. — János megcsókolja a kislányt.
b. Eve shows the city. — Éva megmutatja a várost.
c. The woman lights the lamp. — Az asszony meggyújtja a lámpát.
d. The hostess cooks the dinner. — A háziasszony megfőzi az ebédet.
e. The lady looks at the house. — A hölgy megnézi a házat.
f. The girl buys the skirt. — A lány megveszi a szoknyát.
g. The child eats the ham. — A gyerek megeszi a sonkát.
h. The boy drinks the milk. — A fiú megissza a tejet.

14. <u>Engem lát a gyerek, nem magát látja.</u> — <u>The child sees me; he doesn't see you.</u>

a. Kovács calls us; he doesn't call them. — Minket hív Kovács, nem őket hívja.
b. Fekete draws me; he doesn't draw him. — Engem rajzol Fekete, nem őt rajzolja.
c. The little boy kisses me; he doesn't kiss you. — Engem csókol a kisfiú, nem magát csókolja.
d. Johnson brings us; he doesn't bring you. — Minket hoz Johnson, nem magukat hozza.

15. <u>Engem keres az úr, nem magát keresi.</u> — <u>The gentleman looks for me; he doesn't look for you.</u>

a. Eve's looking at us; she isn't looking at them. — Minket néz Éva, nem őket nézi.
b. Mary likes me; she doesn't like you. — Engem szeret Mária, nem magát szereti.
c. The doorman's asking us; he isn't asking you. — Minket kérdez a portás, nem magát kérdezi.
d. Louis is taking me; he isn't taking them. — Engem visz Lajos, nem őket viszi.

16. <u>Nem őt keresik az emberek, engem keresnek.</u> — <u>People aren't looking for him; they're looking for me.</u>

a. The Kovácses aren't calling them; they're calling us. — Nem őket hívják Kovácsék, minket hívnak.
b. They aren't seeing the children; they're seeing us. — Nem a gyerekeket látják, minket látnak.
c. The Feketes aren't taking him; they're taking me. — Nem őt viszik Feketéék, engem visznek.
d. The women aren't looking at you; they're looking at me. — Nem magát nézik az asszonyok, engem néznek.

TRANSLATION DRILL

1. Kovács is in Washington. — Kovács Washingtonban van.
2. He isn't acquainted with the city yet. — Még nem ismeri a várost.
3. He asks the doorman what's worth seeing in the city. — Megkérdezi a portást, hogy mit érdemes megnézni a városban.
4. The doorman tells him. — A portás megmondja.
5. First Kovács goes to a bank and cashes a check. — Kovács először egy bankba megy, és bevált egy csekket.
6. Then he starts looking around the city. — Azután indul megnézni a várost.
7. The White House isn't far from there. — A Fehér Ház nincs messze onnan.
8. In front of the building to the right is a streetcar stop. — Az épület előtt jobbra van a villamosmegálló.
9. The White House is in a big park. — A Fehér Ház egy nagy parkban van.

10. There are many beautiful trees and flowers in the garden.	A kertben sok szép fa és virág van.
11. The White House is an old building, about 150 years old.	A Fehér Ház régi épület, körülbelül százötven éves.
12. There's a lot of beautiful old furniture in the house.	A házban sok szép régi bútor van.
13. Then Kovács looks at the downtown section.	Azután Kovács megnézi a belvárost.
14. Downtown there are beautiful shops and department stores.	A belvárosban szép üzletek és áruházak vannak.
15. Next to the station is the Capitol.	Az állomás mellett van a Capitol.
16. The Capitol is a beautiful, big building.	A Capitol egy gyönyörű nagy épület.
17. The National Gallery is also near there, in a modern building.	Ott van közel egy modern épületben a Nemzeti Képtár is.
18. There are mainly old paintings in the Gallery, but also many modern pictures.	A képtárban főleg régi képek vannak, de sok a modern kép is.
19. In Washington there are many beautiful statues and monuments.	Washingtonban sok szép szobor és emlékmű van.
20. There are several statues in every park.	Minden parkban van néhány szobor.
21. There are three beautiful monuments on the bank of the river: the Washington Monument Lincoln Memorial and Jefferson Memorial.	Három szép emlékmű van a folyóparton: a Washington, a Lincoln és a Jefferson emlékmű.
22. The Potomac is a large river, but it isn't wide in Washington.	A Potomac egy nagy folyó, de nem széles Washingtonban.
23. Ships travel on the Potomac, but not big ones.	Hajók járnak a Potomacon, de nem nagyok.
24. It's possible to see many row-boats on the Potomac.	Sok csónakot lehet látni a Potomacon.
25. People can't swim in the Potomac because the water is dirty.	Nem lehet fürdeni a Potomacban, mert a víz piszkos.
26. There are many baths in Washington but there are no thermal baths.	Sok fürdő van Washingtonban, de gyógyfürdők nincsenek.
27. Kovács also looks at the zoo.	Az állatkertet is megnézi Kovács.
28. The zoo is not very far.	Az állatkert nincs nagyon messze.
29. It's in a large park.	Egy nagy parkban van.
30. There are many animals in the zoo.	Sok állat van az állatkertben.
31. Many people visit the zoo.	Sok ember látogatja az állatkertet.
32. The people come and go and look at the animals.	Az emberek jönnek-mennek és nézik az állatokat.
33. Kovács goes into a restaurant because he's hungry and tired.	Kovács bemegy egy vendéglőbe, mert éhes és fáradt.
34. He orders a meal and a glass of beer.	Ebédet és egy pohár sört kér.
35. The waiter brings the beer and dinner.	A pincér hozza a sört és az ebédet.
36. Kovács eats the dinner and drinks the beer.	Kovács megeszi az ebédet és megissza a sört.
37. Then he asks for the check and pays.	Azután kéri a számlát és fizet.
38. The bus comes, Kovács gets on and goes back downtown.	Jön az autóbusz, Kovács felszáll és visszamegy a belvárosba.
39. The bus stops just in front of the hotel.	Az autóbusz éppen a szálloda előtt áll meg.
40. Kovács gets off and goes into the hotel.	Kovács leszáll és bemegy a szállodába.

RESPONSE DRILL

1.	Kit lát?	Whom do you see?
2.	Kit kérdez?	Whom do you ask?
3.	Kit rajzol a gyerek?	Whom does the child draw?
4.	Mit rajzol a gyerek?	What does the child draw?
5.	Milyen könyvet olvas?	What kind of book are you reading?
6.	Milyen kalapot vesz?	What kind of hat are you buying?
7.	Hány kalapot vesz?	How many hats are you buying?
8.	Kit hív az asszony?	Whom does the woman call?
9.	Kit csókol a kisfiú?	Whom does the little boy kiss?
10.	Kit keres?	Whom are you looking for?
11.	Mit keres?	What are you looking for?
12.	Mit főz?	What are you cooking?
13.	Engem kérdez?	Do you ask me?
14.	Engem néz?	Is he looking at me?
15.	Engem rajzol?	Is she drawing me?
16.	Engem keres?	Are you looking for me?
17.	Minket keresnek a lányok?	Are the girls looking for us?
18.	Minket rajzol a gyerek?	Is the child drawing us?
19.	Minket visznek az urak?	Are the gentlemen taking us?
20.	Minket kérdeznek az emberek?	Are the people asking us?
21.	Magukat kérdezik az emberek?	Are the people asking you (pl.)?
22.	Magát nézi a lány?	Is the girl looking at you?
23.	Magát szeretik a lányok?	Do the girls like you?
24.	Magát látogatják Kovácsék?	Are the Kovácses visiting you?
25.	Őket hozzák Johnsonék?	Are the Johnsons bringing them?
26.	Őt rajzolja a gyerek?	Is the child drawing him?
27.	Maga melyiket szereti?	Which one do you like?
28.	Ő melyiket rajzolja?	Which one does he draw?
29.	Ő melyiket nézi?	Which one is she looking at?
30.	Maga melyiket veszi?	Which one are you buying?
31.	Magát nézi Péter?	Is Peter looking at you?
32.	Melyiket rajzolják?	Which one are they drawing?
33.	Ők milyent rajzolnak?	What kind are they drawing?
34.	Ők hányat rajzolnak?	How many are they drawing?
35.	Maga hányat lát?	How many do you see?
36.	Maga hányat szeret?	How many do you like?
37.	Maga hányat vesz?	How many are you buying?
38.	Hány pohár sört iszik?	How many glasses of beer are you drinking?
39.	Hány könyvet olvas?	How many books are you reading?
40.	Hol van a Szépművészeti Múzeum Budapesten?	Where's the Museum of Fine Arts in Budapest?
41.	Hol van a Szépművészeti Múzeum Washingtonban?	Where's the Museum of Fine Arts in Washington?
42.	Hol van a Halászbástya?	Where's the Fishermen's Bastion?
43.	Hol van a Bazilika? Budán vagy Pesten?	Where's the Cathedral? Is it in Buda or Pest?
44.	Mi van a Várban?	What is there in the fort?
45.	Hány múzeum van Washingtonban?	How many museums are there in Washington?
46.	Vannak hegyek Magyarországon?	Are there mountains in Hungary?
47.	Vannak nagy hegyek az Egyesült Államokban?	Are there big mountains in the United States?
48.	Vannak nagy folyók az Egyesült Államokban?	Are there big rivers in the United States?
49.	Vannak villamosok Washingtonban?	Are there streetcars in Washington?
50.	Van sok autóbusz New Yorkban?	Are there many busses in New York?

CONVERSATION PRACTICE

1

A: Hova megy ma?
B: A Magyar Nemzeti Bankba.
A: Melyik bankfiókba akar menni?
B: Úgy tudom, a városháza mellett van egy. Az közel van.
A: Tudja, hogy hol van a városháza?
B: Nem tudom pontosan, de megkérdezem a portást.
A: Miért megy a bankba?
B: Egy csekket akarok beváltani.
A: Mit csinál azután?
B: Azután találkozom Jánossal, és megnézzük a várost.

2

A: Milyen nap van ma?
B: Ma csütörtök van.
A: Hova megy bank után?
B: Sétálni megyek. Szeretném megnézni a Szépművészeti Múzeumot.
A: Milyen képeket szeret? A moderneket?
B: Szeretem a moderneket is és a régieket is.
A: Mit akar még megnézni Budapesten?
B: A Várat is meg akarom nézni.
A: A Bazilikát is megnézi?
B: Igen, azt hiszem azt is érdemes megnézni.

3

A: Sok hajó úszik a Dunán!
B: Igen, teherszállító és személyszállító hajók.
A: Mit szállítanak a teherszállító hajók?
B: Főleg gyümölcsöt és zöldséget hoznak a fővárosba.
A: És innen mit visznek?
B: Innen gépeket és bútorokat szállítanak.
A: Lehet fürdeni a Dunában?
B: Lehet, de a víz nagyon hideg.
A: Vannak fürdők Budapesten?
B: Igen, főleg gyógyfürdők. Sok beteg ember jár oda.
A: Akar sétálni egy kicsit a Dunaparton?
B: Szívesen, csak megiszom a kávémat.

4

A: Ismeri Washingtont?
B: Nem nagyon. Mit érdemes megnézni Washingtonban?
A: Sok mindent. A Fehér Ház nagyon érdekes.
B: Régi épület a Fehér Ház?
A: Elég régi. Körülbelül 150 éves.
B: Közel van a Capitol?
A: Elég messze van. Az állomás mellett van.
B: Milyen a Nemzeti Képtár?
A: Nagy és modern. Sok szép régi és modern kép van ott.
B: Akkor azt is megnézem.

SITUATIONS

1. You want to have a check cashed in Budapest. You're told that you can have that done only at the National Bank. You ask for directions on how to get there. You find the bank without difficulty. After cashing your check you go to a stationery store and buy a pen and some stationery because you want to write a letter. You also would like to get a present for your wife and children, but you can't find anything suitable there.

2. You are not yet acquainted with Budapest, but would like to see the museums, the Cathedral, Parliament, the Fort, Matthias Church and Fishermen's Bastion. Mr. Nagy offers to go with you and show you the town. You take a bus to the various places and end up at the picture gallery, where there's an exhibition of modern paintings. You remark that you can't understand modern art and that frankly you don't like the paintings.

3. You're sitting in a café on the bank of the Danube with a friend of yours. You order pastry and ice cream and watch the freighters, passenger ships, and excursion boats pass by on the Danube. You ask for information about where they're going and what they're transporting. Afterwards you watch the people walking along the bank of the Danube, and admire the lights of the city reflected on the river.

NARRATIVE

Szombat reggel Johnson és a felesége a városba mennek. Johnson először egy bankba akar menni, mert egy csekket akar beváltani. Megkérdezi a portást, hogy hol van egy bankfiók. A portás azt mondja, hogy a városháza mellett van egy, de a Magyar Nemzeti Bank az amerikai követség mellett van.

A városba villamoson mennek. A villamosmegálló éppen az ajtó előtt van. A jegyszedő megmondja, hogy hol kell leszállni.

Bank után találkoznak Nagy Jánossal, vele mennek megnézni a várost. Először megnézik a Szépművészeti Múzeumot. A múzeum a Városligetben van. Ott volt közel a híres Sztálin-szobor is.

Johnson még nem ismeri a várost. A múzeum után a Várba mennek. A Vár Budán van. Ott megnézik a híres Mátyás-templomot és a Halászbástyát. Sok ember sétál ott, mert szép a kilátás. A Bazilikát és az Országházat is lehet onnan látni. Sok szép régi és új épület van Budapesten.

Késő délután Johnsonék a Dunaparton sétálnak és nézik a hajókat. Sok személyszállító és teherszállító hajó úszik a Dunán. Kirándulóhajók is jönnek-mennek.

A Dunában csak nyáron lehet fürdeni, mert a víz hideg. De sok fürdő van Budapesten, főleg gyógyfürdő. A beteg emberek gyógyfürdőkbe járnak.

Este van. A Dunaparton égnek már a lámpák. Nagyon szép a város este.

Az asszonyok hívják a gyerekeket és hazaviszik őket. Johnsonék is hazamennek.

SÁRHAJÓ. (Tiszakarád, Zemplén m.)

LADIK Dráva folyó

Halászat BILLEGHÁLÓVAL. (Közép-Tisza.)

KULLOGÓN ülő halász, amint VASAS SZÁKKAL halászik. (Felső-Tisza.)

HIVATAL UTÁN BUDAPESTEN

Basic Sentences

apartment house to knock on the door	bérház kopogni az ajtón
The Kises and the Nagys live in an apartment house on Bajza Street. Kis knocks on the door.	Kisék és Nagyék egy bérházban laknak a Bajza utcában. Kis kopog az ajtón.
to come in	bejönni
NAGY	
Please come in.	Tessék bejönni.
typewriter to borrow office fountain pen bad, out of order empty	írógép, -e, -je kölcsönkérni hivatal, -a töltőtoll, -at, -a rossz üres
KIS	
Excuse me, Mr. Nagy! I'd like to borrow a typewriter. I want to write a few letters, but my typewriter is in the office and my fountain pen is broken.	Bocsánat, Nagy úr! Szeretnék egy írógépet kölcsönkérni. Néhány levelet akarok írni, de az írógépem a hivatalban van, a töltőtollam pedig rossz.
(here) at home it isn't, there isn't...either sister to lend, loan	itthon sincs, sincsen nővér, -e kölcsönadni
NAGY	
Unfortunately my typewriter isn't here either. But here's my sister's machine. She'll be glad to lend it to you.	Sajnos, az én írógépem sincs itthon. De itt van a nővérem írógépe. Ő szívesen kölcsönadja magának.
dear, kind, nice	kedves
KIS	
Is your (dear) sister at home?	Itthon van a kedves nővére?
NAGY	
She's not at home. She's still in her office.	Nincs itthon. Még a hivatalában van.
KIS	
Is her office far?	Messze van a hivatala?
you work; he, she, it works one director secretary	dolgozik egyik igazgató titkárnő

NAGY

It's not far. She works in the National Bank. She's the secretary to one of the directors.

Nincs messze. A Nemzeti Bankban dolgozik. Az egyik igazgató titkárnője.

KIS

Does she like her office?

Szereti a hivatalát?

decent, fair, right, fine — rendes

NAGY

Yes. Her director is a fine man. Please sit down, Mr. Kis!

Igen. Az igazgatója rendes ember. Tessék helyet foglalni, Kis úr!

minute — perc
for a minute — egy percre
post, mail — posta

KIS

Thanks, just for a minute, because it's late. I still want to go to the post office. Don't you want something from there?

Köszönöm, csak egy percre, mert késő van. Még a postahivatalba akarok menni. Nem akar valamit onnan?

postcard — levelezőlap, -ja
air mail — légiposta

NAGY

If you bring me ten post cards and five aerogrammes, I'll be grateful.

Ha hoz tíz levelezőlapot és öt légipostalevelet, megköszönöm.

peace — béke
last — utolsó
number, issue — szám, -a

KIS

I see that you have the last issue of Béke és Szabadság. Do you read it?

Látom, hogy itt van a Béke és Szabadság utolsó száma. Maga olvassa?

my son — a fiam
illustrated magazine — képeslap, -ja
to take, to subscribe to a paper — újságot járatni
my daughter — a lányom

NAGY

No, I don't read it. That's my son's picture magazine. My daughter takes the Ország-Világ.

Nem, nem én olvasom. Ez a fiam képeslapja. A lányom az Ország-Világot járatja.

KIS

Which newspaper do you read?

Maga melyik újságot olvassa?

nation — nemzet, -e

NAGY

I read the Magyar Nemzet. — Én a Magyar Nemzetet olvasom.

KIS

Does your wife like to read also? — A felesége is szeret olvasni?

novel — regény
poem — vers, -et
favorite — kedvenc
foreign — külföldi
writer — író

NAGY

Yes. She reads novels and poems mostly. Petőfi is her favorite poet. But she likes foreign writers also. — Igen. Ő főleg regényeket és verseket olvas. Petőfi a kedvenc költője. De szereti a külföldi írókat is.

to recommend — ajánlani

KIS

Petőfi is my favorite poet too. Can you recommend a good book? I'd like to borrow one. — Petőfi az én kedvenc költőm is. Tud egy jó könyvet ajánlani? Szeretnék egyet kölcsönkérni.

NAGY

Do you like the new Hungarian writers? — Szereti az új magyar írókat?

to be silent, to listen — hallgatni
lately, nowadays — mostanában
to hear — hallani
communist — kommunista
system, method, regime — rendszer, -e

KIS

Very much. Unfortunately many of our good writers remain silent these days. I hear that they don't want to write for the Communist regime. — Nagyon! Sajnos, sok jó írónk hallgat mostanában. Úgy hallom, nem akarnak a kommunista rendszernek írni.

to carry, take away — elvinni

NAGY

I can understand that. But here's an interesting book. I recommend it. Will you take it? — Megértem. De itt van egy érdekes könyv. Ezt ajánlom. Elviszi?

to bring back — visszahozni

KIS

Yes, thank you. I'll bring it back next week. — Köszönöm, igen. A jövő héten visszahozom.

urgent, pressing — sürgős

NAGY

There's no hurry.	Nem sürgős.
friend	barát, -ja
sweet	édes
father	apa, apja

KIS

Tell me, my dear friend, how's your (dear) father?	Mondja, kedves barátom, hogy van az édesapja? [1]
old	öreg
young, youthful	fiatal, -t
gratitude, thanks	hála

NAGY

My father is already quite old, but thank goodness he's well.	Az édesapám már elég öreg, de hála Isten jól van.
whole, entire	egész

KIS

What does he do all day?	Mit csinál egész nap?
weather, time, period	idő, ideje
to enjoy, take pleasure in	gyönyörködni

NAGY

There's a small garden behind their house. If the weather is good he sits there and enjoys their garden. Their house is in the outskirts of Pest on the bank of the Danube.	A házuk mögött van egy kis kert. Ha jó idő van ott ül és gyönyörködik a kertjükben. Az ő házuk Pest-környékén van, a Dunaparton.
mother	anya, anyja

KIS

And your (dear) mother?	És az édesanyja?
to take care of, look after	gondozni
to nurse, tend	ápolni
brother	fivér, -e

NAGY

My mother is well also. She takes care of my father. One of my brothers lives there too.	Az édesanyám is jól van. Ő gondozza az apámat. Az egyik fivérem is ott lakik.
who (relative pronoun)	aki
Moscow	Moszkva

KIS

Which brother of yours? The one who was in Moscow?	Melyik fivére? Aki Moszkvában volt?

older brother — bátya, bátyja
in Russian — oroszul
in German — németül
in French — franciául
to teach — tanítani
to learn, study — tanulni
university — egyetem, -e
at the university — az egyetemen

NAGY

Yes, my older brother was in Moscow for two years. He speaks Russian well. He's now teaching in one of the universities.

Igen, a bátyám két évig Moszkvában volt. Ő jól beszél oroszul. Most tanít az egyik egyetemen.

KIS

And what is your other brother doing?

És mit csinál a másik fivére?

my younger brother — az öcsém
engineer — mérnök, -öt, -e
lawyer — ügyvéd, -je
doctor — orvos
soldier — katona
flier — repülő
clerk, official — hivatalnok, -a
teacher — tanár, -a
German — német
Russian — orosz
French — francia
car — kocsi

NAGY

My younger brother? He's an engineer. He's just buying a German car.

Az öcsém? Ő mérnök. Most vesz egy német kocsit.

your, his, her younger brother — az öccse
automobile — autó
rich — gazdag, -ot
poor — szegény, -t

KIS

Is your brother buying a new car? Then he certainly is a rich man.

Új autót vesz az öccse? Akkor biztosan gazdag ember.

to make good money, earn a good living — jól keresni

NAGY

He isn't exactly rich, but he's earning a lot of money.

Nem éppen gazdag, de jól keres.

rent — lakbér, -e

KIS

You have a nice apartment, Mr. Nagy. Do you pay much rent?

Szép lakásuk van, Nagy úr. Sok lakbért fizetnek?

since — óta

NAGY

Our rent isn't high. We have been living here for ten years and we still pay the old rent.

A mi lakbérünk nem magas. Tíz év óta lakunk itt és még a régi lakbért fizetjük.

although — pedig

KIS

Unfortunately my apartment is very expensive, although our bedroom is small. I'd like to buy a house.

Sajnos, az én lakásom nagyon drága, pedig a hálószobánk kicsi. Szeretnék egy házat venni.

telephone — telefon, -ja
to speak, say, talk — szólni

(The phone rings.)

(A telefon szól.)

to phone — telefonálni

NAGY

Excuse me for a minute. I believe one of my friends is on the phone.

Bocsánat egy percre. Azt hiszem, az egyik barátom telefonál.

anyway — úgyis

KIS

I'll have to be leaving now, anyway. I'm taking your sister's typewriter, and will bring it back this evening. All right?

Én már úgyis megyek. Elviszem a nővére írógépét. Ma este visszahozom. Jó?

NAGY

There's no hurry, Mr. Kis.

Nem sürgős, Kis úr.

Note to the Basic Sentences

[1] In addition to its basic meaning of 'sweet', 'dear', édes is also used to connote the idea of 'own', 'natural', 'original' when combined with a noun referring to a family member. Thus, for example, édesapa always refers to one's natural father as contrasted with stepfather or foster father. The most common adjective used before a personal noun to express affection, respect or polite concern is kedves: Kedves édesapám: 'My dear father'

Notes on Pronunciation

Voiceless Stops

A. Hungarian p

In English there are at least two conspicuously different kinds of p-sounds: the p of pin, pill, which has the puff of air called aspiration, and the p of spin, spill, which has no aspiration.

The Hungarian p is always produced without aspiration. One way for an American to get at the mastery of it is by thinking of an s before Hungarian words that begin with p in order to transfer the English pattern of producing unaspirated p after s.

The following list will give you a basis for comparing the p-sound in the two languages and learning to reproduce the difference. (The English words of course are not all translations of the Hungarian!)

Practice 1.

paper	papír
pelota	palota
pap	pap
paprika	paprika
paradise	paradicsom
pair	pár
pains	pénz
pilot	pilóta
push	puska
post	posta
pipe	pipa
pinch	pincér

B. Hungarian t

The pronunciation of t presents the same basic difference: In English t is aspirated when it precedes a stressed vowel except when the t itself is preceded by s; in Hungarian it is never aspirated. In addition, in the production of the Hungarian t, the tongue touches a point that is more forward in the mouth: it actually touches the back side of the upper teeth, which it does not do in English.

Practice 2.

tart	tart
taxi	taxi
tar	tár
textile	textil
tail	tél
tint	tinta
'tis	tíz
toe	tó
tool	túl
tear	tér
tempo	tempó
tilt	tilt

C. Hungarian k

Hungarian k, like p and t, is unaspirated compared to English k.

Practice 3.

kilo	kiló
key	ki
cake	kék
cape	kép
care	kér
core	kór
kin	kinn
case	kész
Kate	két
cart	kárt
closet	klozet

D. Hungarian n

Hungarian n in most positions is similar to English n,aso you should have no trouble with it. However, pay special attention to it when it comes before k or g. Ng is always assimilated in the same way as n before g in finger, never as in singer. The combination nk is pronounced about as in English.

When n comes before p or b it is pronounced as m.

The digraph ny before k and g is pronounced as n.

Practice 4.

láng	fánk	azonban	kínpad	lányka	bizonygat
harang	szánkó	ellenben	színpad	fénykor	
tenger	bank	különben	kénpor	hánykor	
hangos	csonk	Debrecenben			
kongó	csonka	katlanba			
csengő					
inga					

Notes on Grammar
(For Home Study)

The Possessive in Hungarian

Possession in English is expressed by such words as 'my', 'your', 'his', 'her', 'our', and 'their', or by the use of the apostrophe with s after a noun. Hungarian has no forms corresponding to the above English ways of expressing possession. Instead possession is shown by suffixes added to the stem of the noun indicating the person or thing possessed. The following table gives the forms of the possessive for singular nouns in all persons.

Singular Possessive Forms in Hungarian

	My	Thy	His, Her, Its, Your	Our	Your (familiar)	Their, Your
ceruza	ceruzám	ceruzád	ceruzája	ceruzánk	ceruzátok	ceruzájuk
kefe	kefém	keféd	keféje	kefénk	kefétek	keféjük
cipő	cipőm	cipőd	cipője	cipőnk	cipőtök	cipőjük
kocsi	kocsim	kocsid	kocsija	kocsink	kocsitok	kocsijuk
kés	késem	késed	kése	késünk	késetek	késük
kert	kertem	kerted	kertje	kertünk	kertetek	kertjük
ing	ingem	inged	inge	ingünk	ingetek	ingük
kabát	kabátom	kabátod	kabátja	kabátunk	kabátotok	kabátjuk
asztal	asztalom	asztalod	asztala	asztalunk	asztalotok	asztaluk
ház	házam	házad	háza	házunk	házatok	házuk
szűcs	szűcsöm	szűcsöd	szűcse	szűcsünk	szűcsötök	szűcsük
hegy	hegyem	hegyed	hegye	hegyünk	hegyetek	hegyük
tó	tavam	tavad	tava	tavunk	tavatok	tavuk
mű	művem	műved	műve	művünk	művetek	művük
kéz	kezem	kezed	keze	kezünk	kezetek	kezük
tükör	tükröm	tükröd	tükre	tükrünk	tükrötök	tükrük

Note from the above examples that the stem together with the auxilary vowel preceding the possessive ending is exactly the same as that used before the plural ending -k. Note also that the auxiliary vowel preceding the possessive -m ('my'), -d ('thy'), and -tok (plural familiar 'your') is identical for these three forms. As the chart shows, the first person plural 'our' is expressed by adding -nk to a noun stem that ends in a vowel (with lengthening of a to á and e to é) and -unk or -ünk to a stem ending in a consonant.

The third person his (her, its) and their end in -ja (je) and -juk (jük) respectively for regular nouns whose stem ends in a vowel (again with modification of a to á and e to é for those stems that end in these vowels). For those noun stems ending in the sounds represented in traditional Hungarian spelling by j, gy, ly, ny, c, cs, s, sz, z, and zs, the third person possessive singular and plural lacks -j. For words ending in any other consonant sound, there is no easy way of knowing whether -j- will occur in the suffix. Most monosyllabic words that end in g, l, m, n and r require -j-, and most words of more than one syllable ending in b, d, f, k, p and t also require -j-. But since there are many exceptions to most of these rules, the student must memorize the particular form when he comes across it. Therefore, as a help to the student, beginning with this unit, the third person singular possessive suffix will be given with the basic form in the build-ups for the following types of substantives:

(1) All words ending in a vowel that do not require -j- in the possessive.
(2) All words ending in a consonant other than j, gy, ly, ny, c, cs, s, sz, z, and zs.
(3) All words that undergo a change in the stem when a suffix is added.
(4) Nouns that are used with both endings.

Nouns that fall into one of the above four categories and that have been included in the first six units are listed with their third person possessive in an appendix to this unit.

The student will keep in mind that the third person plural possessive will contain or lack a -j- in accordance with whether it is included or not in the corresponding third person singular.

Remember also that whenever there is a change in the stem with the addition of the accusative -t or plural -k that same change will occur in all of the possessive forms; for example:

név - nevet - nevek - nevem - neve - nevük
ló - lovat - lovak - lovam - lova - lovunk
bokor - bokrot - bokrok - bokrunk - bokra

Some substantives have irregular forms in the possessive. Note the following used in this unit:

apa - apám, apád, apánk, apátok. BUT apja, apjuk
anya - anyám, anyád, anyánk, anyátok. BUT anyja, anyjuk
bátya - bátyám, bátyád, bátyánk, bátyátok. BUT bátyja, bátyjuk

(These three nouns of personal relationship lose their final vowel before the -j- preceding the third person suffixes.)

fiú - fiam, fiad, fiunk, fiatok, fia, fiuk
öccs - öcsém, öcséd, öcsénk, öcsétek, öccse, öccsük

(The basic form öccs is not generally used except in some compounds, such as unokaöccs, 'nephew'.)

Possessive Patterns

The form corresponding to the English pattern: possessive adjective plus noun is generally preceded by the definite article in Hungarian except when the substantive is a proper noun or when it is used in address:

A barátom az iskolában tanul.	My friend is studying in the school.
BUT: Jánosom az iskolában van.	My John is in school.
Mondja, barátom, mit csinál?	Tell me, my friend, what are you doing?

To emphasize possession, Hungarian usage requires the pattern: definite article plus personal pronoun before the usual possessive form:

Ez az én barátom.	This is my friend.
Az az ő apja, nem a mi apánk.	That's his father, not our father.

However, in the case of ő, the pattern is different. Ő means 'his', 'her', 'its' when followed by the 'his' form of the possessive noun. When ő comes before a possessive noun with 'their' endings, ő means 'their'. The plural form ők is never used in this possessive construction. Examples:

Az ő kabátja.	His (her) coat.
Az ő kabátjuk.	Their coat.

When the possessor is a noun (either singular or plural) followed by the thing possessed, as John's book, the boys' money, the girl's friend, or the girls' family, or when the idea of possession is rendered by 'of' in English, as the door of the hotel, the corresponding Hungarian pattern is basic form of noun (either singular or plural) indicating possessor plus third person possessive ('his' form) of noun indicating the thing possessed:

János könyve.	John's book.
A szálloda ajtaja.	The door of the hotel.
A fiúk pénze.	The boys' money.
A lány barátja.	The girl's friend.
A lányok családja.	The girls' family.

In the preceding pattern if the possessor in turn is modified by a possessive adjective in English, as my friend's pencil, the corresponding Hungarian construction will require both possessor and thing possessed to be in possessive forms: a barátom ceruzája.

An alternative way of expressing possession with a possessive noun will be discussed in Unit 9.

The Possessive as Direct Object

All possessive forms require the linking vowel -a- or -e- before the direct object ending. (Note that the linking vowel is modified to -á- and -é- for those possessive forms ending in -a and -e.) When the direct object of a sentence contains a possessive, the verb is in the definite form.

Nagyon szeretik a feleségemet.	They like my wife a lot.
Látjuk a házukat.	We see their house.

SUBSTITUTION DRILL

1. Itt van a titkárnőm.	Here's my secretary.
shoe - necktie - handkerchief - glove - village - ship - coffee - radio - student - director - car - door	cipőm - nyakkendőm - zsebkendőm - kesztyűm - falum - hajóm - kávém - rádióm - tanulóm - igazgatóm - kocsim - ajtóm
2. A töltőtollam üres.	My fountain pen is empty.
house - café - box office - bed - department store - picture gallery	házam - kávéházam - pénztáram - ágyam - áruházam - képtáram
3. Ez az én autóbuszom.	This is my bus.
window - table - station - consulate - church - city - streetcar - doctor - bank - rowboat - coat - hat - teacher - train	ablakom - asztalom - állomásom - konzulátusom - templomom - városom - villamosom - orvosom - bankom - csónakom - kabátom - kalapom - tanárom - vonatom
4. Hol van az írógépem?	Where's my typewriter?
wife - child - fillér - place - shirt - book - knife - cabinet - chair - sister - brother - money	feleségem - gyerekem - fillérem - helyem - ingem - könyvem - késem - szekrényem - székem - nővérem - fivérem - pénzem
5. Ott van a ceruzám.	There's my pencil.
suit - stocking - school - country - ball - kitchen - post - brandy - handbag - lamp - fork - older brother	ruhám - harisnyám - iskolám - hazám - labdám - konyhám - postám - pálinkám - táskám - lámpám - villám - bátyám
6. A hajóm nagy.	My ship is big.
bed - shirt - school - cabinet - coat - kitchen - handbag - child - church - café - village - hat	ágyam - ingem - iskolám - szekrényem - kabátom - konyhám - táskám - gyerekem - templomom - kávéházam - falum - kalapom
7. Az ágya kicsi.	His bed is small.
table - window - state - box - department store - capital - museum - consulate - suburb - apartment - church - city - office - picture gallery	asztala - ablaka - állama - doboza - áruháza - fővárosa - múzeuma - konzulátusa - külvárosa - lakása - temploma - városa - hivatala - képtára
8. A lánya szeret olvasni.	Her daughter likes to read.
doctor - clerk - doorman - teacher - fisherman - gypsy	orvosa - hivatalnoka - portása - tanára - halásza - cigánya
9. Hol van a nővére?	Where's your sister?
wife - child - brother - shirt - typewriter - book - cabinet - chair - record - money - knife	felesége - gyereke - fivére - inge - írógépe - könyve - szekrénye - széke - lemeze - pénze - kése

10. Az autója nagy.

smoker - river - ship -
movie - living room - jacket -
phonograph

His car is big.

dohányzója - folyója - hajója -
mozija - nappalija - zakója -
lemezjátszója

11. A bankja új.

rowboat - coat - hat -
park - plate - magazine -
newspaper - phone - friend

His bank is new.

csónakja - kabátja - kalapja -
parkja - tányérja - képeslapja -
újságja - telefonja - barátja

12. A nyakkendője régi.

shoe - dining room - glove -
handkerchief - secretary - flier

His necktie is old.

cipője - ebédlője - kesztyűje -
zsebkendője - titkárnője - repülője

13. Hol van a szállodája?

cathedral - bastion - pencil -
cigarette - pastry shop - room -
tree - rose - bill - tea -
supper - vase

Where's your hotel?

bazilikája - bástyája - ceruzája -
cigarettája - cukrászdája - szobája -
fája - rózsája - számlája - teája -
vacsorája - vázája

14. Melyik az autója?

apartment - cabinet - living room -
suitcase - garden - park -
picture gallery - tree - kitchen -
museum - fork - doctor

Which is your car?

lakása - szekrénye - nappalija -
bőröndje - kertje - parkja -
képtára - fája - konyhája -
múzeuma - villája - orvosa

15. Az ebédlőnk új.

bath - smoker - ship -
living room - radio - car -
movie - secretary - flier -
director

Our dining room is new.

fürdőnk - dohányzónk - hajónk -
nappalink - rádiónk - kocsink -
mozink - titkárnőnk - repülőnk -
igazgatónk

16. Itt van a vacsoránk.

pencil - pastry shop - room -
tree - school - kitchen - ball -
lamp - rose - hotel -
bill - vase

Here's our supper.

ceruzánk - cukrászdánk - szobánk -
fánk - iskolánk - konyhánk - labdánk -
lámpánk - rózsánk - szállodánk -
számlánk - vázánk

17. Hol van a gyerekünk?

check - building - typewriter -
place - book - legation -
waiter - cabinet - chair -
shop - university - suitcase

Where's our child?

csekkünk - épületünk - írógépünk -
helyünk - könyvünk - követségünk -
pincérünk - szekrényünk - székünk -
üzletünk - egyetemünk - bőröndünk

18. Melyik a mi ablakunk?

table - bus - station -
furniture - song - box -
consulate - doorman -
church - streetcar - teacher -
doctor

Which is our window?

asztalunk - autóbuszunk - állomásunk -
bútorunk - dalunk - dobozunk -
konzulátusunk - portásunk -
templomunk - villamosunk - tanárunk -
orvosunk

19. Ez a lakásunk.

building - window - room -
auto - station - legation -
consulate - garden - vase -
suitcase - school - bank

This is our apartment.

épületünk - ablakunk - szobánk -
autónk - állomásunk - követségünk -
konzulátusunk - kertünk - vázánk -
bőröndünk - iskolánk - bankunk

20. Milyen szép a lakásuk!

state - department store - view -
daughter - consulate - capital -
museum - picture gallery - suburb -
church - furniture

How nice their apartment is!

államuk - áruházuk - kilátásuk -
lányuk - konzulátusuk - fővárosuk -
múzeumuk - képtáruk - külvárosuk -
templomuk - bútoruk

21. Melyik a gyerekük?

university - brother - valley -
waiter - shop - embassy -
chair - cabinet - pastry -
book - water - beer

Which is your (pl.) child?

egyetemük - fivérük - völgyük -
pincérük - üzletük - követségük -
székük - szekrényük - süteményük -
könyvük - vizük - sörük

22. Ez a dohányzójuk?

living room - radio - student -
door - director - writer -
village - river - ship -
car - movie

Is this their smoker?

nappalijuk - rádiójuk - tanulójuk -
ajtójuk - igazgatójuk - írójuk -
falujuk - folyójuk - hajójuk -
kocsijuk - mozijuk

23. Hol van a bankjuk?

rowboat - ice cream - forint -
coat - friend - paper -
plate - phone - hat -
park

Where's their bank?

csónakjuk - fagylaltjuk - forintjuk -
kabátjuk - barátjuk - papírjuk -
tányérjuk - telefonjuk - kalapjuk -
parkjuk

24. Itt van a kertjük.

suitcase - dining room - bath -
secretary - flier

Here's their garden.

bőröndjük - ebédlőjük - fürdőjük -
titkárnőjük - repülőjük

25. Milyen szép a konyhájuk!

cathedral - pastry shop - tree -
school - hotel - lamp -
rose - ball - vase -
piano - room

How nice your (pl.) kitchen is!

bazilikájuk - cukrászdájuk - fájuk -
iskolájuk - szállodájuk - lámpájuk -
rózsájuk - labdájuk - vázájuk -
zongorájuk - szobájuk

26. Nagy a házuk?

embassy - consulate - movie -
dining room - garden - ship -
suitcase - office - hotel -
child - kitchen - park

Is their house big?

követségük - konzulátusuk - mozijuk -
ebédlőjük - kertjük - hajójuk -
bőröndjük - hivataluk - szállodájuk -
gyerekük - konyhájuk - parkjuk

27. Itt van a nővérem írógépe.

child - picture - money -
box - apartment - church -
house - store - car -
director - bank

Here's my sister's typewriter.

gyereke - képe - pénze -
doboza - lakása - temploma -
háza - üzlete - kocsija -
igazgatója - bankja

28. Ez a gyerekek képeslapja. — This is the children's magazine.

book - cabinet - lamp - school - teacher - rowboat - hotel - pastry shop - room - bed - place - car

könyve - szekrénye - lámpája - iskolája - tanára - csónakja - szállodája - cukrászdája - szobája - ágya - helye - kocsija

29. Hol van a gyereke? — Where's your child?

my coat - our lamp - their book - his picture - the boys' book - their father - the girl's toy - our waiter - his train - your kitchen - the men's ship - my boat

kabátom - lámpánk - könyvük - képe - fiúk könyve - apjuk - lány játéka - pincérünk - vonatja - konyhája - férfiak hajója - csónakom

30. A söröm meleg. — My beer is warm.

your beer - our beer - the man's beer - their beer

a maga söre - a mi sörünk - a férfi söre - a sörük

31. A lány bőröndje nehéz. — The girl's suitcase is heavy.

my suitcase - your (pl.) suitcase - our suitcase - their suitcase

az én bőröndöm - a maguk bőröndje - a mi bőröndünk - az ő bőröndjük

32. Itt van a fiam levele. — Here's my son's letter.

my son's hand - my letter - my hand - his letter - our letter - their letter

a fiam keze - a levelem - a kezem - az ő levele - a levelünk - az ő levelük

33. A nevem magyar. — My name is Hungarian.

their name - his name - the boy's name - your name - the Kovácses' name

a nevük - az ő neve - a fiú neve - a maga neve - Kovácsék neve

34. A kenyerünk fehér. — Our bread is white.

Mrs. Kovács' bread - my bread - their bread - the restaurant bread

Kovácsné kenyere - a kenyerem - az ő kenyerük - a vendéglő kenyere

35. A férfi pohara üres. — The man's glass is empty.

the men's glass - our glass - Peter and John's glass - my glass - their glass

a férfiak pohara - a mi poharunk - Péter és János pohara - az én poharam - az ő poharuk

36. A fiam fiatal. — My son is young.

their son - our son - your son - his son

a fiuk - a fiunk - a maga fia - az ő fia

37. A tükre nagy. — Her mirror is big.

my mirror - their mirror - our mirror - my daughter's mirror - your mirror

a tükröm - a tükrük - a tükrünk - a lányom tükre - a maga tükre

38. A tavunk széles. — Our lake is wide.

their lake - my lake - your lake - his lake

az ő tavuk - az én tavam - a maguk tava - az ő tava

TRANSFORMATION DRILL

Instructor: Az ő apja öreg. (His father's old.)
Student: Az ő apjuk öreg. (Their father's old.)

1. Az ő anyja szép.	Az ő anyjuk szép.
2. Az ő lánya gazdag.	Az ő lányuk gazdag.
3. Az ő iskolája jó.	Az ő iskolájuk jó.
4. Az ő autója piros.	Az ő autójuk piros.
5. Az ő egyeteme Pesten van.	Az ő egyetemük Pesten van.
6. Az ő szobája üres.	Az ő szobájuk üres.
7. Az ő lakása meleg.	Az ő lakásuk meleg.
8. Az ő csónakja fehér.	Az ő csónakjuk fehér.
9. Az ő lámpája ég.	Az ő lámpájuk ég.
10. Az ő cukrászdája jó.	Az ő cukrászdájuk jó.

VARIATION DRILL

1. A kávém hideg.	My coffee's cold.
a. My radio's broken.	A rádióm rossz.
b. My ship's white.	A hajóm fehér.
c. My car's new.	Az autóm új.
d. My door's brown.	Az ajtóm barna.
e. My director's a good man.	Az igazgatóm jó ember.
2. A ceruzám a lámpa mellett van.	My pencil's beside the lamp.
a. My hotel's behind the church.	A szállodám a templom mögött van.
b. My school's in front of the movie.	Az iskolám a mozi előtt van.
c. My supper's in the kitchen.	A vacsorám a konyhában van.
d. My suit's in the cabinet.	A ruhám a szekrényben van.
e. My pastry shop's on the other street.	A cukrászdám a másik utcában van.
3. A töltőtollam üres.	My fountain pen's empty.
a. My bed's new.	Az ágyam új.
b. My house is big.	A házam nagy.
c. My café's cool.	A kávéházam hűvös.
d. My picture gallery's interesting.	A képtáram érdekes.
4. Sok virág van az ablakomban.	There are many flowers in my window.
a. There's much old furniture in my apartment.	Sok régi bútor van a lakásomban.
b. There's no water in my wine.	Nincs víz a boromban.
c. There are 3 forints in my box.	Három forint van a dobozomban.
d. There are big tables in my office.	Nagy asztalok vannak a hivatalomban.
e. There are many clerks working in my bank.	Sok hivatalnok dolgozik a bankomban.

5. Keresem a könyvemet.	I'm looking for my book.
a. I don't see my wife.	Nem látom a feleségemet.
b. I'm writing my book.	Írom a könyvemet.
c. I'm drinking my milk.	Iszom a tejemet.
d. I love my husband.	Szeretem a férjemet.
e. I'll cash my check.	Beváltom a csekkemet.
6. Az apám nagyon öreg.	My father's very old.
a. My mother's still young.	Az anyám még fiatal.
b. My son's ten years old.	A fiam tíz éves.
c. My daughter's already going to school.	A lányom már iskolába jár.
d. My younger brother's in Vienna.	Az öcsém Bécsben van.
e. My older brother's studying in Moscow.	A bátyám Moszkvában tanul.
7. Az ingem a szekrényemben van.	My shirt's in my cabinet.
a. My teacher's teaching in my school.	A tanárom az iskolámban tanít.
b. My cigarette's in my handbag.	A cigarettám a táskámban van.
c. My doctor lives on my street.	Az orvosom az utcámban lakik.
d. My wife sits in my rowboat.	A feleségem a csónakomban ül.
e. My friend writes in my office.	A barátom a hivatalomban ír.
8. Kovács felesége szép.	Kovács' wife is pretty.
a. Kis' typewriter's broken.	Kis írógépe rossz.
b. John's sister's young.	János nővére fiatal.
c. Mary's husband's a writer.	Mária férje író.
d. Rose's rent's high.	Rózsa lakbére magas.
e. Eve's brother's a flier.	Éva fivére repülő.
9. A ház ablaka kicsi.	The window of the house is small.
a. The downtown of Budapest is beautiful.	Budapest belvárosa szép.
b. The girl's apartment is big.	A lány lakása nagy.
c. The child's box is empty.	A gyerek doboza üres.
d. The city museum is interesting.	A város múzeuma érdekes.
e. Louis' office is pleasant.	Lajos hivatala kellemes.
10. A férfi kabátja szürke.	The man's coat is grey.
a. The brook of the valley is clean.	A völgy patakja tiszta.
b. The city bank is big.	A város bankja nagy.
c. The boy's rowboat is green.	A fiú csónakja zöld.
d. The little girl's plate is empty.	A kislány tányérja üres.
e. The director's phone is out of order.	Az igazgató telefonja rossz.
11. A katona hajója fehér.	The soldier's ship is white.
a. The boy's coffee is cold.	A fiú kávéja hideg.
b. Kovács' car is old.	Kovács autója régi.
c. Eve's radio doesn't work.	Éva rádiója rossz.
d. The writer of the book is English.	A könyv írója angol.
e. The girl's director is a Hungarian.	A lány igazgatója magyar.

12. Washington állatkerje nagy. — The Washington zoo is big.

a. The girl's suitcase is brown. — A lány bőröndje barna.
b. The child's shoe is dirty. — A gyerek cipője piszkos.
c. The man's handkerchief is white. — A férfi zsebkendője fehér.
d. Mrs. Kis' dining room is small. — Kisné ebédlője kicsi.
e. The director's secretary is pretty. — Az igazgató titkárnője szép.

13. A kislány ruhája tiszta. — The little girl's dress is clean.

a. The woman's skirt is black. — Az asszony szoknyája fekete.
b. The flier's suit is blue. — A repülő ruhája kék.
c. The child's school is good. — A gyerek iskolája jó.
d. The lady's tea is cold. — A hölgy teája hideg.
e. My father's cup is light green. — Az apám csészéje világoszöld.

14. Az apja magyar. — His father's a Hungarian.

a. His mother's an American. — Az anyja amerikai.
b. Is your wife French? — Francia a felesége?
c. Her sister's English. — A nővére angol.
d. Her older brother's a Russian. — A bátyja orosz.
e. Her younger brother's a German. — Az öccse német.

15. Kölcsönkérem Sándor írógépét. — I'll borrow Alexander's typewriter.

a. I'll invite Eve's husband. — Meghívom Éva férjét.
b. I'll bring Peter's money back. — Visszahozom Péter pénzét.
c. I'll drink the child's milk. — Megiszom a gyerek tejét.
d. I don't know John's wife. — Nem ismerem János feleségét.
e. I can't find Mary's book. — Nem találom Mária könyvét.

16. Megkérdezem a szálloda portását. — I'll ask the doorman of the hotel.

a. I see the child's bus. — Látom a gyerek autóbuszát.
b. I haven't seen the capital of Hungary yet. — Nem láttam még Magyarország fővárosát.
c. I'm going to buy the girl's table. — Megveszem a lány asztalát.
d. I'm going to drink my friend's wine. — Megiszom a barátom borát.
e. I'm going to look at the city picture gallery. — Megnézem a város képtárát.

17. Van magyar tanár az iskolájában? — Is there a Hungarian teacher in your school?

a. Is there any money in your bank? — Van pénz a bankjában?
b. Are there any magazines in your living room? — Vannak képeslapok a nappalijában?
c. Are there any trees in your garden? — Vannak fák a kertjében?
d. Are there any pretty girls in your village? — Vannak szép lányok a falujában?

18.	<u>Az ajtónk nem zöld</u>.	<u>Our door isn't green</u>.
	a. Our car isn't new.	A kocsink nem új.
	b. Our coffee isn't hot.	A kávénk nem meleg.
	c. Our secretary isn't pleasant.	A titkárnőnk nem kellemes.
	d. Our dining room isn't big.	Az ebédlőnk nem nagy.
19.	<u>A szállodánk drága</u>.	<u>Our hotel's expensive</u>.
	a. Our cup's blue.	A csészénk kék.
	b. Our evening's pleasant.	Az esténk kellemes.
	c. Our piano's black.	A zongoránk fekete.
	d. Our pastry shop's good.	A cukrászdánk jó.
	e. Our cathedral's ancient.	A bazilikánk régi.
20.	<u>Nem nagy az ablakunk</u>.	<u>Our window isn't big</u>.
	a. Our suburb isn't clean.	Nem tiszta a külvárosunk.
	b. Our park isn't pretty.	Nem szép a parkunk.
	c. Our plate isn't empty.	Nem üres a tányérunk.
	d. Our picture gallery isn't interesting.	Nem érdekes a képtárunk.
	e. Our apartment isn't cool.	Nem hűvös a lakásunk.
21.	<u>Nincs patak a völgyünkben</u>.	<u>There isn't any creek in our valley</u>.
	a. There isn't any Hungarian record in our shop.	Nincs magyar lemez az üzletünkben.
	b. There isn't any clean cup in our cabinet.	Nincs tiszta csésze a szekrényünkben.
	c. There isn't any dirty suit in our suitcase.	Nincs piszkos ruha a bőröndünkben.
	d. There isn't any animal in our zoo.	Nincs állat az állatkertünkben.
22.	<u>Az apánk magas</u>.	<u>Our father's tall</u>.
	a. Our mother's sick.	Az anyánk beteg.
	b. Our younger brother's young.	Az öcsénk fiatal.
	c. Our older brother's old.	A bátyánk öreg.
	d. Our sister's hungry.	A nővérünk éhes.
	e. Our daughter's rich.	A lányunk gazdag.
23.	<u>Megfőzöm a kávénkat</u>.	<u>I'll cook our coffee</u>.
	a. I'll eat our bread.	Megeszem a kenyerünket.
	b. I'll look for our glass.	Megkeresem a poharunkat.
	c. I'll write our letter.	Megírom a levelünket.
	d. I'll look at our garden.	Megnézem a kertünket.
	e. I'll drink our wine.	Megiszom a borunkat.
24.	<u>Az épületük nagy</u>.	<u>Their building's big</u>.
	a. Their seat's good.	A helyük jó.
	b. Their sister's pretty.	A nővérük szép.
	c. Their embassy's big.	A követségük nagy.
	d. Their store's expensive.	Az üzletük drága.
	e. Their valley's green.	A völgyük zöld.

25.	Nem ismerem a titkárnőjüket.	I don't know their secretary.
	a. I'll look at their dining room.	Megnézem az ebédlőjüket.
	b. I see their future.	Látom a jövőjüket.
	c. I'll pack their suitcase.	Becsomagolom a bőröndjüket.
	d. I don't like their flier.	Nem szeretem a repülőjüket.
	e. I'll look for their handkerchief.	Megkeresem a zsebkendőjüket.
26.	Sok bútor van a lakásukban.	There's much furniture in their apartment.
	a. There are large windows in their house.	Nagy ablakok vannak a házukban.
	b. There are three pencils in their box.	Három ceruza van a dobozukban.
	c. There are old pictures in your (pl.) church.	Régi képek vannak a templomukban.
	d. There's no water in their wine.	Nincs víz a borukban.
	e. There aren't enough doctors in their city.	Nincs elég orvos a városukban.
27.	Egy német úr van a nappalijukban.	There's a German gentleman in their sitting room.
	a. There are Russians in their village.	Oroszok vannak a falujukban.
	b. Six men are sitting in their automobile.	Hat ember ül az autójukban.
	c. There isn't any milk in their coffee.	Nincs tej a kávéjukban.
	d. Children are playing in their car.	Gyerekek játszanak a kocsijukban.
28.	Az iskolájuk a városban van.	Their school's in the city.
	a. Their cigarettes are in the box.	A cigarettájuk a dobozban van.
	b. I'm putting their matches into the box also.	A gyufájukat is a dobozba teszem.
	c. They're cooking dinner in their kitchen.	Ebédet főznek a konyhájukban.
	d. Their hotel isn't in our city.	A szállodájuk nincs a városunkban.
	e. I'm lighting their lamp.	Meggyújtom a lámpájukat.
29.	Péter felesége a kertjükben ül.	Peter's wife's sitting in their garden.
	a. The teacher's pencil is in the student's box.	A tanár ceruzája a tanuló dobozában van.
	b. My dress is in my daughter's cabinet.	A ruhám a lányom szekrényében van.
	c. Kovács' two daughters are sitting in our rowboat.	Kovács két lánya a csónakunkban ül.
	d. Rózsa's three children are in our living room.	Rózsa három gyereke a nappalinkban van.
	e. Your book's in his office.	A maga könyve az ő hivatalában van.

30. A gyerekek labdája piros. — The children's ball is red.

a. The soldiers' suit is dirty. — A katonák ruhája piszkos.
b. The girls' school is good. — A lányok iskolája jó.
c. The women's kitchen is clean. — Az asszonyok konyhája tiszta.
d. The gentlemen's bill is big. — Az urak számlája nagy.
e. The Nagys' piano is black. — Nagyék zongorája fekete.

31. Nincsen a zsebkendőm a fiúk dobozában. — My handkerchief isn't in the boys' box.

a. My book isn't in the men's car. — Nincsen a könyvem a férfiak autójában.
b. My shoe isn't in the girls' cabinet. — Nincsen a cipőm a lányok szekrényében.
c. My little girl isn't in the Kovácses' garden. — Nincsen a kislányom Kovácsék kertjében.
d. My coat isn't in the women's bedroom. — Nincs a kabátom az asszonyok hálószobájában.
e. My wife isn't in the Feketes' house. — Nincs a feleségem Feketéék házában.

32. Az ő autója fekete. — His car is black.

a. Her dress is yellow. — Az ő ruhája sárga.
b. Her daughter's pretty. — Az ő lánya szép.
c. His son's 8 years old. — Az ő fia nyolc éves.
d. His father's old. — Az ő apja öreg.
e. His house is big. — Az ő háza nagy.

33. Az ő autójuk kék. — Their car's blue.

a. Their garden's small. — Az ő kertjük kicsi.
b. Their child's a good student. — Az ő gyerekük jó tanuló.
c. Their friend's a rich man. — Az ő barátjuk gazdag ember.
d. Their kitchen's always clean. — Az ő konyhájuk mindig tiszta.
e. Their apartment's cool. — Az ő lakásuk hűvös.

TRANSLATION DRILL

1. Kis is a diplomat at the American Embassy. — Kis az amerikai követség diplomatája.
2. He and his wife have not been in Budapest very long. — Ő és a felesége nemrégen vannak Budapesten.
3. The Kises' apartment is in Buda. — Kisék lakása Budán van.
4. They like living in Buda very much. — Nagyon szeretnek Budán lakni.
5. The Kises' street is wide and clean. — Kisék utcája széles és tiszta.
6. There's a nice garden in front of their house. — A házuk előtt egy szép kert van.
7. There are rose bushes in front of the window of their sitting room. — A nappalijuk ablaka előtt rózsafák vannak.
8. There are many flowers in their garden. — A kertjükben sok virág van.
9. Kis' car is parked in front of their house. — Kis kocsija a házuk előtt áll.
10. His car is new. — A kocsija új.
11. Every morning Kis goes to work in his office. — Kis minden reggel dolgozni megy a hivatalába.
12. His office is downtown on Freedom Square. — A hivatala a belvárosban van, a Szabadság téren.

13.	It's late; his time is limited; he has to hurry.	Késő van; kevés az ideje; sietni kell.
14.	He carries his coat and bag in his hands.	Kezében viszi a kabátját és a táskáját.
15.	His wife goes with him into the city.	A felesége vele megy a városba.
16.	His wife goes to a dress shop.	A felesége egy ruhaüzletbe megy.
17.	There she tries on her new coat.	Ott felpróbálja az új kabátját.
18.	Afterwards she visits her girl friend.	Azután meglátogatja a barátnőjét.
19.	Her girl friend's name is Mary.	A barátnője neve Mária.
20.	Mary's apartment is very attractive.	Mária lakása nagyon szép.
21.	Her husband's a clerk at the American Consulate.	Az ő férje az amerikai konzulátus hivatalnoka.
22.	Her two sons attend high school.	A két fia középiskolába jár.
23.	The boys' school is very good.	A fiúk iskolája nagyon jó.
24.	They study German, French, English and Russian also in the school.	Németül, franciául, angolul és oroszul is tanulnak az iskolában.
25.	Her little daughter is only four years old. She doesn't go to school yet.	A kislánya csak négy éves. Még nem jár iskolába.
26.	Mrs. Kis looks at her girl friend's new dining room.	Kisné megnézi a barátnője új ebédlőjét.
27.	Afterwards they go to their favorite café.	Azután a kedvenc kávéházukba mennek.
28.	The old waiter of the café knows them well.	A kávéház öreg pincére jól ismeri őket.
29.	He immediately brings them their coffee and their favorite pastry.	Mindjárt hozza a kávéjukat és a kedvenc süteményüket.
30.	Mary's younger brother comes there also.	Mária öccse is oda jön.
31.	He's studying at one of the universities.	Ő tanul az egyik egyetemen.
32.	He wants to be a lawyer.	Ügyvéd akar lenni.
33.	In his free time he works in one of the restaurants.	Szabad idejében az egyik vendéglőben dolgozik.
34.	They drink their coffee, eat their pastry and ask for their bill.	Megisszák a kávéjukat, megeszik a süteményüket és kérik a számlájukat.
35.	Then they pay and go home.	Azután fizetnek és hazamennek.

RESPONSE DRILL

1.	Hány éves a lánya?	How old is your daughter?
2.	Mit csinál a fia?	What's your son doing?
3.	Szép a felesége?	Is his wife pretty?
4.	Öreg az apja?	Is your father old?
5.	Fiatal az anyja?	Is your mother young?
6.	Gazdag a fivére?	Is your brother rich?
7.	Szegény az öccse?	Is your younger brother poor?
8.	Itthon van a nővére?	Is your sister at home?
9.	Költő a barátja?	Is your friend a poet?
10.	Hol lakik az orvosa?	Where does your doctor live?
11.	Sok orvos van Washingtonban?	Are there many doctors in Washington?
12.	Jól keresnek az orvosok az Egyesült Államokban?	Do doctors earn a lot in the United States?
13.	Melyik egyetemen tanul a nővére fia?	At which university is your sister's son studying?
14.	Ki a kedvenc írója?	Who's your favorite writer?
15.	Szereti a magyar írókat?	Do you like Hungarian writers?

16.	Ismeri a magyar írókat?	Do you know the Hungarian writers?
17.	Beszél franciául?	Do you speak French?
18.	Volt már Moszkvában?	Have you already been in Moscow?
19.	Olvas német könyveket?	Do you read German books?
20.	Olvas oroszul?	Do you read Russian?
21.	Melyik iskolában tanítanak franciául?	In which school do they teach French?
22.	Ismer maga magyar repülőket?	Do you know any Hungarian fliers?
23.	Melyik szobában van a telefonja?	In which room is your telephone?
24.	Nagy a telefonszámlája?	Is your telephone bill high?
25.	Sokat telefonál?	Do you telephone a lot?
26.	Kölcsönadja a ceruzáját?	Will you lend me your pencil?
27.	Miért piszkos mindig a gyerekek cipője?	Why are the children's shoes always dirty?
28.	Melyik a hálószobája?	Which is your bedroom?
29.	Milyen színű a kocsija?	What's the color of your car?
30.	Közel van a férje hivatala?	Is your husband's office near?
31.	Tudja, hogy hol van az én hivatalom?	Do you know where my office is?
32.	A barátja kocsija amerikai kocsi?	Is your friend's car an American car?
33.	A felesége öccse repülő?	Is your wife's younger brother a flier?
34.	Hány óra van?	What time is it?
35.	Hány óra van egy napban?	How many hours are there in a day?
36.	Fél hétkor jön haza a felesége?	Is your wife coming home at half past six?
37.	Olvas orosz újságot?	Do you read a Russian newspaper?
38.	Járat magyar újságot?	Do you take a Hungarian newspaper?
39.	Milyen képeslapokat vesz a felesége?	What kind of magazines does your wife buy?
40.	Melyik amerikai író a kedvenc írója?	Which American writer is your favorite author?
41.	Melyik könyv a kedvenc könyve?	Which book is your favorite book?
42.	Melyik fagylalt a kedvenc fagylaltja?	Which ice cream is your favorite ice cream?
43.	Milyen nap van ma?	What day is it today?
44.	Milyen idő van?	What's the weather like?
45.	Jó idő van ma?	Is the weather good today?

CONVERSATION PRACTICE

1

A: Mondja, kedves barátom, hogy van az öccse?
B: Köszönöm, nagyon jól van.
A: Mit dolgozik az öccse?
B: Hivatalnok az orosz nemzeti bankban.
A: Akkor biztosan jól beszél oroszul.
B: Igen, jól beszél. Négy évig Moszkvában volt az egyetemen.
A: És a bátyja?
B: A bátyám orvos.
A: Jól keres?
B: Igen, elég jól keres. Most vesz egy kis kocsit.
A: Német kocsit vesz?
B: Nem németet, franciát.

2

A: Jó estét! Itthon van a nővére?
B: Jó estét! Még nincs itthon a nővérem. Még a hivatalában van.
A: Hol dolgozik a nővére?
B: A Nemzeti Bankban. Az egyik igazgató titkárnője.
A: Szeret a bankban dolgozni?
B: Igen. A főnöke* nagyon rendes ember.
A: Egy írógépet szeretnék kölcsönkérni.
B: Sajnos, az én írógépem nincs itthon. A hivatalomban van. A nővérem gépe pedig rossz.
A: Akkor talán kölcsönkérem Kovács írógépét. Néhány sürgős levelet kell írni.
B: Azt hiszem, az ő írógépe otthon van.

-----
*boss

3

A: Jó estét, Kovács úr! Szeretnék egy képeslapot kölcsönkérni.
B: Tessék, itt van az Ország-Világ utolsó száma.
A: Köszönöm. Ma este visszahozom.
B: Nem sürgős. Én nem olvasom.
A: Nem maga járatja?
B: A lányom járatja. De ő nincs itthon.
A: Hol van a kedves lánya?
B: Bécsben van. Csak a jövő héten jön haza.

4

A: Milyen szép az a kocsi! Ez Kovácsék kocsija?
B: Nem. Az ő kocsijuk piros. Ez Éva kocsija.
A: Milyen színű a maga kocsija?
B: Az én kocsim fehér.
A: Új a maga kocsija?
B: Nem új. Már elég régi. De még mindig nagyon jó!

SITUATIONS

1. Leveleket akar írni, de az írógépe rossz. Az egyik barátja, Nagy, közel lakik. Megy kölcsönkérni Nagy írógépét. Nagy írógépe nincs otthon, de ott van a fivére írógépe, azt kölcsönadja. A fivére Moszkvában volt, most tanár az egyik egyetemen Budapesten. Megkérdezi, hogy van Nagy úr apja, anyja, nővére, bátyja és öccse. Hol laknak és mit csinálnak?

2. Nincs mit olvasni, megy kölcsönkérni egy jó könyvet vagy képeslapot. Megkérdezi, ki mit szeret olvasni. Nagy felesége a külföldi írókat szereti, a gyerekek főleg képeslapokat olvasnak. Maga a klasszikus írókat szereti.

3. Kovács meglátogatja Nagyot. Megnézi a lakását. Megkérdezi, hogy mennyi a lakbér. Nagy lakása nem drága, mert a régi lakbért fizeti. Kovács lakása nagyon drága, pedig a szobák kicsinyek. Házat akar venni. Most keres egyet. Nagy tud néhány házat ajánlani. Megmondja hol vannak, milyenek és mibe kerülnek.

NARRATIVE

Nagyék Budán laknak a Költő utcában. Ott laknak nem messze Kisék is egy másik bérházban. Kis gyakran meglátogatja Nagyot. Most is odamegy. Egy írógépet akar kölcsönkérni. Leveleket akar írni, de az ő írógépe rossz, a töltőtolla pedig üres. Nagy kölcsönadja a nővére írógépét.

Nagy nővére a Nemzeti Bankban dolgozik. Ott az egyik igazgató titkárnője. Elég jól fizetik. Nagyon szereti a hivatalát, mert a hivatalában kellemes emberek dolgoznak, az igazgatója pedig jó ember. Nagy fia az egyetemen tanul. Orvos akar lenni. A lánya még középiskolába jár. Az ő iskolájában oroszul, németül és franciául is tanítanak. A két gyerek sok képeslapot járat. Az apjuk is azokat olvassa. Az anyjuk nem szeret újságokat és képeslapokat olvasni. Azt mondja, hogy nincsen semmi érdekes az újságokban. Csak regényeket olvas: orosz, német és francia könyveket. De a kedvenc írója és a kedvenc költője magyar. A gyerekek kedvenc költője nem magyar, hanem angol.

Kis apja és anyja öregek. A házuk Pest-környékén van, a Dunaparton. Ott laknak. A házuk előtt egy kis kert van. A kertjükben sok a rózsafa. Az öreg Kis egész nap a kertjében ül és nézi a Dunát. Szeret a kertben ülni. Kis bátyja is ott lakik. Ő két évig Moszkvában volt az egyetemen. Most tanít itt az egyik egyetemen.

Kis öccse mérnök. Állami hivatalban dolgozik. Jól keres. A lánya férje egy orvos. Ő is nagyon jól keres. Az ő fiuk is az egyetemen tanul. Ügyvéd akar lenni.

Kis nagyon szeret olvasni. Most is kölcsönkér egy könyvet. Nagy ad egyet. Kis megköszöni a könyvet és megigéri, hogy a jövő héten visszahozza, az írógépet pedig még ma este visszaadja. Hazaviszi az írógépet és a könyvet, azután pedig elmegy a postahivatalba bélyeget venni.

megigérni - to promise

SUPPLEMENTARY LIST

The following is a list of nouns which have occurred in the first six units. (Note that the accusative or possessive is given for a noun only when there is some irregularity.)

ablak, -a
ajándék, -a
ajtó, -ja, ajtaja
anyag, -a, -ja
arcrém, -e
aszpirin, -je, -ja
asztal, -a
állam, -a
állat, -a, -ja
állatkert, -je
ár, -at, -a
áruház, -at
bank, -ja
barack, -ja
beteg, -e
bélyeg, -e, -je
bolt, -ja
bor, -a
bőrönd, -öt, -je
bútor, -a
cím, -e
csekk, -je
csónak, -ja
csütörtök, -öt, -je
dal, -a
délelőtt, -öt, -je
délután, -ja
dohánybolt, -ja
egészség, -e
ember, -e
emlékmű, -vet, -ve
erdő, -je, erdeje
épület, -e
év, -e
fagylalt, -ja
falu, -t, (falvat), -ja, (falva)
feleség, -e
fél, felet, fele
fillér, -e, -je
forint, -ja
gép, -e, -je
gyerek, -e
gyógyszertár, -at, -a
gyümölcs, -öt
ház, -at
házaspár, -ja
hely, -et
hét, hetet, hete
holnap, -ja
illatszerbolt, -ja
ing, -e
Isten, -e
játék, -a, -ja
kabát, -ja
kalap, -ja
kanál, kanalat, kanala
kedd, -je
kenyér, kenyeret, kenyere
kert, -je
kép, -e
képtár, -at, -a
kéz, kezet, keze
kirakat, -a, -ja
konyak, -ja
könyv, -e
környék, -e
követség, -e
közép, közepet, közepe
levél, levelet, levele
Magyarország, -a
méret, -e
molnár, -a
mosdószappan, -ja
mosószappan, -ja
múzeum, -a
nadrág, -ja
nap, -ja
név, nevet, neve
nyár, nyarat, nyara
papír, -ja
park, -ja
part, -ja
patak, -ja
péntek, -je
pénztár, -a
pincér, -e
pohár, poharat, pohara
porcelán, -ja

reggel, -e
repülőtér, -teret, -tere
sör, -ök, -e
sport, -ja
szappan, -ja
szabadság, -a
szék, -e
szépművészet, -e
szobor, szobrot, szobra
szombat, -ja
tányér, -ja
tegnap, -ja
teher, terhet, terhe
templom, -a
tél, telet, tele
tér, teret, tere
tó, tavat, tava
toll, -at, -a

tucat, -ja
tükör, tükröt, tükre
újság, -a, -ja
úr, urat, ura
út, utat, útja
útlevél, útlevelet, útlevele
üveg, -e, -je
üzlet, -e
vasárnap, -ja
vám, -ja
vár, -at, -a
világ, -a
virág, -a, -ja
víz, vizet, vize
vizsgálat, -a
vonat, -a, -ja
zöldség, -e

PALÓC KANÁSZ TÜLÖKKEL. (Ipolymelléke, Hont m.)

JUHNYÍRÓ OLLÓ. (Jászapáti.)

RÜHZSÍROS SZARU-KUPA. (Bihar m.)

KÜLFÖLDI DIPLOMATÁK BUDAPESTEN

Basic Sentences

I

consul since when	konzul, -ja mióta
NAGY	
How long have you been here in Hungary, Consul?	Konzul úr, mióta van Magyarországon?
month	hónap, -ja
KONZUL	
I've been here for three months.	Három hónap óta vagyok itt.
family	család, -ja
NAGY	
Is your family also in Budapest?	A családja is Budapesten van?
to wait	várni
KONZUL	
Not yet. I'm expecting them now.	Még nincsen. Most várom őket.
airplane	repülőgép, -e, -je
NAGY	
Are they coming from America by ship or plane?	Hajón vagy repülőgépen jönnek Amerikából?
KONZUL	
By plane.	Repülőgépen.
from where	honnan
NAGY	
Where are they starting from?	Honnan indulnak?
to fly with them	repülni velük
KONZUL	
They're flying from New York to Vienna. I'm meeting them in Vienna.	New Yorkból Bécsbe repülnek. Én Bécsben találkozom velük.
NAGY	
How are you going to Vienna? By train?	Hogy megy Bécsbe? Vonaton?

either ... or — vagy ... vagy

KONZUL

I don't know for sure. Either by train or by car.

Még nem tudom biztosan. Vagy vonaton, vagy kocsin.

to imagine — képzelni
how — mennyire

NAGY

I can imagine how happy you are that your family's coming.

Képzelem mennyire örül, hogy jön a családja.

happy — boldog
at last, finally — végre

KONZUL

Yes, I'm very happy that they'll be here at last.

Igen, nagyon boldog vagyok, hogy végre itt lesznek.

II

KONZUL

How's your son?

Hogy van a fia?

country — ország, -a
Russia — Oroszország
Szeged (city in Hungary) — Szeged

SZABÓ

Thank you, he's fine. He was in Russia, but he's studying now at the University of Szeged.

Köszönöm, jól van. Oroszországban volt, de most Szegeden tanul az egyetemen.

abroad — külföldön

KONZUL

Has your daughter also (already) been abroad?

A kedves lánya is volt már külföldön?

many times, frequently, often — sokszor
as, like — mint
sportsman, athlete — sportoló
east — kelet
west — nyugat
north — észak
south — dél
Germany — Németország
Sweden — Svédország
Italy — Olaszország
France — Franciaország

SZABÓ

Yes, she's been abroad many times. As a sportswoman she goes often to other countries. She has already been in East Germany, Sweden and Italy also. She's coming home next week from France.

Igen, ő sokszor volt külföldön. Mint sportoló gyakran megy más országokba. Volt már Kelet-Németországban, Svédországban és Olaszországban is. A jövő héten jön haza Franciaországból.

to play tennis — teniszezni
to play golf — golfozni

KONZUL

I suppose your daughter plays tennis? — Talán teniszezik a lánya?

nearly, almost — majdnem
international — nemzetközi
tournament, match, race — verseny
to take part — részt venni

SZABÓ

Yes, she does. She takes part in nearly every international tournament. — Igen, teniszezik. Majdnem minden nemzetközi versenyen részt vesz.

she's married — férjnél van

KONZUL

Is she married? — Férjnél van?

foreign affairs — külügy
ministry — minisztérium, -a
Ministry of Foreign Affairs — külügyminisztérium[1]
press — sajtó
department, class — osztály

SZABÓ

Yes. Her husband works in the Ministry of Foreign Affairs. He's in the press department. — Igen. A férje a külügyminisztériumban dolgozik. A sajtóosztályon van.

KONZUL

Then I'll surely meet them sometime. — Akkor biztosan találkozom majd velük.

III

KONZUL

Tell me, who's the gentleman coming out of the other room now? — Mondja, ki az az úr, aki most jön ki a másik szobából?

Swedish, Swede — svéd
military — katonai
attaché — attasé

FEHÉR

That's the Swedish Military Attaché. — Az a svéd katonai attasé.

KONZUL

Is his wife here also? — A felesége is itt van?

on Monday — hétfőn
on Tuesday — kedden
on Wednesday — szerdán
on Thursday — csütörtökön
on Friday — pénteken
on Saturday — szombaton

FEHÉR	
No, she isn't here. I believe she's arriving from Sweden on Monday.	Nem, ő nincs itt. Úgy tudom, hogy hétfőn érkezik Svédországból.
to converse, to chat	beszélgetni
KONZUL	
And who are those people chatting with him now?	És kik azok, akik most beszélgetnek vele?
minister	követ, -e
ambassador	nagykövet
FEHÉR	
That's the French Minister and his wife.	Az a francia követ és a felesége.
KONZUL	
And that beautiful woman standing next to the attaché?	És az a szép asszony, aki az attasé mellett áll?
Italian	olasz
Spanish	spanyol
Greek	görög, -öt
Turk, Turkish	török, -öt
Finn, Finnish	finn
Pole, Polish	lengyel
chargé d'affaires	ügyvivő
FEHÉR	
That's the wife of the Italian Chargé d'Affaires.	Az az olasz ügyvivő felesége.
western	nyugati
eastern	keleti
northern	északi
southern	déli
KONZUL	
Are there only Western diplomats here?	Csak nyugati diplomaták vannak itt?
oh	óh
corner	sarok, sarkot, sarka
press attaché	sajtóattasé
journalist	újságíró
legation secretary	követségi titkár, -a
legation counselor	követségi tanácsos
FEHÉR	
Oh, no. Do you see those gentlemen in the corner? One of them is the Russian press attaché; the other is a Polish journalist. A Turkish Legation secretary's chatting with them.	Óh, nem. Látja azokat az urakat a sarokban? Az egyik az orosz sajtóattasé, a másik egy lengyel újságíró. Egy török követségi titkár beszélget velük.

KONZUL

Are they drinking cognac?

Konyakot isznak?

Tokay (wine) — tokaji
to taste, try, sample — megkóstolni

FEHÉR

I believe they're drinking Tokay wine. Shall we not have some also? There's some there on the table.

Azt hiszem, tokaji bort isznak. Nem kóstoljuk meg mi is? Ott van az asztalon.

IV

many (people) — sokan
away, off — el
to go, go away, leave — elmenni

NAGY

I see many people are leaving already. What time is it?

Látom, már sokan elmennek. Hány óra van?

past, last — múlt

FEHÉR

It isn't late yet. It's only five minutes past ten.

Még nincs késő. Csak öt perccel múlt tíz.

at ... o'clock — órakor

NAGY

At what time do you want to leave?

Maga hány órakor akar elmenni?

FEHÉR

I'll be going at half past ten.

Fél tizenegykor megyek.

V

to say goodby, take leave — búcsúzni
from the hostess — a háziasszonytól
minister, cabinet member — miniszter, -e
Minister of Foreign Affairs — külügyminiszter[2]

NAGY

Do you see that gentleman now saying goodby to the hostess? He's the Minister of Foreign Affairs.

Látja azt az urat, aki most búcsúzik a háziasszonytól? Ő a külügyminiszter.

KONZUL

Are there many here from the Ministry of Foreign Affairs?

Sokan vannak itt a külügyminisztériumból?

political — politikai
chief, principal, boss — főnök, -öt, -e
leader, chief — vezető
department head — osztályvezető

NAGY

Not many. The chief of the political section and one or two department heads are here.

Nem sokan. A politikai osztály főnöke van itt és egy vagy két osztályvezető.

deputy, assistant — helyettes

KONZUL

Is the Under Secretary of State also here?

A külügyminiszter helyettese is itt van?

Poland — Lengyelország
Greece — Görögország
Turkey — Törökország
Finland — Finnország
Spain — Spanyolország

NAGY

No, he isn't here. I believe he's in Poland.

Nem, ő nincs itt. Azt hiszem, Lengyelországban van.

VI

on this — ezen

SZABÓ

What are you going to do this summer?

Mit csinálnak ezen a nyáron?

lake in Hungary — Balaton
to spend the summer holidays, pass the summer — nyaralni
this year — idén
last year — tavaly
a summer resort on the Balaton — Földvár

NAGY

We want to spend our summer vacation at the Balaton this year. Perhaps in Földvár.

A Balatonon akarunk nyaralni az idén. Talán Földváron.

SZABÓ

Have you already been at the Balaton?

Volt már a Balatonon?

of course — hogyne
to enjoy, have a good time — szórakozni
on that — azon
side — oldal, -a
deep — mély

NAGY

Of course! We always have a good time there. The children also like the Balaton very much. On that side the water isn't deep.

Hogyne! Mindig jól szórakozunk ott. A gyerekek is nagyon szeretik a Balatont. Azon az oldalon a víz nem mély.

SZABÓ

What do you do all day long?

Mit csinálnak egész nap?

under	alatt
to go boat riding	csónakázni
to lie	feküdni
to sleep	aludni

NAGY

The children play in the water. My wife swims or goes boat riding; however, I lie under the trees and sleep.	A gyerekek a vízben játszanak. A feleségem úszik vagy csónakázik, én pedig fekszem a fák alatt és alszom.

SZABÓ

When do you plan to go?	Mikor akarnak menni?
June	június
July	július
August	augusztus
September	szeptember
October	október
November	november
December	december
January	január
February	február
March	március
April	április
May	május
end	vége

NAGY

We'll go in June, the end of the month. Then it will (already) be warm enough.	Júniusban megyünk, a hónap végén. Akkor már elég meleg lesz.

Notes to the Basic Sentences

[1] Corresponds to U.S. Department of State.
[2] Corresponds to U.S. Secretary of State.

Notes on Grammar
(For Home Study)

A. '<u>Ik</u>' Verbs

Teniszezik.	She plays tennis.
A férje dolgozik.	Her husband works.
Hétfőn érkezik.	She arrives on Monday.
Búcsúzik.	He says goodby.

The above sentences from the dialog of this unit all contain examples of a small group of verbs that do not fit into the pattern of conjugation of most other verbs we have had thus far. The characteristic of these verbs is the ending <u>-ik</u> of the third person singular present, in contrast to the "zero" ending of the regular type of verb. Most '<u>ik</u>' verbs are irregular only in the singular. The majority of them are intransitive and so are inflected only in the indefinite form. Two examples of '<u>ik</u>' verbs are listed in Unit 4. Although <u>Enni</u> and <u>Inni</u> in that unit are classified as irregular, they may also be identified as '<u>ik</u>' verbs. Since these two are transitive, they have both definite and indefinite forms.

The following examples give the patterns for the conjugation of the present tense of 'ik' verbs:

fázni	érkezni	ugrani	fürdeni	feküdni
fázom (fázok)	érkezem (érkezek)	ugrom (ugrok)	fürdöm (fürdök)	fekszem (fekszek)
fázol	érkezel	ugrasz (ugorsz)	fürdesz (fürödsz)	fekszel
fázik	érkezik	ugrik	fürdik	fekszik
fázunk	érkezünk	ugrunk	fürdünk	fekszünk
fáztok	érkeztek	ugrotok (ugortok)	fürdötök (fürödtök)	feküsztök
fáznak	érkeznek	ugranak (ugornak)	fürdenek (fürödnek)	fekszenek (feküdnek) (feküsznek)

The definite forms of the present of ENNI and INNI are:

eszem	iszom
eszed	iszod
eszi	issza
esszük	isszuk
eszitek	isszátok
eszik	isszák

Note: In the speech of some Hungarians you will find a tendency to use the -k ending instead of the -m in the first person singular present indefinite of ik verbs. However, the -m ending is more prevalent and is considered preferable.

B. The Infinitive

In the preceding examples of conjugation, and on numerous other occasions in your Hungarian lessons thus far, you have come across verb forms ending in -ni. This ending identifies a verb form as an 'infinitive', a form corresponding to the basic English verb form preceded by the word 'to', as for example, 'to go', 'to be', and 'to have'.

For most verbs in Hungarian, the infinitive ending is attached directly to the root, as <u>állni</u>, <u>fázni</u>, <u>várni</u>, <u>látni</u>, <u>adni</u>, <u>főzni</u>, <u>ülni</u>.

For other verbs an auxiliary vowel (<u>-a-</u> or <u>-e-</u>) is required before the infinitive ending <u>-ni</u>: <u>mondani</u>, <u>küldeni</u>, <u>tanítani</u>, <u>segíteni</u>, <u>érteni</u>. In this class of verbs the auxiliary vowel breaks up what would otherwise in most cases comprise a cluster of three consonants, a combination not occuring in Hungarian except in word-initial position. Note in the examples of this type of verb inflected in the chart below that an auxiliary vowel is required before any suffix beginning with a consonant. (However, note that when the verb stem ends in <u>d</u> and the ending begins with <u>t</u>, the <u>d</u> may be assimilated in pronunciation with the auxiliary vowel dropping out.)

mondok	küldök	tanítok	segítek	értek
mond<u>asz</u>	küld<u>esz</u>	tanit<u>asz</u>	segít<u>esz</u>	ért<u>esz</u>
mond	küld	tanít	segít	ért
mondunk	küldünk	tanítunk	segítünk	értünk
mond<u>otok</u> (mondtok)	küld<u>ötök</u> (küldtök)	tanít<u>otok</u>	segít<u>etek</u>	ért<u>etek</u>
mond<u>anak</u>	küld<u>enek</u>	tanít<u>anak</u>	segít<u>enek</u>	ért<u>enek</u>

One common use of the infinitive in Hungarian corresponds to its English use as a dependent infinitive, that is, associated in a construction with another verb:

Leül olvasni.	He sits down to read.
A konyhába megy főzni.	She's going into the kitchen to cook.
Segítenek neki ruhát venni.	They're helping her to buy a dress.
Hol kell leszállni?	Where do I have to get off?

The infinitive is a verbal noun and occurs in many nominal uses, for example, as the object of a verb:

Nem jó egész nap aludni.	It isn't good to sleep all day.
Nagyon kellemes úszni.	It's very pleasant to swim.
Jobb adni, mint kapni.	It's better to give than to receive.

C. The Suffixes -ból, -ből and -n, -on, -en, -ön

The suffix -ból (-ből) contrasts with -ba (be) in that whereas -ba (-be) indicates motion into, -ból (-ből) basically means out of, from the inside of. (Both suffixes are used with motion verbs.)

The suffix -n (-on, -en, -ön) contrasts with -ban (-ben) in that while -ban (-ben) means in, inside of, -on (-en, -ön) signifies on, on top of, over. (Both suffixes are used with verbs that do not indicate motion.)

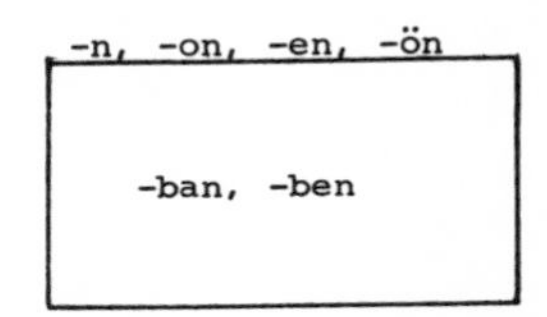

Note: When the suffix -n (-on, -en, -ön) is used with Magyarország (Hungary), with certain Hungarian cities and a few other words, it corresponds in meaning to the word 'in' in English. In addition to Magyarország, the following words that we have had thus far require this suffix to express 'in':

Buda	külföld	követség	észak	tél
Pest	állomás	konzulátus	dél	nyár
Szeged	tér	egyetem	kelet	hét
Földvár	környék		nyugat	

D. Telling Time

Some of the patterns Hungarians use in telling time are based on quite a different concept from that of English. For instance, when Americans verbalize the time expressed by the figures 1:15, we have the past hour in mind and usually say 'a quarter past one' or 'one-fifteen'. Hungarians, on the other hand, use the hour following as a point of reference, and say negyed kettő - 'a quarter of the way to two o'clock'. Likewise, 'half past' in Hungarian is expressed by fél - 'half' of the way to the next hour. 'Quarter to (of)' is háromnegyed - 'three quarters' of the way to the next hour. Thus our concept of telling time uses the past a great deal as a point of reference, while the Hungarian is more apt to look to the future in verbalizing the time.

In colloquial speech Hungarians reckon time according to the quarter hour, as suggested above. Minutes (perc) after or past (múlt) the hour will be given in relation to the nearest quarter or half. Thus, the pattern for

1:05 is - öt perccel múlt egy.
10:16 - egy perccel múlt negyed tizenegy.
2:32 - két perccel múlt fél három.
5:51 - hat perccel múlt háromnegyed hat.

E. The Suffix -kor

The ending -kor meaning 'at' has occurred many times in basic sentences of preceding units. It is always used with reference to time, and so can occur only with expressions indicating time. Note that -kor is not affected by the rule of vowel harmony, so its form is invariable. Note also that there is no modification of the stem to which it is added.

Hány órakor?	At what time?
Ötkor.	At five o'clock.
Mikor?	When?
Máskor.	At another time.

SUBSTITUTION DRILL

1. A szekrényen van. — It's on the cabinet.

chair - dish - building - picture - water - airplane - square - mountain - typewriter

széken - edényen - épületen - képen - vízen - repülőgépen - téren - hegyen - írógépen

2. Ott van az asztalon. — It's there on the table.

bus - streetcar - station - box - paper - plate - house - newspaper - train - bed - magazine - on the other side

autóbuszon - villamoson - állomáson - dobozon - papíron - tányéron - házon - újságon - vonaton - ágyon - képeslapon - másik oldalon

3. Van valami a könyvön? — Is there something on the book?

suitcase - fruit

bőröndön - gyümölcsön

4. Mi van az ajtón? — What's on the door?

shoe - glove - necktie - handkerchief - river - ship - radio - jacket - car

cipőn - kesztyűn - nyakkendőn - zsebkendőn - folyón - hajón - rádión - zakón - autón

5. Mi van a fán? — What's on the wood?

pencil - match - suit - ball - stocking - lamp - rose - bill - handbag - piano

ceruzán - gyufán - ruhán - labdán - harisnyán - lámpán - rózsán - számlán - táskán - zongorán

6. Mióta van Budapesten? — How long have you been in Budapest?

in Szeged - in Földvár - in Buda - in Pest - at the Balaton - abroad - in the East - in the West - in the South - in the North

Szegeden - Földváron - Budán - Pesten - a Balatonon - külföldön - keleten - nyugaton - délen - északon

7. Mióta van Oroszországban? — How long have you been in Russia?

Germany - Sweden - Italy - France - Spain - Greece - Turkey - Finland - the United States - Vienna - New York - the Ministry of Foreign Affairs

Németországban - Svédországban - Olaszországban - Franciaországban - Spanyolországban - Görögországban - Törökországban - Finnországban - az Egyesült Államokban - Bécsben - New Yorkban - a külügyminisztériumban

8. Hétfőn érkezik Svédországból.	She's arriving from Sweden on Monday.
Tuesday - Thursday - Saturday - Wednesday - Friday - next week	kedden - csütörtökön - szombaton - szerdán - pénteken - a jövő héten
9. Valószinűleg júniusban megyünk.	We'll probably go in June.
May - August - October - January - March - July - April - February - November - September - December	májusban - augusztusban - októberben - januárban - márciusban - júliusban - áprilisban - februárban - novemberben - szeptemberben - decemberben
10. Repülőgépen jönnek Amerikából?	Are they coming from America by plane?
New York - Washington - London - Germany - Sweden - France - Russia - Turkey - Greece - Poland - Spain	New Yorkból - Washingtonból - Londonból - Németországból - Svédországból - Franciaországból - Oroszországból - Törökországból - Görögországból - Lengyelországból - Spanyolországból
11. Kijön a szobából.	He's coming out of the room.
house - church - school - hotel - apartment - class - office - village - city - bank - kitchen - Ministry of Foreign Affairs	házból - templomból - iskolából - szállodából - lakásból - osztályból - hivatalból - faluból - városból - bankból - konyhából - külügyminisztériumból
12. A lány kiszalad a kertből.	The girl is running out of the garden.
restaurant - building - store - forest - valley - dining room	vendéglőből - épületből - üzletből - erdőből - völgyből - ebédlőből
13. Az ablakból a kocsit látom.	I see the car from the window.
door - hotel - restaurant - café - village - store - class - dining room - building - school - office - bank	ajtóból - szállodából - vendéglőből - kávéházból - faluból - boltból - osztályból - ebédlőből - épületből - iskolából - hivatalból - bankból
14. Kiszállunk a kocsiból.	We get out of the car.
auto - train - airplane - streetcar - ship - boat	autóból - vonatból - repülőgépből - villamosból - hajóból - csónakból
15. Beszállunk a kocsiba.	We get into the car.
auto - airplane - train - streetcar - ship - boat	autóba - repülőgépbe - vonatba - villamosba - hajóba - csónakba
16. A feleségem úszik.	My wife swims.
sleeps - plays - says goodby - smokes - enjoys herself - is fishing - eats supper - plays tennis - plays golf - arrives - works	alszik - játszik - búcsúzik - dohányzik - szórakozik - halászik - vacsorázik - teniszezik - golfozik - érkezik - dolgozik
17. Én alszom.	I sleep.
play - say goodby - smoke - have a good time - eat supper - fish - play tennis - play golf - work - go boat riding - swim	játszom - búcsúzom - dohányzom - szórakozom - vacsorázom - halászom - teniszezem - golfozom - dolgozom - csónakázom - úszom

18. Fél hétkor jön haza. — She comes home at half past six.

half past three - half past eleven - half past ten - half past eight - half past seven - half past two - half past nine - half past four

fél négykor - fél tizenkettőkor - fél tizenegykor - fél kilenckor - fél nyolckor - fél háromkor - fél tízkor - fél ötkor

19. Negyed egykor indulunk. — We leave at a quarter past twelve.

quarter past ten - quarter past one - quarter past eleven - quarter past seven - quarter past five - quarter past three - quarter past six - quarter past four

negyed tizenegykor - negyed kettőkor - negyed tizenkettőkor - negyed nyolckor - negyed hatkor - negyed négykor - negyed hétkor - negyed ötkor

20. Háromnegyed négykor megyek haza. — I'll go home at a quarter to four.

quarter to three - quarter to seven - quarter to two - quarter to twelve - quarter to six - quarter to five - quarter to eight

háromnegyed háromkor - háromnegyed hétkor - háromnegyed kettőkor - háromnegyed tizenkettőkor - háromnegyed hatkor - háromnegyed ötkor - háromnegyed nyolckor

21. Hatkor érkeznek. — They arrive at six.

a quarter to six - a quarter past six - half past ten - a quarter to four - half past seven - a quarter to twelve - a quarter past eleven - a quarter to one - half past five

háromnegyed hatkor - negyed hétkor - fél tizenegykor - háromnegyed négykor - fél nyolckor - háromnegyed tizenkettőkor - negyed tizenkettőkor - háromnegyed egykor - fél hatkor

22. Két perccel múlt hat. — It is 6:02.

7:09	kilenc perccel múlt hét
6:05	öt perccel múlt hat
8:08	nyolc perccel múlt nyolc
2:10	tíz perccel múlt kettő
5:01	egy perccel múlt öt
9:06	hat perccel múlt kilenc
1:13	tizenhárom perccel múlt egy
12:25	huszonöt perccel múlt tizenkettő
7:14	tizennégy perccel múlt hét
4:04	négy perccel múlt négy
11:07	hét perccel múlt tizenegy
1:20	húsz perccel múlt egy

23. Fél hat múlt öt perccel. — It is 5:35.

1:36	fél kettő múlt hat perccel
3:37	fél négy múlt hét perccel
2:32	fél három múlt két perccel
11:40	fél tizenkettő múlt tíz perccel
4:42	fél öt múlt tizenkét perccel
6:35	fél hét múlt öt perccel
9:31	fél tíz múlt egy perccel
10:33	fél tizenegy múlt három perccel
12:34	fél egy múlt négy perccel
8:36	fél kilenc múlt hat perccel
4:32	fél öt múlt két perccel
7:35	fél nyolc múlt öt perccel

HÁNY ÓRA VAN?

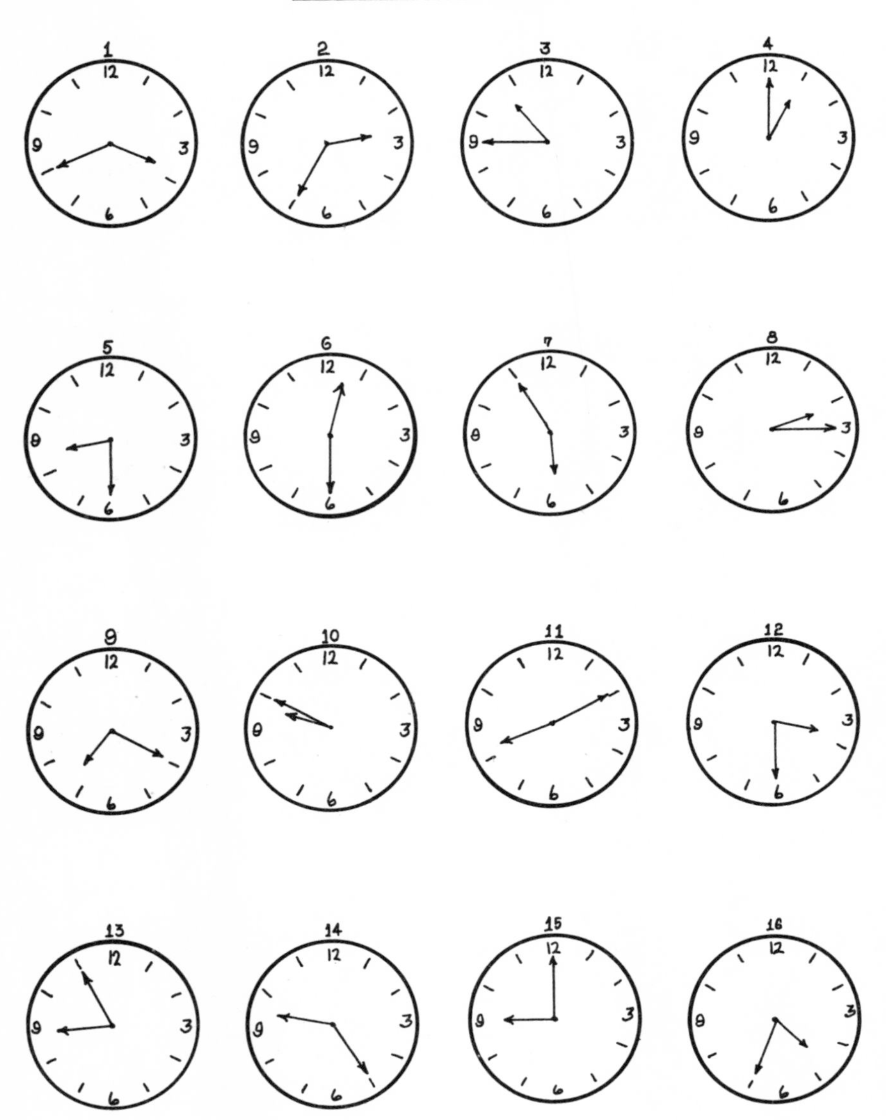

24. Negyed hat múlt egy perccel.	It is 5:16.
2:17	negyed három múlt két perccel
7:19	negyed nyolc múlt négy perccel
9:16	negyed tíz múlt egy perccel
12:20	negyed egy múlt öt perccel
3:16	negyed négy múlt egy perccel
1:25	negyed kettő múlt tíz perccel
6:20	negyed hét múlt öt perccel
10:16	negyed tizenegy múlt egy perccel
4:18	negyed öt múlt három perccel
5:17	negyed hat múlt két perccel
11:25	negyed tizenkettő múlt tíz perccel
8:21	negyed kilenc múlt hat perccel

25. Két perccel múlt háromnegyed egy.	It is 12:47.
4:46	egy perccel múlt háromnegyed öt
7:47	két perccel múlt háromnegyed nyolc
9:49	négy perccel múlt háromnegyed tíz
8:48	három perccel múlt háromnegyed kilenc
1:50	öt perccel múlt háromnegyed kettő
6:55	tíz perccel múlt háromnegyed hét
5:48	három perccel múlt háromnegyed hat
2:50	öt perccel múlt háromnegyed három
1:55	tíz perccel múlt háromnegyed kettő
10:47	két perccel múlt háromnegyed tizenegy
12:55	tíz perccel múlt háromnegyed egy
11:48	három perccel múlt háromnegyed tizenkettő

26. Egy óra múlt egy perccel.	It is 1:01.
3:47	háromnegyed négy múlt két perccel
9:12	kilenc múlt tizenkét perccel
8:33	fél kilenc múlt három perccel
6:18	negyed hét múlt három perccel
9:32	fél tíz múlt két perccel
1:20	negyed kettő múlt öt perccel
7:48	háromnegyed nyolc múlt három perccel
4:18	negyed öt múlt három perccel
3:49	háromnegyed négy múlt négy perccel
10:50	háromnegyed tizenegy múlt öt perccel
12:37	fél egy múlt hét perccel
11:55	háromnegyed tizenkettő múlt tíz perccel

VARIATION DRILL

1. Két gyerek van a hegyen.	There are two children on the hill.
a. There are many boats on the water.	Sok csónak van a vízen.
b. There's a case of beer on the cabinet.	Egy doboz sör van a szekrényen.
c. There are big windows in the building.	Nagy ablakok vannak az épületen.
d. There's a beautiful picture on the bottle.	Szép kép van az üvegen.

2. Magyar katonák vannak a vonaton.	There are some Hungarian soldiers on the train.
a. There are some pretty girls on the street car.	Szép lányok vannak a villamoson.
b. There are some warm coats on the bed.	Meleg kabátok vannak az ágyon.
c. There are some white plates on the table.	Fehér tányérok vannak az asztalon.
d. There are some yellow pencils on the box.	Sárga ceruzák vannak a dobozon.
3. Van név az ajtón?	Is there a name on the door?
a. Is there a lamp on the radio?	Van lámpa a rádión?
b. Are there many people on the ship?	Van sok ember a hajón?
c. Is there a boat on the river?	Van egy csónak a folyón?
d. Are there many boxes on the car?	Van sok doboz a kocsin?
4. Budapesten tanul.	He's studying in Budapest.
a. He lives in Hungary.	Magyarországon lakik.
b. She waits at the legation.	A követségen vár.
c. He works at the consulate.	A konzulátuson dolgozik.
d. He eats supper at the station.	Az állomáson vacsorázik.
e. He teaches at the university.	Az egyetemen tanít.
5. A gyerek kijön a vízből.	The child is coming out of the water.
a. The woman's looking out of the shop.	Az asszony kinéz az üzletből.
b. The soldiers are going out of the restaurant.	A katonák kimennek a vendéglőből.
c. The minister's hurrying out of the building.	A követ kisiet az épületből.
d. The girl brings the glasses out of the dining room.	A lány kihozza a poharakat az ebédlőből.
6. Az ablakból a kávéházat látom.	I see the café from the window.
a. I see the school from the café.	A kávéházból az iskolát látom.
b. I see the bank from the school.	Az iskolából a bankot látom.
c. I see the hotel from the bank.	A bankból a szállodát látom.
d. I see the church from the hotel.	A szállodából a templomot látom.
e. I see the city from the church.	A templomból a várost látom.
7. A lány a szobából a konyhába megy.	The girl's going from the room to the kitchen.
a. The children are going from the school to the church.	A gyerekek az iskolából a templomba mennek.
b. The men are going from the office to the café.	A férfiak a hivatalból a kávéházba mennek.
c. Peter's going from the hotel to the restaurant.	Péter a szállodából a vendéglőbe megy.
d. The boy's going from the kitchen to the living room.	A fiú a konyhából a nappaliba megy.
e. The child's going from the house to the garden.	A gyerek a házból a kertbe megy.

8. <u>Hétfőn érkezik Svédországból.</u> — <u>He's arriving from Sweden on Monday.</u>

a. We're arriving from Vienna on Thursday. — Csütörtökön érkezünk Bécsből.
b. The Kovácses are coming from New York on Tuesday. — Kovácsék kedden jönnek New Yorkból.
c. Eve's flying from France on Friday. — Éva pénteken repül Franciaországból.
d. Alexander's arriving from California on Wednesday. — Sándor szerdán érkezik Kaliforniából.
e. Peter starts from Washington on Saturday. — Péter szombaton indul Washingtonból.

9. <u>Éva sokat úszik.</u> — <u>Eve swims a lot.</u>

a. John plays golf well. — János jól golfozik.
b. The train's arriving now. — A vonat most érkezik.
c. Kovács has a very good time. — Kovács jól szórakozik.
d. The Minister of Foreign Affairs is saying goodby now. — A külügyminiszter most búcsúzik.
e. The child sleeps a lot. — A gyerek sokat alszik.

10. <u>A nővérem fél hétkor jön haza.</u> — <u>My sister comes home at half past six.</u>

a. The children go to school at nine. — A gyerekek kilenckor mennek az iskolába.
b. My wife goes to the store at quarter to six. — A feleségem háromnegyed hatkor megy az üzletbe.
c. I'm coming home at a quarter past four. — Én negyed ötkor jövök haza.
d. My train starts at half past eight. — Fél kilenckor indul a vonatom.
e. We eat supper at a quarter to eight. — Háromnegyed nyolckor vacsorázunk.

TRANSFORMATION DRILL

A

Instructor: A lány beszalad a szobába.
Student: A lány kiszalad a szobából.

1. Beszállunk az autóba. — Kiszállunk az autóból.
2. Bemegyek a házba. — Kimegyek a házból.
3. Bejövök az iskolába. — Kijövök az iskolából.
4. Benézek a kocsiba. — Kinézek a kocsiból.
5. Beszállok a vonatba. — Kiszállok a vonatból.
6. Beszáll a csónakba. — Kiszáll a csónakból.
7. Bemennek a templomba. — Kimennek a templomból.
8. Besietnek az üzletbe. — Kisietnek az üzletből.
9. Besétálunk a szállodába. — Kisétálunk a szállodából.
10. Bejárnak a városba. — Kijárnak a városból.
11. Beszállunk a kocsimba. — Kiszállunk a kocsimból.
12. Belátok a kertbe. — Kilátok a kertből.

B

Instructor: Kiveszem a zsebkendőt a táskámból.
Student: Beteszem a zsebkendőt a táskámba.

1. Kiviszik az asztalt a konyhából. — Beviszik az asztalt a konyhába.
2. Kihozzuk a széket a nappaliból. — Behozzuk a széket a nappaliba.
3. Kiteszem a szekrényt a dohányzóból. — Beteszem a szekrényt a dohányzóba.
4. Kihozza az edényt az ebédlőből. — Behozza az edényt az ebédlőbe.

TRANSLATION DRILL

1.	The American Consul has been in Hungary since last year.	Az amerikai konzul tavaly óta van Magyarországon.
2.	His wife has been there only three months.	A felesége csak három hónap óta van ott.
3.	The Military Attaché is expecting his family now.	A katonai attasé most várja a családját.
4.	They're arriving from America on Thursday.	Csütörtökön érkeznek Amerikából.
5.	They're departing from New York by ship.	New Yorkból indulnak hajón.
6.	They're coming to Budapest from Germany by train.	Németországból vonaton jönnek Budapestre.
7.	The Military Attaché's going to Vienna and meeting them there.	A katonai attasé Bécsbe megy, ott találkozik velük.
8.	He's going to Vienna by train.	Vonaton megy Bécsbe.
9.	He's very happy that his family's coming.	Nagyon örül, hogy jön a családja.
10.	He's eagerly awaiting them.	Nagyon várja őket.
11.	Szabó's son is studying at the University of Szeged.	Szabó fia Szegeden tanul az egyetemen.
12.	He has been abroad many times.	Ő sokszor volt külföldön.
13.	As a sportsman he often travels to foreign countries.	Mint sportoló gyakran utazik külföldi országokba.
14.	He has already been in Turkey, Greece and Poland.	Volt már Törökországban, Görögországban és Lengyelországban.
15.	Next month he goes to Finland.	A jövő hónapban megy Finnországba.
16.	He takes part in many international tournaments. He plays tennis.	Sok nemzetközi versenyen játszik. Teniszezik.
17.	His daughter is married.	A lánya férjnél van.
18.	Her husband works in the Ministry of Foreign Affairs.	A férje a külügyminisztériumban dolgozik.
19.	He's the secretary of the Minister of Foreign Affairs.	Ő a külügyminiszter titkára.
20.	You will surely meet him soon.	Biztosan találkozik majd vele.
21.	A gentleman's coming out of the other room.	Egy úr jön ki a másik szobából.
22.	He's the French Legation Secretary.	Ő a francia követségi titkár.
23.	His wife isn't here; she's arriving from Paris on Wednesday.	A felesége nincs itt, ő szerdán érkezik Párizsból.
24.	A beautiful woman's standing next to the Swedish Charge d'Affaires.	Egy szép asszony áll a svéd ügyvivő mellett.
25.	The wife of the Italian Military Attaché is chatting with him.	Az olasz katonai attasé felesége beszélget vele.
26.	Not only are there some Western diplomats there, but some Eastern ones also.	Nemcsak nyugati diplomaták vannak ott, vannak keletiek is.
27.	The two gentlemen who are chatting in the corner are the Polish Minister and a Russian journalist.	A két úr, aki a sarokban beszélget, a lengyel követ és egy orosz újságíró.
28.	Now a Turkish diplomat is going there.	Most egy török diplomata megy oda.
29.	They're not drinking cognac but Tokay wine.	Nem konyakot, hanem tokaji bort isznak.
30.	The wine and the cognac are on the table. We're going to try the Tokay wine also.	A bor és a konyak az asztalon van. Mi is megkóstoljuk a tokaji bort.
31.	It's late. Many people are leaving already.	Késő van. Már sokan elmennek.
32.	The Minister of Foreign Affairs is saying goodby to the hostess.	A külügyminiszter a háziasszonytól búcsúzik.

33. There aren't many from the Ministry of Foreign Affairs here. — Nincsenek sokan itt a külügyminisztériumból.
34. The department heads and the chief of the political section are here. — Az osztályvezetők vannak itt és a politikai osztály főnöke.
35. The Under Secretary of State is in Russia. He's spending his summer vacation there. — A külügyminiszter helyettese Oroszországban van. Ott nyaral.
36. We want to spend our summer vacation at the Balaton this year. — Mi a Balatonon akarunk nyaralni az idén.
37. The children always have a good time at the Balaton. — A gyerekek mindig jól szórakoznak a Balatonon.
38. My wife lies on the shore and sleeps. I, on the other hand, swim or go boat riding. — A feleségem fekszik a parton és alszik. Én pedig úszom vagy csónakázom.
39. We're going on our summer vacation the end of June. — Június végén megyünk nyaralni.
40. In June, July and August it's always good and warm at the Balaton. — Júniusban, júliusban és augusztusban mindig jó meleg van a Balatonon.

RESPONSE DRILL

1. Mi van az asztalon? — What's there on the table?
2. Mi van a széken? — What's there on the chair?
3. Mi újság van Magyarországon? — What's new in Hungary?
4. Honnan jönnek? — Where are they coming from?
5. Honnan indul? — Where are you starting from?
6. Honnan jön a repülőgép? — Where's the airplane coming from?
7. Honnan jön az autóbusz? — Where's the bus coming from?
8. Honnan jön a vonat? — Where's the train coming from?
9. Honnan jönnek a gyerekek? — Where are the children coming from?
10. Hol vannak a gyerekek? — Where are the children?
11. Hova mennek a gyerekek? — Where are the children going?
12. Honnan vár levelet? — From where are you expecting a letter?
13. Honnan ír a felesége? — From where is your wife writing?
14. Hova megy? — Where are you going?
15. Hol van? — Where are you?
16. Mióta van Budapesten? — How long have you been in Budapest?
17. A jövő héten megy New Yorkba? — Are you going to New York next week?
18. Kedden indul New Yorkból? — Are you starting from New York on Tuesday?
19. Csütörtökön érkezik a barátja? — Is your friend arriving on Thursday?
20. Vonaton megy Baltimoreba? — Are you going to Baltimore by train?
21. Örül, hogy jön a családja? — Are you happy that your family's coming?
22. Volt már külföldön? — Have you ever been abroad?
23. Szeret a felesége külföldön lenni? — Does your wife like to be abroad?
24. Volt már sportversenyen? — Have you ever been in any athletic tournaments?
25. Szokott részt venni nemzetközi sportversenyeken? — Do you usually take part in international tournaments?
26. Volt már Olaszországban? — Have you ever been in Italy?
27. Ismeri Törökországot? — Do you know Turkey?
28. Merre van kelet? — Which way is east?
29. Sok ember dolgozik Budapesten az amerikai követségen? — Are there many people working at the American Legation in Budapest?
30. Hány titkár van az amerikai követségen? — How many secretaries are there at the American Legation?
31. Van titkárnő is az amerikai követségen? — Is there also a (woman) secretary at the American Legation?

32. Maga követségi titkár?	Are you a legation secretary?
33. Mikor lesz maga követségi tanácsos?	When will you be a legation counselor?
34. Hány katonai attasé van Budapesten?	How many military attachés are there in Budapest?
35. Hány újságíró van New Yorkban?	How many journalists are there in New York?
36. Hány követség van Washingtonban?	How many legations are there in Washington?
37. Vannak nagykövetek is Washingtonban?	Are there ambassadors also in Washington?
38. Mikor lesz maga követ?	When will you be a minister?
39. Ismeri a külügyminisztert?	Do you know the Secretary of State?
40. Melyik osztályon dolgozik a külügyminisztériumban?	In which section do you work in the State Department?
41. Hol volt az idén nyáron?	Where have you been this summer?
42. Hova megy nyaralni?	Where are you going to spend the summer vacation?
43. Szeret maga csónakázni?	Do you like boat riding?
44. Milyen követségek vannak Washingtonban?	What sort of legations are there in Washington?
45. Csak nyugati diplomaták vannak Washingtonban?	Are there only Western diplomats in Washington?
46. Vannak keleti diplomaták is Washingtonban?	Are there Eastern diplomats also in Washington?
47. Hány keleti diplomata van Washingtonban?	How many Eastern diplomats are there in Washington?
48. Szerdán indul Franciaországba?	Are you leaving for France on Wednesday?

CONVERSATION PRACTICE

1

A: Ki az a házaspár, aki a sarokban beszélget?
B: Az az angol katonai attasé és a felesége.
A: Mióta vannak Magyarországon?
B: Azt hiszem, tavaly óta.
A: Itt van az angol követ is?
B: Úgy tudom, ő nincsen Budapesten. Londonban van. De itt van a követség ügyvivője.

2

A: Mit csinál a fivére?
B: A külügyminisztériumban dolgozik.
A: Melyik osztályon dolgozik?
B: A politikai osztályon.
A: Volt már a fivére külföldön?
B: Már sokszor volt. Most éppen Törökországban van.
A: Mikor jön haza Törökországból?
B: Azt hiszem, a jövő héten.

3

A: Kik azok, akik most szállnak ki a kocsiból?
B: Az egy francia követségi titkár és a családja.
A: Sokan vannak a francia követségen?
B: Nincsenek sokan.
A: Ki a vezetője a francia követségnek?
B: A követ. Ha ő nincsen itt, akkor egy ügyvivő van.
A: Ismeri a francia követet?
B: Igen, ismerem. Nagyon kellemes ember.

4

A: Mit csinál a kedves lánya?
B: Svédországban van egy nemzetközi teniszversenyen.
A: Ő is teniszezik?
B: Igen. Majdnem minden versenyen játszik.
A: Férjnél van?
B: Igen. Egy olasz követségi tanácsos a férje.
A: Budapesten laknak?
B: Nem, Bécsben laknak.

5

A: Hogy van a kedves felesége?
B: Köszönöm, nagyon jól van. Földváron nyaral.
A: Balaton-Földváron, vagy Duna-Földváron?
B: Balaton-Földváron.
A: Mióta van ott a felesége?
B: Június óta.
A: Szeret ott nyaralni?
B: Igen. Sokat úszik, csónakázik és teniszezik.
A: És a gyerekek?
B: Ők is nagyon szeretnek ott. Azon a parton a víz nem mély. Egész nap a vízben játszanak.
A: Maga nem szokott lemenni?
B: De igen. Minden vasárnap lemegyek.

SITUATIONS

1. Találkozik egy barátjával, aki amerikai diplomata. Megkérdezi, hogy mióta van Magyarországon és mikor érkezik meg a családja. Hogy jönnek Amerikából? Hol akar találkozni velük?

2. Megkérdezi egy barátjától, hogy hol van a fia és a lánya. Voltak már külföldön? Mit csinálnak? Férjnél van a lánya? Ki a férje?

3. Az egyik követségen 'koktélpárty' van. Maga egy másik diplomatával beszélget. Megkérdezi, hogy kik a férfiak és a hölgyek, akiket lát. Az egyik úr mellett egy szép asszony áll. Egy sarokban az orosz sajtóattasé és egy lengyel titkár beszélget. Megkérdezi az egyik hölgyet, hogy bort vagy konyakot parancsol. Sokan mennek haza. Maga is búcsúzik. Az ajtó előtt találkozik a külügyminiszter helyettesével.

4. Beszélget egy barátjával. Maguk ezen a nyáron a Balatonon akarnak nyaralni. Már volt ott és szeret ott. Mit szoktak csinálni a Balatonon? Mikor akarnak menni? - A barátja a hegyekbe akar menni. Ők a hegyekben szeretnek nyaralni.

NARRATIVE

Magyarország fővárosa Budapest. Budapesten vannak a minisztériumok és a követségek.

A követség vezetője a követ. Ha nincsen követ, vagy ha nincs ott a követ, akkor az ügyvivő a követség vezetője. Minden követségen van egy katonai attasé, egy sajtóattasé, egy követségi tanácsos és egy vagy két követségi titkár. Természetesen hivatalnokok és titkárnők is vannak a követségen. A konzulátus vezetője a konzul.

Budapesten sok keleti és sok nyugati diplomata van. A diplomáciai testület doyenje az orosz követ.

Budapest nagyon szép város. A Duna két oldalán fekszik. Pest az egyik oldalon van, Buda pedig a másik oldalon. Pesten vannak a minisztériumok, a követségek és az áruházak. Pesten van az Országház, a Bazilika, a Városliget és sok múzeum. Budán van a Várhegy, a Gellérthegy és a Szabadság-hegy. A Várhegyen van a Mátyás-templom és a Halászbástya. Sok szép régi ház van Budán. Az emberek szeretnek Budán lakni.

Budapesten sok szép szálloda, vendéglő és kávéház van. Sok vendéglőben zene szól. Odajárnak a külföldi diplomaták cigányzenét hallgatni és magyar borokat inni. A diplomaták nagyon jól szórakoznak Budapesten. Sokat teniszeznek és golfoznak. Golfozni a Szabadság-hegyen lehet.

A diplomaták vagy külföldön, vagy a Balatonon nyaralnak. A Balaton egy szép nagy tó. A vize tiszta és kék. Fehér hajók úsznak a kék vízen: kirándulóhajók és halászhajók. Az egyik oldalon a víz nem mély. A gyerekek azon az oldalon szeretnek nyaralni. Egész nap a vízben vannak, vagy a parton játszanak. Az emberek pedig úsznak, csónakáznak, halásznak, vagy nem csinálnak semmit; csak a parton fekszenek és beszélgetnek. Nyaralnak.

diplomáciai testület - diplomatic corps
doyen - dean

A NAGY MAGYAR ALFÖLDÖN

Basic Sentences

lowland, plain	alföld, -je
coöperative	szövetkezet, -e
The Johnsons visit the Tóths. The Tóths live in the Alföld. Tóth works in a coöperative.	Johnsonék meglátogatják Tóthékat. Tóthék az Alföldön laknak. Tóth egy szövetkezetben dolgozik.
JOHNSON	
Do you see that house? It belongs to the Tóths.	Látja azt a házat? Az Tóthék háza.
gate	kapu
MÁRIA	
Isn't that Tóth standing at the gate?	Nem Tóth áll a kapuban?
JOHNSON	
Why, yes... Here we are.	De igen... Itt is vagyunk.
TÓTH	
Welcome! Have you had a nice trip?	Isten hozta magukat! Jó útjuk volt?
I knew, was able	tudtam
quickly, fast, rapidly	gyorsan
slowly	lassan
to drive	hajtani
cart, wagon	szekér, szekeret, szekere
truck	teherautó
tractor	traktor, -a, -ja
road, way	út, utat, útja
JOHNSON	
Not bad, only I wasn't able to drive fast. There were many carts, trucks and tractors on the road.	Nem rossz, csak nem tudtam gyorsan hajtani. Sok szekér, teherautó és traktor volt az úton.
dusty	poros
highway, main road	országút
TÓTH	
Was the highway very dusty?	Nagyon poros volt az országút?
MÁRIA	
It certainly was quite dusty.	Bizony elég poros volt.
farm, homestead	gazdaság, -a
JOHNSON	
You have a beautiful small farm, Mr. Tóth.	Szép kis gazdasága van, Tóth úr!

TÓTH

It's nice enough, but unfortunately too small.
Elég szép, de sajnos túl kicsi.

member — tag, -ja

JOHNSON

Are you also a member of the coöperative?
Maga is tagja a szövetkezetnek?

everybody — mindenki

TÓTH

Yes, everybody in this village is a member.
Igen, ebben a faluban mindenki tagja.

acre — hold, -at, -ja [1]
soil, earth, ground, floor — föld, -je

JOHNSON

How many acres of land does the coöperative have?
Hány hold földje van a szövetkezetnek?

crop, grain, corn — gabona
wheat — búza
rye — rozs
barley — árpa
corn — kukorica
potato — krumpli
to grow, cultivate, produce — termelni
on it, her, him — rajta

TÓTH

It has 5000 acres. It's all good land. We grow crops on it for the most part.
Ötezer holdja van. Mind jó föld. Főleg gabonát termelünk rajta.

farm, farmstead — tanya

MÁRIA

What's in that farm building?
Mi van abban a tanyaépületben?

stable, barn — istálló
to keep, hold — tartani
horse — ló, lovat, lova
cow — tehén, tehenet, tehene
pig — disznó, disznaja

TÓTH

It's a stable. That's where they keep the horses and the cows belonging to the coöperative.
Az egy istálló. Ott tartják a szövetkezet lovait és teheneit.

own — saját

JOHNSON

Do people have their own cows in Hungary?
Vannak saját teheneik az embereknek Magyarországon?

TÓTH

Every family may own one or two cows. — Minden családnak lehet egy vagy két saját tehene.

poultry — baromfi
chicken — csirke
hen — tyúk, -ja
duck — kacsa
goose — liba
turkey — pulyka

MÁRIA

Can they keep their own poultry also? — Lehet saját baromfit is tartani?

around — körül

TÓTH

Yes, they can keep them around the house. — Igen, a ház körül lehet tartani.

to sell — eladni

JOHNSON

What do you do with them? Do you sell them? — Mit csinálnak velük? Eladják őket?

market — piac

TÓTH

We eat them or sell them at the market. — Megesszük vagy eladjuk a piacon.

MÁRIA

Is the market nearby? — Közel van a piac?

neighbor — szomszéd, -ja

TÓTH

It's not far. It's in the neighboring city. — Nincs messze. A szomszéd városban van.

orchard — gyümölcsös, -ök

JOHNSON

I see you have a nice orchard. What kind of fruit trees do you have? — Látom, hogy szép gyümölcsöse van. Milyen gyümölcsfái vannak?

apple — alma
pear — körte
cherry — cseresznye
plum, prune — szilva
few, some — egy-két
crop, yield, harvest, produce — termés

TÓTH	
I have apple and apricot trees for the most part. But I also have a few pear and cherry trees. I think we'll have a good crop this year.	Főleg alma- és barackfáim vannak. De van egy-két körte- és cseresznyefám is. Azt hiszem, jó termésünk lesz az idén.
bush	bokor, bokrot, bokra
MÁRIA	
Are those bushes there yours?	Azok a maga bokrai ott?
raspberry	málna
TÓTH	
No, they're my neighbor's raspberry shrubs.	Nem, azok a szomszédom málnabokrai.
JOHNSON	
Your neighbor has a beautiful big house! And how large the windows of the house are!	Szép nagy háza van a szomszédjának! A ház ablakai is milyen nagyok!
war farmer wealthy peasant	háború gazdálkodó kulák
TÓTH	
Yes, it's nice. Before the war he was a farmer. He had some large farms. Now he is called a "kulák".	Igen, szép. A háború előtt gazdálkodó volt. Nagy tanyái voltak. Most kuláknak hívják.
to whom dog to bark to run	kinek kutya ugatni szaladni
MÁRIA	
Whose dogs are those barking on the road? Yours?	Kinek a kutyái ugatnak az úton? A maguk kutyái?
watch dog to us	házőrző kutya nekünk
TÓTH	
No, they're not ours. They're my neighbor's son's dogs. We have only one dog, a watch dog.	Nem, azok nem a mi kutyáink. Azok a szomszédom fiának a kutyái. Nekünk csak egy kutyánk van, egy házőrző kutya.
MÁRIA	
Where's your dog?	Hol van a maguk kutyája?
TÓTH	
He's lying there in front of the gate.	Ott fekszik a kapu előtt.

JOHNSON

Is that your garden behind the house? — Az a maguk kertje a ház mögött?

all kinds, sorts — mindenféle
tomato — paradicsom, -ja
green pepper — paprika
lettuce, salad — saláta
cucumber — uborka
strawberry — eper, epret, epre

TÓTH

Yes, that's my wife's kitchen garden. There are all sorts of vegetables in the garden, tomatoes in particular. There are also strawberries in one corner of the garden. — Igen, az a feleségem konyhakertje. Mindenféle zöldség van a kertben, főleg paradicsom. Eper is van a kert egyik sarkában.

alone — egyedül
to water, irrigate — öntözni

JOHNSON

Does your wife water the garden alone? — A felesége egyedül öntözi a kertet?

to help — segíteni
to her, him, it — neki

TÓTH

No. My daughters help her. — Nem. A lányaim segítenek neki.

MÁRIA

Are your daughters grown-up? — Nagyok a lányai?

TÓTH

Yes, they're grown-up now. They attend high school. — Igen, már nagyok. Középiskolába járnak.

MÁRIA

Do they like to study? — Szeretnek tanulni?

to sew — varrni

TÓTH

Yes they do, but they work hard at home also. They're good at sewing. They sew my wife's dresses also. — Szeretnek, de itthon is sokat dolgoznak. Jól varrnak. A feleségem ruháit is ők varrják.

smart, clever, able, skillful — ügyes

JOHNSON

You have clever daughters, Mr. Tóth! — Ügyes lányai vannak, Tóth úr!

TÓTH

Yes, they're quite skillful. — Hála Isten, elég ügyesek.

JOHNSON

Do you have sons also?

Fiai is vannak?

TÓTH

Yes, I have two sons. They work in the State Farm. They look after the horses.

Igen, két fiam van. Az Állami Gazdaságban dolgoznak. A lovakat gondozzák.

salary — fizetés

JOHNSON

Do they get a good salary?

Jó fizetést kapnak?

TÓTH

Quite good.

Elég jót.

feather — toll, -at, -a
bird — madár, madarat, madara

MÁRIA

What beautiful feathers those birds have!

Milyen szép tolluk van azoknak a madaraknak!

to sing — énekelni

TÓTH

My neighbor says that these are his birds and they sing only for him!

A szomszédom azt mondja, hogy ezek az ő madarai, és csak neki énekelnek!

JOHNSON

I think your wife is calling you, Mr. Tóth.

Azt hiszem, a felesége hívja magát, Tóth úr.

voice — hang, -ja
it seems — úgy látszik
for dinner — ebédre
chicken (seasoned with) paprika — paprikás csirke
strudel — rétes
apple strudel — almás rétes

TÓTH

Yes, I hear her voice. Dinner apparently is ready. We'll have chicken paprika and apple strudel for dinner. I hope you'll like it.

Igen, hallom a hangját. Úgy látszik, kész az ebéd. Paprikás csirke és almás rétes lesz ebédre. Remélem, hogy szeretik.

Note to the Basic Sentences

[1] 1 hold - 1.42 English acres or 0.57 hectares.

Notes on Grammar
(For Home Study)

A. The Indirect Object (Dative Case)

Mikor fizetik ki a pénzt az embernek?	When will they pay the money to the man?
Eladjuk a házat nekik.	We're selling them the house.
Holnap írok magának.	I'll write to you tomorrow.
Megcsinálja ezt nekem?	Is he going to do that for me?

The expressions underlined in English, which include the 'indirect object', correspond to what is called the Dative Case in Hungarian. The ending of this case is -nak for back-vowel words and -nek for front-vowel words. Note also the use of nek- together with a special set of endings in forming the dative personal pronouns.

nekem	to, for me
neked	" " thee
neki	" " him, her, it
nekünk	" " us
nektek	" " you
nekik	" " them

However, the dative of maga (maguk) is magának (maguknak).

Besides its use to convey the idea of the indirect object, the dative case is employed in other ways also. One is in special expressions, such as the one used in the dialog of this unit: A lányaim segítenek neki, which literally would mean, 'My daughters help to her.' Another use of the dative is in conjunction with expressing the idea of 'to have' in Hungarian.

B. Concept of 'To Have' in Hungarian

The English word 'to have', in the sense 'to possess', has no exact equivalent in Hungarian. Instead of a specific verb form, 'having' (or 'possessing') is expressed by the possessive form of the thing or person possessed (or 'had') plus the appropriate form of van. Thus, for example, the Hungarian equivalent for 'We have a house' is: Házunk van (literally, 'Our house is'). Likewise, 'I have friends' is Barátaim vannak (literally, 'My friends are').

When it is desired to emphasize the possessor in this construction, and a personal pronoun is used, this pronoun is in the dative form.

Nekünk nagy házunk van.	We have a big house.
Nem neki van családja, hanem nekem van családom.	Not he but I have a family.

When the possessor in this construction is a noun, this noun is in the dative form.

Pálnak van egy háza.	Paul has a house.
Péternek nincs felesége.	Peter doesn't have a wife.

C. Possessive with Plural Nouns

The examples given in the table in Unit 7 are repeated in the plural possessive forms below:

My	Thy	His, Her, Its, Your	Our	Your (familiar)	Their, Your
ceruzáim	ceruzáid	ceruzái	ceruzáink	ceruzáitok	ceruzáik
keféim	keféid	keféi	keféink	keféitek	keféik
cipőim	cipőid	cipői	cipőink	cipőitek	cipőik
kocsijaim	kocsijaid	kocsijai	kocsijaink	kocsijaitok	kocsijaik
késeim	késeid	kései	késeink	késeitek	késeik
kertjeim	kertjeid	kertjei	kertjeink	kertjeitek	kertjeik
ingeim	ingeid	ingei	ingeink	ingeitek	ingeik
kabátjaim	kabátjaid	kabátjai	kabátjaink	kabátjaitok	kabátjaik
asztalaim	asztalaid	asztalai	asztalaink	asztalaitok	asztalaik
házaim	házaid	házai	házaink	házaitok	házaik
szűcseim	szűcseid	szűcsei	szűcseink	szűcseitek	szűcseik
hegyeim	hegyeid	hegyei	hegyeink	hegyeitek	hegyeik
tavaim	tavaid	tavai	tavaink	tavaitok	tavaik
műveim	műveid	művei	műveink	műveitek	műveik
kezeim	kezeid	kezei	kezeink	kezeitek	kezeik
tükreim	tükreid	tükrei	tükreink	tükreitek	tükreik

Explanation: The sign of the possessive plural is -i-, which always precedes the possessive suffix. Note in the table above that the plural possessive stem of any given noun is identical for every person. For words ending in -a or -e it is formed by lengthening the final letter of the basic form to -á or -é respectively. If the word ends in any other vowel (excepting -i), the plural possessive stem is identical to the basic form. The plural possessive stem of words ending in -i is identical to the 'his' form of the singular noun. The stem for all regular words ending in consonants is also identical to the third person possessive of the singular noun.

D. Uses of the Possessive

In a preceding unit we discussed the Hungarian pattern: possessive noun plus noun possessed. In addition to the pattern explained in that unit, Hungarians use the following frame to express the same idea: dative form of possessor plus definite article plus third person possessive of noun indicating the thing possessed. The last element, whether singular or plural, must always be the 'his' type (see charts of Units 7 and 9):

Jánosnak a könyve.	John's book. ('To John his book.')
Jánosnak a könyvei.	John's books.
A barátomnak a ceruzája.	My friend's pencil.
A barátomnak a ceruzái.	My friend's pencils.
A tanáraimnak a ceruzái.	My teachers' pencils.
A tanároknak a ceruzái.	The teachers' pencils.

Note: When the possessor is a relative or interrogative pronoun, the above pattern is the only one that can be used:

Az úr, akinek a felesége itt van...	The man whose wife is here...
Kinek a könyvét olvassa?	Whose book are you reading?

When the possessor is maguk (your), the same pattern as above as well as the pattern referred to in the note of Unit 7 may be used. In either case the thing possessed is in the 'his' form of the possessive, singular or plural, depending on the noun:

A maguk szállodája.	Maguknak a szállodája.	Your hotel.
A maguk szállodái.	Maguknak a szállodái.	Your hotels.

In the case of a double possessive, the pattern is: Basic form of the first possessive (or corresponding possessive form if modified by a possessive adjective in English) plus dative of the third person 'his' form of the second possessive plus definite article plus third person 'his' form of word possessed, to agree in number and case according to its form and use in the sentence:

János barátjának a kocsija nagyon nagy.	John's friend's car is very large.
A barátom fivérének a tanárai magyarok.	My friend's brother's teachers are Hungarian.
A szálloda szobájának az ajtaját látom.	I see the hotel room door.

SUBSTITUTION DRILL

1. A titkárnőim szépek. — My secretaries are beautiful.

   shoes - gloves - handkerchiefs - neckties - cars - ships — cipőim - kesztyűim - zsebkendőim - nyakkendőim - autóim - hajóim

2. Azok nem az én kutyáim. — Those are not my dogs.

   ducks - plum trees - pencils - rooms - suits - stockings - balls - handbags - vases - forks - farms — kacsáim - szilvafáim - ceruzáim - szobáim - ruháim - harisnyáim - labdáim - táskáim - vázáim - villáim - tanyáim

3. Házaim is vannak. — I also have houses.

   beds - pens - windows - wines - daughters - sons - teachers - friends - flowers - doctors - clerks - apartments — ágyaim - tollaim - ablakaim - boraim - lányaim - fiaim - tanáraim - barátaim - virágaim - orvosaim - hivatalnokaim - lakásaim

4. Nincsenek bankjaim.	I don't have banks.
hens - rowboats - coats - hats - parks - newspapers - trains - neighbors	tyúkjaim - csónakjaim - kabátjaim - kalapjaim - parkjaim - újságjaim - vonatjaim - szomszédjaim
5. Hol vannak a gyerekeim?	Where are my children?
dishes - shirts - pictures - books - cabinets - brothers - shops - sisters - addresses	edényeim - ingeim - képeim - könyveim - szekrényeim - fivéreim - üzleteim - nővéreim - címeim
6. Ezek nem az én bőröndjeim.	Those are not my suitcases.
gardens - checks - lawyers	kertjeim - csekkjeim - ügyvédjeim
7. A kanalaim nem tiszták.	My spoons are not clean.
glasses - horses - letters - cows - carts	poharaim - lovaim - leveleim - teheneim - szekereim
8. A fiam nyakkendői tiszták.	My son's neckties are clean.
shoes - gloves - handkerchiefs - cars - ships	cipői - kesztyűi - zsebkendői - autói - hajói
9. A szomszédomnak pulykái is vannak.	My neighbor has turkeys also.
geese - ducks - pencils - pastry shops - schools - kitchens - lamps - roses - bills - forks - cups	libái - kacsái - ceruzái - cukrászdái - iskolái - konyhái - lámpái - rózsái - számlái - villái - csészéi
10. A könyvei is ott vannak.	Her books are there also.
addresses - shirts - pictures - shops - typewriters - sisters - poems - engineers	címei - ingei - képei - üzletei - írógépei - nővérei - versei - mérnökei
11. Ezek az ő ablakai.	These are his windows.
tables - buses - department stores - wines - furniture - boxes - apartments - daughters - streetcars - horses	asztalai - autóbuszai - áruházai - borai - bútorai - dobozai - lakásai - lányai - villamosai - lovai
12. Itt vannak a kabátjai.	Here are her coats.
newspapers - banks - hats - trousers - plates - flowers - post cards - magazines - apricots - shops	újságjai - bankjai - kalapjai - nadrágjai - tányérjai - virágjai - levelezőlapjai - képeslapjai - barackjai - boltjai
13. A folyóink szélesek.	Our rivers are wide.
ships - shoes - neckties - gloves - cars	hajóink - cipőink - nyakkendőink - kesztyűink - autóink
14. Szilvafáink is vannak.	We have plum trees also.
lamps - hotels - schools - soldiers - suits - stockings - pencils - balls - pastry shops - rooms - geese	lámpáink - szállodáink - iskoláink - katonáink - ruháink - harisnyáink - ceruzáink - labdáink - cukrászdáink - szobáink - libáink

15. A könyveink rosszak.	Our books are bad.
children - chairs - buildings - pictures - cabinets - stores - waiters - years	gyerekeink - székeink - épületeink - képeink - szekrényeink - üzleteink - pincéreink - éveink
16. Az ablakaink nagyok.	Our windows are big.
houses - boxes - daughters - sons - streetcars - buses - museums - picture galleries - churches	házaink - dobozaink - lányaink - fiaink - villamosaink - autóbuszaink - múzeumaink - képtáraink - templomaink
17. Az ő asztalaik tiszták.	Their tables are clean.
windows - boxes - pens - apartments - beds - houses - stations - wines	ablakaik - dobozaik - tollaik - lakásaik - ágyaik - házaik - állomásaik - boraik
18. Milyen kabátjaik vannak?	What kind of coats do they have?
trousers - hats - rowboats - parks - creeks - trains - shops	nadrágjaik - kalapjaik - csónakjaik - parkjaik - patakjaik - vonatjaik - boltjaik
19. Jók a könyveik?	Are their books good?
pictures - shirts - chairs - knives - seats - dishes - cabinets - children - addresses	képeik - ingeik - székeik - késeik - helyeik - edényeik - szekrényeik - gyerekeik - címeik
20. A lámpáik piszkosak.	Their lamps are dirty.
pastry shops - rooms - dresses - schools - vases - balls - handbags - hotels	cukrászdáik - szobáik - ruháik - iskoláik - vázáik - labdáik - táskáik - szállodáik
21. A fiúk lovai piszkosak.	The boys' horses are dirty.
spoons - letters - glasses - cups - mirrors - carts - cows	kanalai - levelei - poharai - csészéi - tükrei - szekerei - tehenei
22. A gyerekeim nagyok.	My children are big.
his houses - their boats - her sons - the boys' horses - my chickens - her flowers - the girls' toys - my wife's hens - the buildings of my city - the windows of the house - my neighbor's cows	a házai - a csónakjaik - a fiai - a fiúk lovai - a csirkéim - a virágai - a lányok játékai - a feleségem tyúkjai - a városom épületei - a ház ablakai - a szomszédom tehenei
23. Azok a szomszédom fiának a kutyái.	Those are my neighbor's son's dogs.
books - horses - toys - shirts - glasses - cows - birds - daughters	könyvei - lovai - játékai - ingei - poharai - tehenei - madarai - lányai

VARIATION DRILL

1. <u>A kutyáim a ház mögött vannak.</u> — <u>My dogs are behind the house.</u>

   a. My apple trees are next to the house. — Az almafáim a ház mellett vannak.
   b. My shoes are in front of the door. — A cipőim az ajtó előtt vannak.
   c. My pencils are behind the box. — A ceruzáim a doboz mögött vannak.
   d. My ducks are beside the row-boat. — A kacsáim a csónak mellett vannak.
   e. My geese are in front of the stable. — A libáim az istálló előtt vannak.

2. <u>A házaim nagyok.</u> — <u>My houses are big.</u>

   a. My doctors are good. — Az orvosaim jók.
   b. My daughters are pretty. — A lányaim szépek.
   c. My friends are rich. — A barátaim gazdagok.
   d. My windows are wide. — Az ablakaim szélesek.
   e. My teachers are Hungarian. — A tanáraim magyarok.

3. <u>Fehér ingeim vannak.</u> — <u>I have white shirts.</u>

   a. I have good pastries. — Jó süteményeim vannak.
   b. I have beautiful poems. — Szép verseim vannak.
   c. I have interesting novels. — Érdekes regényeim vannak.
   d. I have black cabinets. — Fekete szekrényeim vannak.
   e. I have German books. — Német könyveim vannak.

4. <u>A fiaim jól rajzolnak.</u> — <u>My sons draw well.</u>

   a. My daughters sew beautifully. — A lányaim szépen varrnak.
   b. My teachers teach well. — A tanáraim jól tanítanak.
   c. My dogs bark a lot. — A kutyáim sokat ugatnak.
   d. My birds sing beautifully. — A madaraim szépen énekelnek.
   e. My friends swim well. — A barátaim jól úsznak.

5. <u>Ezek a szomszédom ablakai.</u> — <u>These are my neighbor's windows.</u>

   a. Those are Kovács' sons. — Azok Kovács fiai.
   b. These are my daughter's blouses. — Ezek a lányom blúzai.
   c. Those are your boxes. — Azok a maga dobozai.
   d. These are the city buses. — Ezek a város autóbuszai.

6. <u>Jánosnak angol könyvei vannak.</u> — <u>John has English books.</u>

   a. Mary has beautiful poems. — Máriának szép versei vannak.
   b. Alexander has large shops. — Sándornak nagy üzletei vannak.
   c. Kovács has black horses. — Kovácsnak fekete lovai vannak.
   d. Molnár has expensive suits. — Molnárnak drága ruhái vannak.
   e. Fehér has red neckties. — Fehérnek piros nyakkendői vannak.

7. <u>Fizetést ad a fiainak.</u> — <u>He pays his sons a salary.</u>

   a. He writes post cards to his teachers. — Levelezőlapokat ír a tanárainak.
   b. He brings fruit to his secretaries. — Gyümölcsöt hoz a titkárnőinek.
   c. He buys presents for his daughters. — Ajándékokat vesz a lányainak.
   d. She takes books to her sisters. — Könyveket visz a nővéreinek.
   e. He brings the money back to his brothers. — Visszahozza a pénzt a fivéreinek.

8. A gyerekeink az iskolában tanulnak. — Our children are studying in the school.

a. Our daughters are singing in the church. — A lányaink a templomban énekelnek.
b. Our friends are shopping in Vienna. — A barátaink Bécsben vásárolnak.
c. Our doctors are working in the city. — Az orvosaink a városban dolgoznak.
d. Our dogs are barking in the garden. — A kutyáink a kertben ugatnak.

9. A hegyeink magasak. — Our mountains are high.

a. Our rivers are wide. — A folyóink szélesek.
b. Our cities are clean. — A városaink tiszták.
c. Our picture galleries are interesting. — A képtáraink érdekesek.
d. Our pastry shops are good. — A cukrászdáink jók.
e. Our furniture is new. — A bútoraink újak.

10. Üresek a poharaik. — Their glasses are empty.

a. Their beds are wide. — Szélesek az ágyaik.
b. Their apartments are clean. — Tiszták a lakásaik.
c. Their houses are big. — Nagyok a házaik.
d. Their birds are beautiful. — Szépek a madaraik.
e. Their streets are dirty. — Piszkosak az utcáik.

11. A tanulók könyvei újak. — The students' books are new.

a. The girls' skirts are beautiful. — A lányok szoknyái szépek.
b. The boys' suits are dirty. — A fiúk ruhái piszkosak.
c. The men's glasses are empty. — A férfiak poharai üresek.
d. The Kovácses' children are big. — Kovácsék gyerekei nagyok.
e. The neighbors' horses are tired. — A szomszédok lovai fáradtak.

12. Nekem három szép lányom van. — I have three pretty daughters.

a. I have many interesting books. — Nekem sok érdekes könyvem van.
b. I have horses also. — Nekem lovaim is vannak.
c. I have an orchard behind my house. — Nekem egy gyümölcsösöm van a házam mögött.
d. I have houses in Budapest. — Nekem házaim vannak Budapesten.

13. Neki egy nyolc éves lánya van. — She has an eight-year-old daughter.

a. He has much money. — Neki sok pénze van.
b. He has trucks also. — Neki teherautói is vannak.
c. He doesn't have cows. — Neki nincsenek tehenei.
d. He doesn't have a wife. — Neki nincs felesége.
e. She has a very good director. — Neki egy nagyon jó igazgatója van.

14. Nekünk nincsen házunk. — We don't have a house.

a. We don't have children. — Nekünk nincsenek gyerekeink.
b. We don't have chickens. — Nekünk nincsenek csirkéink.
c. We don't have a big apartment. — Nekünk nincs nagy lakásunk.
d. We don't have much money. — Nekünk nincsen sok pénzünk.
e. We have a great many friends. — Nekünk nagyon sok barátunk van.

15. Nekik három kocsijuk van.	They have three cars.
a. They have a big kitchen garden.	Nekik nagy konyhakertjük van.
b. They have a nice school.	Nekik szép iskolájuk van.
c. They have old churches.	Nekik régi templomaik vannak.
d. They have wide windows.	Nekik széles ablakaik vannak.
e. They have good teachers.	Nekik jó tanáraik vannak.
16. Magának vannak lovai?	Do you have horses?
a. Do you have fruit trees?	Magának vannak gyümölcsfái?
b. Do you (pl.) have French books?	Maguknak vannak francia könyveik?
c. Do you have brothers?	Magának vannak fivérei?
d. Do you (pl.) have a car?	Maguknak van autójuk?
e. Do you have any hens?	Magának vannak tyúkjai?
17. Nem Jánosnak van itt a kocsija, hanem nekem van itt a kocsim.	John doesn't have his car here, but I have my car here.
a. It's not the Kovácses that have horses, but we are the ones that have them.	Nem Kovácséknak vannak lovaik, hanem nekünk vannak lovaink.
b. Alexander doesn't have a black dog, but I have a black dog.	Nem Sándornak van egy fekete kutyája, hanem nekem van egy fekete kutyám.
c. We don't have three sons, but they do.	Nem nekünk van három fiunk, hanem nekik van három fiuk.
d. I don't have a black suit, but Peter does.	Nem nekem van fekete ruhám, hanem Péternek van fekete ruhája.
18. János levelet ír nekem.	John writes a letter to me.
a. My wife cooks a good dinner for us.	A feleségem jó ebédet főz nekünk.
b. I'm selling my car to you.	A kocsimat eladom magának.
c. I'm bringing back the typewriter to them.	Visszahozom az írógépet nekik.
d. Eve's making coffee for me.	Éva kávét csinál nekem.
e. They're giving a Hungarian book to you (pl.).	Magyar könyvet adnak maguknak.
19. A nővéreim férjei magyarok.	My sisters' husbands are Hungarian.
a. My horses are black.	A lovaim feketék.
b. The Szabós' dog is sick.	Szabóék kutyája beteg.
c. My mother's hens are white.	Az anyám tyúkjai fehérek.
d. My sons' school is big.	A fiaim iskolája nagy.
e. My daughters' dresses are beautiful.	A lányaim ruhái szépek.
20. A feleségem elad zöldséget az embereknek.	My wife sells vegetables to the people.
a. John writes a letter to Mary.	János levelet ír Máriának.
b. Eve cooks lunch for Alexander.	Éva ebédet főz Sándornak.
c. My son phones Peter.	A fiam telefonál Péternek.
d. My daughters are showing the garden to the teacher.	A lányaim megmutatják a kertet a tanárnak.
e. Kovács brings my daughters presents.	Kovács ajándékot hoz a lányaimnak.

TRANSFORMATION DRILL

I

A

Instructor: Az orvosom jó.
Student: Az orvosaim jók.

1. A lányom nagy.	A lányaim nagyok.
2. A lova fekete.	A lovai feketék.
3. A városuk tiszta.	A városaik tiszták.
4. A bútorunk új.	A bútoraink újak.
5. Az ingem fehér.	Az ingeim fehérek.
6. Az utcánk széles.	Az utcáink szélesek.
7. A barátom gazdag.	A barátaim gazdagok.
8. A szekrényük barna.	A szekrényeik barnák.
9. Az almafám szép.	Az almafáim szépek.
10. A fia ügyes.	A fiai ügyesek.

B

Instructor: A fia bemegy a vízbe.
Student: A fiai bemennek a vízbe.

1. A lányunk Bécsben tanul.	A lányaink Bécsben tanulnak.
2. A fivérem jövő héten jön New Yorkból.	A fivéreim jövő héten jönnek New Yorkból.
3. Az amerikai követség titkára sokat dolgozik.	Az amerikai követség titkárai sokat dolgoznak.
4. A bankba megyek beváltani a csekkemet.	A bankba megyek beváltani a csekkjeimet.
5. Kovács gyereke a folyóban úszik.	Kovács gyerekei a folyóban úsznak.
6. A fiuk Franciaországban lakik.	A fiaik Franciaországban laknak.
7. A magyar könyvemet olvasom.	A magyar könyveimet olvasom.
8. A nővérem fia jól keres.	A nővéreim fiai jól keresnek.

C

Instructor: A fiú kutyája az utcán ugat.
Student: A fiúnak a kutyái az utcán ugatnak.

1. Kovács barátja ajándékot hoz.	Kovácsnak a barátjai ajándékokat hoznak.
2. A ház ablaka széles.	A háznak az ablakai szélesek.
3. Nagyék lánya szépen énekel.	Nagyéknak a lányai szépen énekelnek.
4. Kisné barátnője vásárolni megy.	Kisnének a barátnői vásárolni mennek.
5. Mária öccse az egyetemre jár.	Máriának az öccsei az egyetemre járnak.
6. A kávéház pincére ismer minket.	A kávéháznak a pincérei ismernek minket.
7. Szabó rózsafáján sok rózsa van.	Szabónak a rózsafáin sok rózsa van.
8. A szomszédom lova a ház előtt áll.	A szomszédaimnak a lovai a ház előtt állnak.

II

A

Instructor:	A lány szoknyája szép.
Student:	A lánynak szép szoknyája van.

1. Kovács gyereke nagy.	Kovácsnak nagy gyereke van.
2. A város templomai régiek.	A városnak régi templomai vannak.
3. Az anyám tyúkjai fehérek.	Az anyámnak fehér tyúkjai vannak.
4. Az igazgató titkárnője ügyes.	Az igazgatónak ügyes titkárnője van.
5. A követ kocsija amerikai.	A követnek amerikai kocsija van.
6. Mária férje beteg.	Máriának beteg férje van.
7. Tóth cseresznyefái nagyok.	Tóthnak nagy cseresznyefái vannak.
8. Kisné málnabokrai szépek.	Kisnének szép málnabokrai vannak.
9. A maga libái kövérek.	Magának kövér libái vannak.

B

Instructor:	Az én gyerekeim nagyok.
Student:	Nekem nagy gyerekeim vannak.

1. Az ő lányai szépek.	Neki szép lányai vannak.
2. Az ő házuk nagy.	Nekik nagy házuk van.
3. Az én könyveim érdekesek.	Nekem érdekes könyveim vannak.
4. A mi lakásunk nagy.	Nekünk nagy lakásunk van.
5. Az ő iskolájuk jó.	Nekik jó iskolájuk van.
6. A mi orvosunk öreg.	Nekünk öreg orvosunk van.
7. Az ő földje jó.	Neki jó földje van.
8. Az én feleségem szép.	Nekem szép feleségem van.

C

Instructor:	Kovácsék háza nagy.
Student:	Kovácséknak nagy házuk van.

1. Tóthék földje jó.	Tóthéknak jó földjük van.
2. Fehérék lánya szép.	Fehéréknek szép lányuk van.
3. A fiúk iskolája jó.	A fiúknak jó iskolájuk van.
4. Kovácsék konyhakertje nagy.	Kovácséknak nagy konyhakertjük van.
5. A madarak tolla kék.	A madaraknak kék tolluk van.
6. A házak ablakai szélesek.	A házaknak széles ablakaik vannak.
7. A lányok tanárai magyarok.	A lányoknak magyar tanáraik vannak.
8. Szabóék fia ügyes.	Szabóéknak ügyes fiuk van.
9. A maguk lánya szép.	Maguknak szép lányuk van.

D

Instructor:	Kovácsék kertje kicsi.
Student:	Kovácséknak kicsi kertjük van.

1. Az ő apja öreg.	Neki öreg apja van.
2. A maguk fia nyolc éves.	Maguknak nyolc éves fiuk van.
3. A katonák ruhája piszkos.	A katonáknak piszkos ruhájuk van.
4. A fiú kutyája fekete.	A fiúnak fekete kutyája van.
5. Az ő kocsijuk kék.	Nekik kék kocsijuk van.
6. A mi konyhánk tiszta.	Nekünk tiszta konyhánk van.
7. A gyerekek iskolája nagy.	A gyerekeknek nagy iskolájuk van.
8. A maga ebédlője nagy.	Magának nagy ebédlője van.

TRANSLATION DRILL

1.	Nagy has a nice farm in the United States.	Nagynak egy szép tanyája van az Egyesült Államokban.
2.	His sons and his wife help Nagy on the farm.	A fiai és a felesége segítenek Nagynak a tanyán.
3.	Their friends visit them on Sunday morning.	Vasárnap délelőtt barátaik meglátogatják őket.
4.	Nagy stands at the gate waiting for them.	Nagy a kapuban áll és várja őket.
5.	Finally he sees a beautiful red car coming on the road.	Végre lát egy szép piros kocsit jönni az úton.
6.	Nagys' friends, the Embers, are sitting in the car.	Nagyék barátai, Emberék, ülnek a kocsiban.
7.	"Welcome", says Nagy. "I hope you had a nice trip."	"Isten hozta magukat" - mondja Nagy. - "Remélem jó útjuk volt."
8.	"It was very pleasant," says Ember. "There weren't many cars on the road."	"Nagyon kellemes volt," mondja Ember. "Nem volt sok kocsi az úton."
9.	Then Nagy shows them the farm.	Azután Nagy megmutatja a gazdaságot.
10.	Nagy has 3000 acres of land. Next year he wants to buy 500 acres more.	Nagynak háromezer hold földje van. A jövő évben akar venni még ötszáz holdat.
11.	It's very good land. He grows barley and corn on it mainly.	Nagyon jó föld. Főleg árpát és kukoricát termel rajta.
12.	He has four tractors and many other machines.	Van négy traktora és sok más gépe.
13.	He has animals also. His horses and cows are very beautiful. He has thirty cows.	Állatai is vannak. A lovai és a tehenei nagyon szépek. Harminc tehene van.
14.	Every day his son takes the milk into the city in their truck. There he sells it.	A tejet mindennap a fia a városba viszi a teherautójukon. Ott eladja.
15.	The cow barn is behind the house.	A tehenek istállója a ház mögött van.
16.	They keep the chickens in another building.	Egy másik épületben tartják a csirkéket.
17.	When the chickens are big they sell them also in the city.	Mikor a csirkék nagyok, azokat is eladják a városban.
18.	A new car is parked in front of Nagy's house. It cost 4000 dollars.	Nagy háza előtt egy új kocsi áll. Négyezer dollár volt az ára.
19.	His trucks are in front of the stable.	A teherautói az istálló előtt vannak.
20.	He also transports the corn into the city in his trucks.	A teherautóin szállítja a gabonát is a városba.
21.	Nagy's wife has her own car also.	Nagy feleségének is van saját kocsija.
22.	The Nagys have a beautiful kitchen garden also.	Szép konyhakertjük is van Nagyéknak.
23.	The garden has to be irrigated. Nagy's daughters help water the garden.	A kertet öntözni kell. Nagy lányai segítenek öntözni a kertet.
24.	But they not only work, they study also. They go to high school.	De nemcsak dolgoznak, hanem tanulnak is. Középiskolába járnak.
25.	Every morning they go to the city by bus.	Minden reggel autóbuszon mennek a városba.
26.	They come home in the afternoon at four.	Délután négykor jönnek haza.
27.	Nagy has an orchard also.	Gyümölcsöse is van Nagynak.
28.	He has apple and apricot trees for the most part.	Főleg alma- és barackfái vannak.
29.	But he has a few cherry and plum trees too.	De van egynéhány cseresznye- és szilvafája is.
30.	There are raspberry shrubs around the house.	A ház körül málnabokrok vannak.

31.	The Nagys have a beautiful big house. The windows of the house are big and wide.	Szép nagy házuk van Nagyéknak. A ház ablakai nagyok és szélesek.
32.	Nagy's wife stands in the doorway. She calls her husband. Dinner is ready.	Nagy felesége az ajtóban áll. Hívja a férjét. Kész az ebéd.
33.	They have chicken paprika and apple strudel for dinner.	Paprikás csirke és almás rétes van ebédre.
34.	They eat raspberry ice cream and drink white wine.	Málnafagylaltot esznek és fehér bort isznak.
35.	Late in the afternoon the Embers drive back into the capital.	Késő délután Emberék visszahajtanak a fővárosba.

RESPONSE DRILL

1.	Vannak gyerekei?	Do you have children?
2.	Van tanyája?	Do you have a farm?
3.	Hol van a tanyája?	Where is your farm?
4.	Hány hold földje van?	How many acres of land do you have?
5.	Hány pár cipője van?	How many pairs of shoes do you have?
6.	Vannak lovai?	Do you have horses?
7.	Gyorsan hajt?	Do you drive fast?
8.	Milyenek az amerikai országutak?	What are the American highways like?
9.	Poros a lakása?	Is your apartment dusty?
10.	Szereti a búzakenyeret?	Do you like wheat bread?
11.	Szoktak kukoricát enni?	Do they usually eat corn?
12.	Mit termel a konyhakertjében?	What do you grow in your kitchen garden?
13.	Szereti a paprikás csirkét?	Do you like chicken paprika?
14.	Vannak szomszédjai?	Do you have neighbors?
15.	Van gyümölcspiac Washingtonban?	Is there a fruit market in Washington?
16.	Tud teherautót hajtani?	Can you drive a truck?
17.	Ki varrja a felesége ruháit?	Who sews your wife's dresses?
18.	Ügyesek a gyerekei?	Are your children smart?
19.	Jó fizetése van?	Do you have a good salary?
20.	Vannak almafái a kertjében?	Do you have apple trees in your garden?
21.	Szereti az eperfagylaltot?	Do you like strawberry ice cream?
22.	Mikor énekelnek a madarak?	When do the birds sing?
23.	Mi lesz ma ebédre?	What will there be for dinner today?
24.	Sok salátát esznek?	Do you eat a lot of lettuce?
25.	Szereti a paradicsom salátát?	Do you like tomato salad?
26.	Kinek a felesége az a hölgy?	Whose wife is that lady?
27.	Kinek a férje maga?	Whose husband are you?
28.	Kinek a lovai szaladnak ott?	Whose horses are running there?
29.	Kinek a kacsái azok?	Whose ducks are those?
30.	Kinek a cipője piszkos?	Whose shoes are dirty?
31.	Kinek a lányai járnak az angol iskolába?	Whose daughters go to the English school?
32.	Kinek a zsebkendője van a földön?	Whose handkerchief is on the floor?
33.	Kinek a barátja maga?	Whose friend are you?
34.	Kik a maga barátjai?	Who are your friends?
35.	Kik a maga tanárai?	Who are your teachers?
36.	Szépek a város iskolái?	Are the city schools beautiful?
37.	Szélesek a ház ablakai?	Are the windows of the house wide?
38.	Mit termelnek Amerikában?	What do they grow in America?
39.	Mit termelnek Magyarországon?	What do they grow in Hungary?
40.	Milyen gyümölcsöt termelnek az Egyesült Államokban?	What kind of fruit do they grow in the United States?
41.	Milyen gabonát termelnek Magyarországon?	What kind of crops do they grow in Hungary?

42. Termelnek rozst Magyarországon? — Do they grow rye in Hungary?
43. Termelnek árpát az Egyesült Államokban? — Do they grow barley in the United States?
44. Szereti maga a paprikás csirkét? — Do you like chicken paprika?
45. Hol volt maga a háború előtt? — Where were you before the war?
46. Vannak szilvafái? — Do you have plum trees?
47. Énekelnek a madarak a kertjében? — Do the birds sing in your garden?
48. Sok madár van a bokrokon? — Are there many birds in the bushes?
49. Keskenyek az utcák Washingtonban? — Are the streets narrow in Washington?
50. Szereti az almás rétest? — Do you like apple strudel?

CONVERSATION PRACTICE

1

A: Szép gazdasága van, Kovács úr!
B: Sajnos, nem az én földem, a szövetkezet földje. Nekem csak fél hold földem van a ház körül.
A: Hány hold földje van a szövetkezetnek?
B: Hatezer holdja van.
A: Mit termelnek rajta?
B: Főleg búzát, kukoricát és krumplit.
A: Mi az az épület ott?
B: Az a szövetkezet istállója. Ott tartják a lovakat és teheneket.
A: Magának nincsenek saját tehenei?
B: Nekem nincsenek, csak a szövetkezetnek vannak.

2

A: Szép nagy háza van a szomszédjának!
B: Igen. A háború előtt gazdag ember volt.
A: Azok a maga kutyái az úton?
B: Nem az én kutyáim, a szomszédom kutyái.
A: Magának is van kutyája?
B: Igen, ott fekszik az ajtó előtt.
A: Milyen kert az ott?
B: Az a feleségem konyhakertje. Sok zöldség van a kertben.
A: Ki öntözi a kertet?
B: A feleségem, de a lányaim segítenek neki.

3

A: Szép lányai vannak, Kovács úr!
B: Hála Isten nemcsak szépek, de ügyesek is.
A: A fiai is a szövetkezetben dolgoznak?
B: Nem a szövetkezetben, hanem az állami gazdaságban. A gazdaság lovait gondozzák.
A: Jól keresnek?
B: Nem nagyon jól.
A: Látom, nagy gyümölcsöse is van. Milyen gyümölcsfái vannak?
B: Főleg alma- és barackfáim vannak. De van néhány cseresznyefám is.
A: Jó gyümölcstermése lesz az idén?
B: Azt hiszem, elég jó lesz.

SITUATIONS

1. Egy barátját megy látogatni, aki az Alföldön lakik. Ő már várja magukat. A barátja megkérdezi, hogy milyen volt az útjuk. Maga megkérdezi, hogy mennyi földje van a barátjának, mennyi földje van a szövetkezetnek. Mit termel a saját földjén, mit termelnek a szövetkezet földjén? Az istálló előtt baromfit lát. Hol adják el a baromfit? Megnézik a gyümölcsöst és a konyhakertet is. Kik dolgoznak a gyümölcsösben és kik a konyhakertben? Hány gyereke van? Mit csinálnak a fiai és mit csinálnak a lányai? A ház előtt kutyák fekszenek. Kinek a kutyái azok, a maga kutyái? Lovakat és teheneket lát jönni

az úton. Lehet tartani saját teheneket? Ki gondozza azokat? - Bemennek a házba. Mit kapnak ebédre?

2. Találkozik Kovács úrral. Megkérdezi hány fivére, nővére, fia és lánya van; mit csinálnak, hol laknak, férjnél vannak, hány évesek? - Kovácsnak nagy családja van.

NARRATIVE

Tóth János az Alföldön lakik. Egy kis faluban van a háza. A háború előtt szép tanyája volt; harminc hold kukoricaföldje. Most a szövetkezet tagja, mint minden ember a faluban. A felesége is a szövetkezetben dolgozik.

A szövetkezetnek ötezer hold földje van. A szövetkezet tagjai dolgoznak rajta. Van gyümölcsösük, konyhakertjük, de a jó fekete földben főleg gabonát termelnek: búzát, kukoricát, árpát és rozst. A gabonát a szövetkezet teherautói a városba viszik. Ott eladják az államnak. A pénzből traktorokat és más gépeket vesznek. Abból fizetik a szövetkezet tagjait is. Ha a termés nem jó, a szövetkezet tagjai csak kevés pénzt kapnak.

A szövetkezet állatait istállókban tartják. Tóth egyik fia a lovakat gondozza, a másik pedig a teheneket. A tejet minden reggel és este a szövetkezet teherautóján a városba viszik. A városban az embereknek és a gyerekeknek kell a tej. A gyerekek szeretnek sok friss tejet inni. A teherautót Tóth egyik fia vezeti.

A szövetkezet gyümölcsöse sincs messze. Tóth lánya ott dolgozik. A gyümölcsösben almafák, barackfák, szilvafák, körtefák és cseresznyefák vannak. Az idén sok cseresznye és barack terem. A gyümölcsöt is a városban adják el a piacon.

A szövetkezet konyhakertje a gyümölcsös mellett van. Főleg asszonyok és lányok dolgoznak ott. Tóth felesége is ott dolgozik. A konyhakertben sokat kell dolgozni. Közel van egy folyó, onnan öntözik mindennap a kertet. A konyhakertben sok zöldséget termelnek. Az emberek a piacon sok paradicsomot, salátát, paprikát és uborkát vesznek, főleg tavasszal.

Tóthnak pár hold saját földje is van. Krumplit és kukoricát termel rajta. Az udvarában baromfit tart. A kutyája és a macskája az ajtó előtt fekszik az udvarban. A konyhakertjében a felesége zöldséget termel. A gyümölcsösében sok szép barackfa, szilvafa és cseresznyefa van. A gyümölcsöt vagy megeszik, vagy eladják. Ősszel barackpálinkát és szilvapálinkát is szoktak főzni. Tóth és a barátai nagyon szeretik a jó erős pálinkát, főleg télen, mikor hideg van.

udvar	court, yard
macska	cat
vezetni	to drive
terem	it grows (intrans.)

UTAZÁS DUNÁNTÚLRA

Basic Sentences

I

Government Travel Agency	IBUSZ (abbr.)
travel	utazási
office, bureau	iroda
(In the IBUSZ Travel Bureau.)	(Az IBUSZ Utazási Irodájában.)
city on Lake Balaton	Siófok
to inquire, show interest in	érdeklődni
JOHNSON	
Good morning! I want to go to Siófok. I'd like to inquire about how one can travel to Siófok.	Jó reggelt kivánok! Siófokra akarok menni. Érdeklődni szeretnék, hogyan lehet Siófokra utazni.
HIVATALNOK	
Do you want to go by train or by bus?	Vonaton vagy autóbuszon akar menni?
JOHNSON	
By train.	Vonaton.
fast, rapid, quick	gyors
slow	lassú
express train	gyorsvonat, -a, -ja
local train	személyvonat
freight train	tehervonat
railroad station	pályaudvar, -a
which, that (relative pronoun)	ami
noon	dél, delet, dele
HIVATALNOK	
There's an express train that starts at nine in the morning from the East Station. It's in Siófok at eleven. There's a local train also which starts at eight, but doesn't arrive in Siófok before noon.	Reggel kilenckor indul egy gyorsvonat a Keleti pályaudvarról. Az tizenegykor van Siófokon. Van egy személyvonat is, ami nyolckor indul, de az csak délben érkezik Siófokra.
JOHNSON	
Then I'll go on the express. Can I get a ticket here?	Akkor gyorsvonaton megyek. Lehet itt jegyet kapni?
cushion, pillow	párna
cushioned, padded (2nd class)	párnás
bench	pad, -ja
railway carriage with wooden benches (third class)	fapados

HIVATALNOK

Yes. What do you want? A cushioned seat or a hard one? | Igen. Milyen tetszik? Párnás vagy fapados?

JOHNSON

What do you mean by 'párnás'? | Mi az a párnás?

first | első
second | második
fourth | negyedik
fifth | ötödik
seat | ülés
soft | puha
hard | kemény

HIVATALNOK

The cushioned is the old first or second class; there the seat is soft. | A párnás a régi első vagy második osztály, ott az ülés puha.

JOHNSON

And the 'fapados'? | És a fapados?

where | ahol

HIVATALNOK

The 'fapados' is the old third class, where people sit on wooden benches. | A fapados a régi harmadik osztály, ahol az emberek fapadokon ülnek.

JOHNSON

Then I want two 'párnás' tickets. How much is that altogether? | Akkor kérek két jegyet a párnásra. Mennyi az összesen?

HIVATALNOK

Ninety forints. | Kilencven forint.

to arrive, come | jutni

JOHNSON

Here you are. I'd like to ask something else. How can we get out to the station in the morning? | Tessék. Szeretnék még valamit kérdezni. Hogy jutunk ki reggel az állomásra?

HIVATALNOK

Where do you live? | Hol laknak?

JOHNSON

We live near Szabadság Square. | A Szabadság tér mellett lakunk.

get in (command) | szálljanak fel (imperative)
entrance | bejárat, -a
exit | kijárat, -a
to stop | megállni

HIVATALNOK

The American Legation is on Szabadság Square. The bus stop is to the left of the building. Get into the bus there. It stops in front of the entrance to the East Station.	A Szabadság téren van az amerikai követség. Az épülettől balra van az autóbuszmegálló. Ott szálljanak fel az autóbuszra. Az a Keleti pályaudvar bejárata előtt áll meg.
information	felvilágositás

JOHNSON

Thank you very much for the information.	Nagyon köszönöm a felvilágositást.
journey, trip	utazás

HIVATALNOK

Don't mention it. Have a pleasant trip.	Szívesen. Kellemes utazást kívánok.

II

(At the station.)	(Az állomáson.)
porter	hordár, -ja

JOHNSON

Porter!	Hordár!
you	ön, -ök
luggage, parcel	csomag, -ja

HORDÁR

Is this your luggage, sir?	Ezek az ön csomagjai, uram?
ours	mienk, miénk
which	hányadik
track, platform	vágány

JOHNSON

These two suitcases are ours. We're going first class to Siófok, on the express. On which track is the train?	Ez a két bőrönd a mienk. Siófokra utazunk, gyorsvonaton, párnáson. Hányadik vágányon áll a vonat?
right	jobb
left	bal

HORDÁR

Fourth track, on the right side.	Jobboldalon, a negyedik vágányon.

JOHNSON

Is it possible to get on board yet?	Lehet már beszállni?

after, to, till (with reference to time)	múlva
to put up	feltenni
to reserve	foglalni
HORDÁR	
You can get on only after 15 minutes. But I'll put the luggage into the train now. I'll reserve two seats. Do you want a smoker?	Negyed óra múlva lehet csak beszállni. De én felteszem a csomagokat most a vonatra. Foglalok két helyet. Dohányzó tetszik?
JOHNSON	
We want a non-smoker. Can I still buy a newspaper?	Nemdohányzót kérünk. Tudok még újságot venni?
newsdealer, newsboy	újságárus
HORDÁR	
Yes. The newsdealer is next to the exit. But please hurry.	Igen. Az újságárus a kijárat mellett van. De tessék sietni.

III

(In the train.)	(A vonaton.)
JOHNSON	
Hello, Mr. Horváth! Where are you traveling?	Jó napot, Horváth úr. Hova utazik?
Transdanubia	Dunántúl
city in Dunántúl	Székesfehérvár
HORVÁTH	
I'm going to Dunántúl, to Székesfehérvár.	Dunántúlra megyek, Székesfehérvárra.
together	együtt
JOHNSON	
Then we'll travel together. Do you have a seat yet?	Akkor együtt utazunk. Van már helye?
HORVÁTH	
Not yet. I'm looking for a vacant seat now.	Még nincsen. Most keresek egy üres helyet.
JOHNSON	
Do you have a lot of luggage?	Sok csomagja van?
never	soha
HORVÁTH	
I never have much luggage when I travel. I have only this one suitcase.	Ha utazom, soha sincs sok csomagom. Csak ez az egy bőröndöm van.

JOHNSON

I don't have much baggage either. Are you alone? — Nekem sincs sok csomagom. Egyedül van?

nowhere — sehova
neither, nor, not...either — se, sem

HORVÁTH

Yes. My wife doesn't want to go anywhere. She doesn't like to travel. — Igen. A feleségem sehova sem akar menni. Nem szeret utazni.

come (command) — jöjjön (imperative)
compartment — fülke
nobody — senki
down — le
put down (command) — tegye le (imperative)

JOHNSON

My wife doesn't like to travel either. But now we're going for a few days to Siófok. Come into our compartment - nobody is there yet. Put your coat down on the seat. - Mary, let me introduce Mr. Horváth. — Az én feleségem sem szeret utazni. De most néhány napra Siófokra megyünk. Jöjjön a mi fülkénkbe, még nincs ott senki sem. Tegye le a kabátját az ülésre. - Mária, bemutatom Horváth urat.

MÁRIA

We have already met. Good morning, Mr. Horváth! — Már találkoztunk. Jó reggelt, Horváth úr!

through, across, over — át
railroad — vasút
bridge — híd, hidat, hídja
corridor — folyosó
island — sziget, -e
Margaret Island — Margitsziget

HORVÁTH

Good morning, Madam! We're now going over the railway bridge. Perhaps we can see Margaret Island from the corridor. Don't you want to come out? — Jó reggelt, asszonyom! Most megyünk át a vasúti hídon. A folyosóról talán lehet látni a Margitszigetet. Nem akarnak kijönni?

idea, notion — ötlet, -e

MÁRIA

Good idea! Now we're passing through to the Dunántúl, aren't we? — Jó ötlet! Most megyünk át a Dunántúlra, nem?

therefore (for that reason) — azért
therefore (for this reason) — ezért
to name, call — nevezni
countryside, region, district — vidék, -e
beyond, over — túl

HORVÁTH	
Yes. The other side of the Danube is already the Dunántúl. They call this region Dunántúl because it's beyond the Danube.	Igen. A Duna másik oldalán már a Dunántúl van. Azért nevezik ezt a vidéket Dunántúlnak, mert a Dunán túl van.
JOHNSON	
Do you know the Dunántúl well?	Jól ismeri a Dunántúlt?
HORVÁTH	
Yes. I have a small orchard near Székesfehérvár. I go there often. And I go to the Balaton to spend my summer vacation.	Igen. Van egy kis gyümölcsösöm Székesfehérvár mellett. Oda gyakran megyek. Meg a Balatonra járok nyaralni.
MÁRIA	
This year we're going to spend our summer vacation also at the Balaton. Is Siófok far from Székesfehérvár?	Az idén mi is a Balatonon nyaralunk. Messze van Siófok Székesfehérvártól?
kilometer	kilóméter
HORVÁTH	
No, it's not far - about 45 kilometers.	Nincs messze. Körülbelül negyvenöt kilóméterre van.
look (command)	nézze (imperative)
JOHNSON	
In Hungary nothing is far. Look how beautiful that cornfield next to the farm is!	Magyarországon semmi sincs messze. Nézze, milyen szép az a kukoricaföld a tanya mellett!
nothing at all meadow	semmit sem mező, mezeje
HORVÁTH	
Yes, the land is good there. But on the other side they don't grow anything at all. It's all meadow.	Igen, ott jó a föld. De a másik oldalon nem termelnek semmit sem. Az mező.
MÁRIA	
It's interesting but I don't see anyone at all working in the fields.	Érdekes, nem látok senkit sem dolgozni a földeken.
holiday nowhere, no place	ünnep, -e sehol
HORVÁTH	
Since today is a holiday, nobody is working anywhere.	Ma ünnep van, nem dolgoznak sehol sem.
to climb, to crawl to jump to fall (down, off) bicycle	mászni ugrani esni (leesni) kerékpár, -ja

MÁRIA

Look how many children there are playing on the road! One child is just climbing down from the tree and getting on his bicycle.

Nézze, mennyi gyerek játszik az úton! Egy gyerek éppen most mászik le a fáról és felül a kerékpárjára.

childhood, childhood days	gyermekévek
conductor	kalauz
whether it is, there is	van-e
dining car	étkezőkocsi
to eat breakfast	reggelizni

JOHNSON

Happy childhood days! - But I'll ask the conductor if there's a dining car on the train. I'd like to have breakfast.

Boldog gyermekévek! - De megkérdezem a kalauztól, hogy van-e étkezőkocsi a vonaton. Szeretnék reggelizni.

from him	tőle
from them	tőlük

MÁRIA

I've already asked him. It's the second after our car.

Én már megkérdeztem tőle. A mi kocsink után a második az étkezőkocsi.

Notes on Grammar
(For Home Study)

A. Negative Forms

In Unit 2 we had an example of a double negative in Hungarian:

Nem talál semmit.

As illustrated in the above pattern, nem is always used before the verb when the 'compound' negative (sem plus mit, se plus hol) follows the verb. Other examples of double negatives are:

Nem láttam sehol.	I didn't see him anywhere.
Nem beszélünk senkivel.	We don't speak to anyone.
Nem ismer senkit.	He doesn't know anyone.
Nincsenek soha ott.	They're never there.
Nem csinálok semmit.	I'm not doing anything.

If a compound negative precedes the verb, the negative of the predicate will be either nem or sem (se), nem indicating stronger negation than sem. Examples:

Senki nem jön.	(Senki sem jön.)	Nobody is coming.
Sehol nem láttam.	(Sehol sem láttam.)	I didn't see him anywhere.
Senkit nem látok.	(Senkit sem látok.)	I don't see anyone.

Other common negative expressions:

(1) sem (se)......sem (se) corresponds to the English 'neither.....nor'. With this expression, the verb must always be preceded by nem. It may be used only in paired words or phrases, just as the English 'neither...nor'. If the words or phrases they negate precede the verb, sem (se) will also precede each word or phrase negated; if the words or phrases come after the verb, then sem (se) will be placed after the negated items.

Sem Pált sem Pétert nem látom.	I see neither Paul nor Peter.
Se pénzem se családom nincs.	I have neither money nor family.
Nem látom Pált se és Pétert se.	I see neither Paul nor Peter.
Nincs pénzem sem és családom sem.	I have neither money nor family.

(2) sincs (sincsen) corresponds to nincs (nincsen) in meaning when it is used with a compound negative which precedes it. (Note that this is similar to the use of nem and sem after a compound negative.)

Senki sincs itt. (Senki nincs itt.)	Nobody is here. (There is nobody here.)
Semmi sincs a dobozban. (Semmi nincs a dobozban.)	There is nothing in the box.

In all other positions sincs (sincsen) means 'is not either'; 'nor is (there)'. The plural form sincsenek means 'are not either'; 'nor are (there)'.

Itt sincs meleg.	It's not warm here either. (Nor is it warm here.)
Ott sincsenek a gyerekek.	The children aren't there either.
A kertben sincs senki.	There's nobody in the garden either. (Nor is there anybody in the garden.)
A dobozban sincs a toll.	The pen isn't in the box either.
Az iskolában sincsenek a tanárok.	The teachers aren't in the school either.
A feleségem sincs Washingtonban.	My wife isn't in Washington either.
A gyerekeim sincsenek otthon.	My children aren't home either.

(3) When sem (se) comes after a compound negative, it serves as an emphasizing particle. (In this construction it is not used to negate the predicate, but instead modifies and reinforces the compound negative.) Likewise the pattern egy plus noun plus sem (se) or sincs is used to stress the negative idea 'not even one'.

Nem láttam sehol sem.	I didn't see him anywhere at all.
Nem csinálunk semmit se.	We're not doing anything at all.
Nem ismernek senkit se.	They don't know anyone at all.
Nem olvasunk sohasem.	We never read.
Egy tanár se ül.	Not even one teacher is sitting.
Egy diák sincs az iskolában.	There's not even one student in the school.

(4) Sem may also be used in a negative sentence with the meaning of '(not) either'. In this construction it is never used with a compound negative. When it comes after the verb, nem must be used before the predicate. Sem is always placed after the word it negates. (Note that in this meaning it is the negative of the Hungarian word is ('also'), just as 'not either' in English is the negative counterpart of the affirmative 'also'.)

Péter nem eszik húst sem.	Peter does not eat meat either.
Péter sem eszik húst.	Nor does Peter eat meat. (Peter likewise does not eat meat.)
Nincs meleg az ebédlőben sem.	It's not warm in the dining room either.
A városban nincs vendéglő sem.	In the town there's no restaurant either.
János sincs az iskolában.	John isn't in school either.

B. The Suffixes -ra, -re, -ról, -ről, and -tól, -től

The relationship of motion onto is given to a word by the suffix -ra, -re. This suffix contrasts with -ba, -be in that the latter signifies penetration into, whereas -ra, -re implies only as far as the surface, onto the surface. It also contrasts with -n, -on, -en, in that it is used when the verb implies motion of the object, whereas -n, -on, -en is used when the verb does not indicate motion. (In connection with the ending -n, -on, -en, note that all those words which require the -n suffix to express the idea of 'in', e.g., Budapesten, Magyarországon, will also require the ending -ra, -re to express the concept 'into'.)

The suffix -ról, -ről signifies away from, off the outside of. It is used when motion is expressed or implied, and contrasts with the suffix -ból, -ből, which expresses motion from the inside of; -ról, -ről implies movement from the surface of. (Note again here that all words requiring the -n suffix to express the idea of 'in' will also require the ending -ról, -ről to express the concept of 'from the inside of'.)

The ending -tól, -től implies from the vicinity of, from near, and is used when motion is expressed or implied. The chart below shows the position differences between the suffixes -ból, -ról, and -tól:

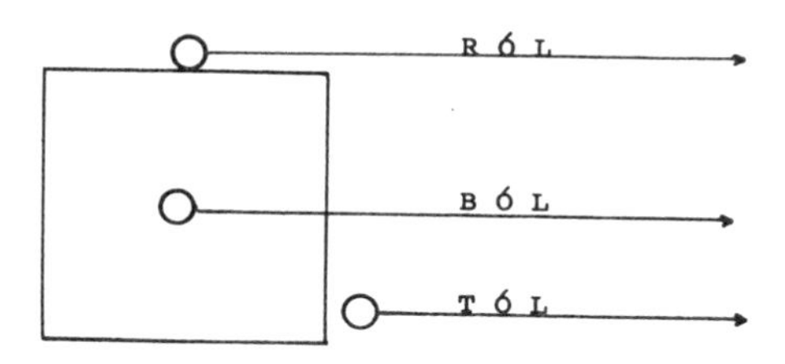

(The arrows indicate motion away from.)

Besides the literal meanings of the suffixes given above and others we have had, each is used in certain constructions with extended meanings. The student must memorize these special constructions as he comes across them.

The above analysis of the suffixes -ra, -ról, -tól is in their relation to nouns. However, they may all be used as independent forms which themselves may take personal suffixes. Note the following:

-ra	-től	-ról
rám	tőlem	rólam
rád	tőled	rólad
rá (rája)	tőle	róla
ránk	tőlünk	rólunk
rátok	tőletek	rólatok
rájuk	tőlük	róluk

SUBSTITUTION DRILL

1. Felszáll az autóbuszra. — He gets on the bus.

   train - airplane - ship - car - streetcar- cart — vonatra - repülőgépre - hajóra - kocsira - villamosra - szekérre

2. Leszállok a vonatról. — I get off the train.

   bus - streetcar - cart - airplane - ship - bicycle — autóbuszról - villamosról - - szekérről - repülőgépről - hajóról - kerékpárról

3. Leteszi a ceruzát a dobozra. — She puts the pencil down on the box.

   table - phonograph - radio - paper - bench — asztalra - lemezjátszóra - rádióra - papírra - padra

4. A toll a földre esik. — The pen drops on the floor.

   suitcase - chair - dish - picture - shirt - mirror - glass — bőröndre - székre - edényre - képre - ingre - tükörre - üvegre

5. Felveszi a papirt a földről. — He picks the paper up from the floor.

   typewriter - book - suitcase - bottle - chair — irógépről - könyvről - bőröndről - üvegről - székről

6. Felveszem a levelet az asztalról. — I pick the letter up from the table.

   bench - handbag - box - radio - vase — padról - táskáról - dobozról - rádióról - vázáról

7. A gyerek felmászik az asztalra.	The child's climbing up on the table.
gate - tree - bed - window - door - boat - bicycle	kapura - fára - ágyra - ablakra - ajtóra - csónakra - kerékpárra
8. A fiú feláll a székre.	The boy's stepping on the chair.
suitcase - cabinet - cart - machine - book - seat	bőröndre - szekrényre - szekérre - gépre - könyvre - ülésre
9. A kislány lemászik a fáról.	The little girl's climbing down from the tree.
gate - seat - bed - cart - bench - car - tractor	kapuról - ülésről - ágyról - szekérről - padról - kocsiról - traktorról
10. A lány leül a padra.	The girl sits down on the bench.
chair - cabinet - ground - shore - bed - book	székre - szekrényre - földre - partra - ágyra - könyvre
11. Az asszony feláll a székről.	The woman's getting up from the chair.
ground - bed - bench - seat - suitcase	földről - ágyról - padról - ülésről - bőröndről
12. Tízkor indul a Déli pályaudvarról.	He starts from the South Station at ten o'clock.
East Station - West Station - Balaton - station - legation - consulate	Keleti pályaudvarról - Nyugati pályaudvarról - Balatonról - állomásról - követségről - konzulátusról
13. Délben érkezik Siófokra.	He arrives in Siófok at noon.
Budapest - Hungary - Szeged - Buda - Pest - Székesfehérvár	Budapestre - Magyarországra - Szegedre - Budára - Pestre - Székesfehérvárra
14. Délben indulunk Budapestről.	We start from Budapest at noon.
Hungary - Szeged - Siófok - Földvár - Székesfehérvár - home	Magyarországról - Szegedről - Siófokról - Földvárról - Székesfehérvárról - otthonról
15. Messze van Budapest Siófoktól?	Is Budapest far from Siófok?
Szeged - Vienna - Sweden - Germany - London - France - Moscow	Szegedtől - Bécstől - Svédországtól - Németországtól - Londontól - Franciaországtól - Moszkvától
16. Megkérdezem a kalauztól.	I'm going to ask the conductor.
my father - his friend - our teacher - my mother - our daughter - the Foreign Minister - the legation secretary - the Swedish Envoy - the Assistant Secretary of State	az apámtól - a barátjától - a tanárunktól - az anyámtól - a lányunktól - a külügyminisztertől - a követségi titkártól - a svéd követtől - a külügyminiszter helyettesétől

17. Nem <u>beszél</u> senki sem. — Nobody at all is <u>speaking</u>.

writing - reading - studying - cooking - swimming - playing tennis - going boat riding - eating - drinking

ír - olvas - tanul - főz - úszik - teniszezik - csónakázik - eszik - iszik

18. A feleségem sem szeret <u>utazni</u>. — My wife doesn't like <u>to travel</u> either.

draw - study - drink - play the piano - play golf - write letters - read Hungarian - shop - swim

rajzolni - tanulni - inni - zongorázni - golfozni - leveleket írni - magyarul olvasni - vásárolni - úszni

VARIATION DRILL

1. <u>A gyerek felmászik a kapura</u>. — <u>The child climbs on the gate</u>.

a. The lady gets on the train.	A hölgy felszáll a vonatra.
b. I'm going up on the mountain.	Felmegyek a hegyre.
c. The man gets on the horse.	A férfi felül a lóra.
d. The little girl's stepping onto a chair.	A kislány feláll egy székre.

2. <u>Leülök a padra</u>. — <u>I sit down on the bench</u>.

a. The soldiers lie down on the bed.	A katonák lefekszenek az ágyra.
b. The child lies down on the ground.	A gyerek lefekszik a földre.
c. We sit down on the shore.	Leülünk a partra.
d. The tired woman sits down on the chair.	A fáradt asszony leül a székre.
e. The man puts his coat down on the seat.	A férfi leteszi a kabátját az ülésre.

3. <u>Az emberek leszállnak a vonatról</u>. — <u>People get off the train</u>.

a. The children come down from the mountain.	A gyerekek lejönnek a hegyről.
b. The little girl gets off the chair.	A kislány leszáll a székről.
c. The child climbs down from the gate.	A gyerek lemászik a kapuról.
d. The boy gets off the bus.	A fiú leszáll az autóbuszról.

4. <u>Messze van Siófok Székesfehérvártól</u>? — <u>Is Siófok far from Székesfehérvár</u>?

a. Is Budapest far from Vienna?	Messze van Budapest Bécstől?
b. Is Hungary far from America?	Messze van Magyarország Amerikától?
c. Is New York far from Washington?	Messze van New York Washingtontól?
d. Is Sweden far from Italy?	Messze van Svédország Olaszországtól?
e. Is East far from West?	Messze van Kelet Nyugattól?

5. Budapest nincs messze a Balatontól. — Budapest isn't far from the Balaton.

a. My house isn't far from your house. — A házam nincs messze a maga házától.
b. His apartment isn't far from the school. — A lakása nincs messze az iskolától.
c. His farm isn't far from the city. — A tanyája nincs messze a várostól.
d. The highway isn't far from the farm. — Az országút nincs messze a tanyától.
e. The hotel isn't far from the legation. — A szálloda nincs messze a követségtől.

6. A tanuló valamit kérdez a tanártól. — The student's asking the teacher something.

a. The child's asking his father for two dollars. — A gyerek két dollárt kér az apjától.
b. My wife's buying apples from the child. — A feleségem almát vesz a gyerektől.
c. My daughter gets a beautiful gift from her husband. — A lányom egy szép ajándékot kap a férjétől.
d. My sister gets a letter from her daughter. — A nővérem levelet kap a lányától.
e. The boys are just coming from the Kovácses. — A fiúk éppen most jönnek Kovácséktól.

7. Egy könyvet veszek tőle. — I'm buying a book from him.

a. My friend asks me for two dollars. — A barátom két dollárt kér tőlem.
b. I'm getting a letter from them. — Levelet kapok tőlük.
c. They don't get anything at all from her. — Nem kapnak semmit sem tőle.
d. He's taking flowers from us. — Virágot visz tőlünk.
e. I'd like to buy the car from you (pl.). — Szeretném az autót megvenni maguktól.
f. I'm getting ten dollars from you. — Tíz dollárt kapok magától.

8. Senki sem tanul.
Senki nem tanul. — Nobody's studying.

a. Nobody's playing tennis. — Senki sem teniszezik.
b. Nobody's running. — Senki sem szalad.
c. Nobody's drawing. — Senki sem rajzol.
d. Nobody's eating. — Senki sem eszik.
e. Nobody's sleeping. — Senki sem alszik.

9. Senkit se (sem) látok.
Senkit nem látok. — I don't see anyone.

a. I don't ask for anyone. — Senkit se kérek.
b. I don't buy anything. — Semmit se veszek.
c. I don't spend anything. — Semmit se költök.
d. I don't study anything. — Semmit se tanulok.
e. I don't ask anyone. — Senkit se kérdezek.

10. A dobozban sincs a toll. — The pen isn't in the box either.

a. The book isn't in the dining room either. — Az ebédlőben sincs a könyv.
b. The children aren't in the school either. — Az iskolában sincsenek a gyerekek.
c. It's not warm in the room either. — A szobában sincs meleg.
d. There are no good shops in the city either. — A városban sincsenek jó üzletek.
e. My coat isn't in the cabinet either. — A szekrényben sincs a kabátom.

11. Nincs a szekrényben semmi sem. — There's nothing at all in the cabinet.

a. There's nobody at all in the house. — Nincs a házban senki sem.
b. There's nothing at all in the shop. — Nincs az üzletben semmi sem.
c. There's nobody at all in the movie. — Nincs a moziban senki sem.
d. There's nothing at all on the table. — Nincs az asztalon semmi sem.
e. There's nothing at all in my bag. — Nincs a táskámban semmi sem.

12. Nem tanul senki sem. — Nobody at all is studying.

a. Nobody at all is speaking. — Nem beszél senki sem.
b. Nobody at all is drinking. — Nem iszik senki sem.
c. Nobody at all is playing. — Nem játszik senki sem.
d. Nobody at all is swimming. — Nem úszik senki sem.
e. Nobody at all is going to the city. — Nem megy a városba senki sem.

13. Senki sincs a fülkében. — There's nobody in the compartment.

a. There's nobody in the garden. — Senki sincs a kertben.
b. There's nobody in the room. — Senki sincs a szobában.
c. There's nobody in the school anymore. — Senki sincs már az iskolában.
d. There's nobody on the shore. — Senki sincs a parton.
e. There's nobody at home yet. — Senki sincs még otthon.

14. Semmi sincs a dobozban. — There's nothing in the box.

a. There's nothing in the vase. — Semmi sincs a vázában.
b. There's nothing in the car. — Semmi sincs a kocsiban.
c. There's nothing in the house. — Semmi sincs a házban.
d. There's nothing in the cabinet. — Semmi sincs a szekrényben.
e. There's nothing in the suitcase. — Semmi sincs a bőröndben.

15. Nem látok senkit se. — I don't see anyone at all.

a. I don't hear anyone at all. — Nem hallok senkit se.
b. I don't look at anyone at all. — Nem nézek senkit se.
c. I don't expect anyone at all. — Nem várok senkit se.
d. I don't look for anyone at all. — Nem keresek senkit se.
e. I don't ask anyone at all. — Nem kérdezek senkit se.

16. Nem látok semmit se.	I don't see anything at all.
a. I don't speak anything at all.	Nem beszélek semmit se.
b. I don't buy anything at all.	Nem veszek semmit se.
c. I don't drink anything at all.	Nem iszom semmit se.
d. I don't learn anything at all.	Nem tanulok semmit se.
e. I don't ask anything at all.	Nem kérdezek semmit se.
17. Nekem soha sincs sok csomagom.	I never have much luggage.
a. The boy never has money.	A fiúnak soha sincs pénze.
b. The child is never here.	A gyerek soha sincs itt.
c. It's never cold in California.	Kaliforniában soha sincs hideg.
d. It's never very warm in Alaska.	Alaszkában soha sincs nagyon meleg.
18. A feleségem sehova sem akar elmenni.	My wife doesn't want to go anywhere.
a. I don't go anywhere lately.	Mostanában sehova sem megyek.
b. We're not going anywhere for a summer vacation this year.	Az idén sehova sem megyünk nyaralni.
c. The waiter doesn't put glasses anywhere.	A pincér sehova sem tesz poharakat.
d. I'm not taking flowers anywhere.	Sehova sem viszek virágot.
19. A lányom sem szeret utazni.	My daughter doesn't like to travel either.
a. I don't like to cook either.	Én sem szeretek főzni.
b. I don't speak French well either.	Én sem beszélek jól franciául.
c. He doesn't go to Hungary either.	Ő sem megy Magyarországra.
d. My friend doesn't like to play tennis either.	A barátom sem szeret teniszezni.
e. We're not going home yet either.	Mi sem megyünk még haza.
20. A gyerek sohasem éhes.	The child's never hungry.
a. The apartment's never warm.	A lakás sohasem meleg.
b. This man never sleeps.	Ez az ember sohasem alszik.
c. He was never in Hungary.	Sohasem volt Magyarországon.
d. We never go home.	Sohasem megyünk haza.
e. There has never yet been such a hot summer.	Sohasem volt még ilyen meleg nyár.
21. Sehol sem dolgoznak a földeken.	They're not working anywhere in the fields.
a. The children aren't playing anywhere on the street.	A gyerekek sehol sem játszanak az utcán.
b. My wife doesn't find her shoes anywhere.	A feleségem sehol sem találja a cipőjét.
c. They're not growing much corn anywhere this year.	Sehol sem termelnek az idén sok kukoricát.
d. I can't get chicken paprika anywhere.	Sehol sem kapok paprikás csirkét.

TRANSFORMATION DRILL

I

A

Instructor: Leteszem a tollat a dobozra.
Student: Felveszem a tollat a dobozról.

1. Leteszem a kalapomat a székre.	Felveszem a kalapomat a székről.
2. Letesszük a poharakat az asztalra.	Felvesszük a poharakat az asztalról.
3. Leteszi a virágot a kis szekrényre.	Felveszi a virágot a kis szekrényről.
4. Leteszik a kabátjukat az ágyra.	Felveszik a kabátjukat az ágyról.
5. Leteszi a dobozt a földre.	Felveszi a dobozt a földről.
6. Leteszem a könyveket a padra.	Felveszem a könyveket a padról.

B

Instructor: A faluból kijárnak a mezőre.
Student: A mezőről bejárnak a faluba.

1. A házból kiszaladnak a partra.	A partról beszaladnak a házba.
2. A városból kirándulunk a környékre.	A környékről berándulunk a városba.
3. A kertből kimennek az útra.	Az útról bemennek a kertbe.
4. A házból kijön az udvarra.	Az udvarról bejön a házba.
5. Az épületből kisétálok az utcára.	Az utcáról besétálok az épületbe.

C

Instructor: Az emberek felszállnak a vonatra.
Student: Az emberek leszállnak a vonatról.

1. A gyerek felmászik a fára.	A gyerek lemászik a fáról.
2. A férfi felugrik az autóbuszra.	A férfi leugrik az autóbuszról.
3. A lányok felmennek a hegyre.	A lányok lemennek a hegyről.
4. Felszállok a repülőgépre.	Leszállok a repülőgépről.

D

Instructor: Az asszony leszáll a vonatról.
Student: Az asszony felszáll a vonatra.

1. A gyerek lemászik a kapuról.	A gyerek felmászik a kapura.
2. A kislány leszáll a kerékpárról.	A kislány felszáll a kerékpárra.
3. Az ember lemegy a hegyről.	Az ember felmegy a hegyre.
4. A fiú leugrik a vonatról.	A fiú felugrik a vonatra.

II

A

Instructor: Ha Péter megy, én is megyek.
Student: Ha Péter nem megy, én se megyek.

1. Ha Mária eszik, én is eszem.	Ha Mária nem eszik, én sem eszem.
2. Ha a feleségem hazamegy, én is hazamegyek.	Ha a feleségem nem megy haza, én sem megyek haza.
3. Ha maga leül a székre, a gyerek is leül.	Ha maga nem ül le a székre, a gyerek se ül le.
4. Ha bemennek a házba, mi is bemegyünk.	Ha nem mennek be a házba, mi sem megyünk be.
5. Ha mi fizetünk, ők is fizetnek.	Ha mi nem fizetünk, ők sem fizetnek.
6. Ha egyik tanuló tanul, a másik is tanul.	Ha egyik tanuló nem tanul, a másik sem tanul.

B

Instructor: Az anya is szép és a lánya is.
Student: Az anya se szép és a lánya se.

1. A kislány is játszik és a kisfiú is.	A kislány se játszik és a kisfiú se.
2. A férfi is éhes és a gyerek is.	A férfi se éhes és a gyerek se.
3. A ház is nagy és a kert is.	A ház se nagy és a kert se.
4. Az apja is gazdag és a felesége is.	Az apja se gazdag és a felesége se.
5. A bazilika is régi és az országház is.	A bazilika se régi és az országház se.
6. A bor is hideg és a sör is.	A bor se hideg és a sör se.

TRANSLATION DRILL

1. I want to travel from Budapest to Debrecen.	Budapestről Debrecenbe akarok utazni.
2. I want to go by bus or train, not by plane.	Autóbuszon vagy vonaton akarok menni, nem repülőgépen.
3. I inquire at the IBUSZ Travel Bureau.	Az Ibusz Utazási Irodájában érdeklődöm.
4. There's a local train at 7 o'clock in the morning, but that's too slow.	Hét órakor reggel van egy személyvonat, de az túl lassú.
5. I'll go on an express train which starts at 8.	Gyorsvonaton megyek, ami nyolckor indul.
6. It's already in Debrecen at 3 in the afternoon.	Az délután háromkor már Debrecenben van.
7. One can get a ticket at the IBUSZ Bureau.	Az IBUSZ Irodában lehet jegyet kapni.
8. There aren't always enough seats on the 'fapados.'	A fapadoson nincs mindig elég hely.
9. The 'fapados' is the old third class; there people sit on wooden benches.	A fapados a régi harmadik osztály, ott az emberek fapadokon ülnek.
10. The 'párnás' is the old first or second class. There are always seats there.	A párnás a régi első vagy második osztály. Ott mindig van hely.
11. I'm buying two tickets for the 'párnás'.	Két jegyet veszek a párnásra.
12. The two tickets cost 150 forints.	A két jegy százötven forintba kerül.
13. In the morning we go to the station by bus.	Reggel autóbuszon megyünk az állomásra.
14. The bus stops just in front of the station entrance.	Az autóbusz éppen a pályaudvar bejárata előtt áll meg.
15. The train is on the fifth track to the left.	A vonat balra, az ötödik vágányon áll.
16. You can't get in until after a half an hour.	Egy fél óra múlva lehet csak beszállni.
17. The redcap puts the luggage on the train.	A hordár felteszi a csomagokat a vonatra.
18. We want a non-smoker. He reserves seats there.	Nemdohányzó kocsit kérünk. Ott foglal helyet.
19. We want to sit next to the window.	Az ablak mellett akarunk ülni.
20. We want to see the 'Alföld'.	Látni akarjuk az Alföldet.
21. We meet Mr. Horváth on the train. He's traveling to the Alföld also, to Szolnok.	A vonaton találkozunk Horváth úrral. Ő is az Alföldre utazik, Szolnokra.
22. He's now looking for a vacant seat.	Most keres egy üres helyet.

23. He has only one suitcase. He never has much luggage.	Csak egy táskája van. Neki soha sincs sok csomagja.
24. He doesn't take much luggage anywhere.	Sehova sem visz sok csomagot.
25. My wife doesn't like to take much luggage either.	Az én feleségem sem szeret sok csomagot vinni.
26. She didn't bring her coat either because it's summer.	A kabátját sem hozta, mert nyár van.
27. In our compartment nobody's sitting yet.	A mi fülkénkben még senki sem ül.
28. Nobody's standing in the corridor yet.	A folyosón még senki sem áll.
29. We're just going over the railway bridge.	Éppen most megyünk át a vasúti hídon.
30. From the corridor one can see the 'Tisza', Hungary's second largest river.	A folyosóról lehet látni a Tiszát, Magyarország második nagy folyóját.
31. We're already in Szolnok, at the gate of the 'Alföld'.	Már Szolnokon vagyunk, az Alföld kapujában.
32. Many people are traveling to the Alföld.	Sok ember utazik az Alföldre.
33. Szolnok is about 100 kilometers from Budapest.	Szolnok Budapesttől körülbelül száz kilóméterre van.
34. In Hungary nothing's far because the country's small.	Magyarországon semmi sincs messze, mert az ország kicsi.
35. My brother doesn't live far from Budapest either.	Az én bátyám sem lakik messze Budapesttől.
36. In the field there they don't grow anything.	Ott a mezőn semmit sem termelnek.
37. Today's a Communist holiday; therefore nobody's working.	Ma kommunista ünnep van, azért nem dolgozik senki sem.
38. One can't see people anywhere in the fields.	Sehol sem lehet látni embereket a földeken.
39. Only children are playing on the road everywhere.	Csak a gyerekek játszanak mindenhol az úton.
40. One of the children is climbing up the tree.	Az egyik gyerek felmászik a fára.
41. The other child's getting on his bicycle.	A másik gyerek felül a kerékpárjára.
42. They're all having a very good time.	Mind nagyon jól szórakoznak.
43. I don't know if there's a dining car on the train.	Nem tudom van-e étkezőkocsi a vonaton.
44. The conductor says that the third car is the dining car.	A kalauz azt mondja, hogy a harmadik kocsi az étkező.
45. We go into the dining car and have breakfast.	Bemegyünk az étkezőkocsiba és megreggelizünk.

RESPONSE DRILL

1. Melyik a Keleti pályaudvar?	Which is the East Station?
2. Melyik a Déli pályaudvar?	Which is the South Station?
3. Hol van a Nyugati pályaudvar?	Where's the West Station?
4. Az ablak mellett akar ülni?	Do you want to sit by the window?
5. Gyorsvonaton akar menni?	Do you want to go on the express?
6. Mibe kerül egy jegy Budapestre a párnáson?	How much does a 'párnás' ticket to Budapest cost?
7. Gyorsvonaton vagy személyvonaton?	On the express or the local?
8. Hol vannak a csomagok?	Where's the baggage?
9. Szeret kinézni az ablakon?	Do you like to look out of the window?
10. Melyik városba érkezünk most meg?	In what city are we arriving now?
11. Megáll ez a vonat Baltimoreban?	Does this train stop in Baltimore?

12. Hat perc múlva indul a vonat?	Does the train leave in six minutes?
13. Hova ugrik fel a katona?	Where does the soldier jump?
14. Hova megy maga?	Where are you going?
15. Hova esik le a toll?	Where does the pen drop?
16. Honnan száll le az ember?	Where does the man get down from?
17. Honnan száll ki az asszony?	Where does the woman get off from?
18. Honnan esik le a ceruza?	Where does the pencil drop from?
19. Hova esik le a ceruza?	Where does the pencil drop?
20. Honnan szalad ki a gyerek?	Where does the child run out from?
21. Hova szalad ki a gyerek?	Where does the child run out?
22. Hol repülnek a madarak?	Where do the birds fly?
23. Hova repülnek a madarak?	Where (to what place) do the birds fly?
24. Hova ül le?	Where do you sit down?
25. Hol ül?	Where are you sitting?
26. Honnan áll fel?	Where are you getting up from?
27. Milyen messze van New York Washingtontól?	How far is New York from Washington?
28. Milyen messze van Budapest Bécstől?	How far is Budapest from Vienna?
29. Milyen messze van Franciaország Magyarországtól?	How far is France from Hungary?
30. Milyen messze van Svédország Olaszországtól?	How far is Sweden from Italy?
31. Hány óra van?	What time is it?
32. Hány órakor indul az iskolába?	At what time do you start for school?
33. Hány órakor megy haza az iskolából?	At what time do you go home from school?
34. Hány órakor fekszik le?	What time do you go to bed?
35. Mikor indul a gyorsvonat New Yorkba?	What time does the express start for New York?
36. Milyen vonatok mennek New Yorkba?	What kind of trains go to New York?
37. Sok állomás van New Yorkban?	Are there many stations in New York?
38. Maga gyors vagy lassú?	Are you fast or slow?
39. A gyorsvonat megáll minden állomáson?	Does the express train stop at every station?
40. Mibe kerül egy jegy New Yorkba, gyorsvonaton?	How much does a ticket to New York cost on the express?

CONVERSATION PRACTICE

1

A: Jó reggelt kívánok. Érdeklődni szeretnék, hogy lehet Szegedre utazni.
B: Vonaton, autóbuszon vagy repülőn akar utazni?
A: Vonaton. Látni akarom a Magyar Alföldet.
B: Reggel nyolckor indul egy gyorsvonat a Keleti pályaudvarról.
A: Az mikor van Szegeden?
B: Az délben érkezik Szegedre. De van egy személyvonat is kilenckor.
A: Gyorsvonaton megyek. Lehet itt jegyet kapni?
B: Igen. Milyen tetszik? Fapados vagy párnás?
A: Van mindig elég hely a fapadoson?
B: Sajnos, ott nincs mindig elég hely.

2

A: Két jegyet kérek a párnásra. Mennyi az összesen?
B: Száznegyven forint.... Köszönöm.. .. Itt van a visszajáró pénz.
A: Hogy jutunk ki reggel az állomásra?
B: Hol laknak?
A: Itt lakunk nem messze.
B: Az IBUSZ előtt van az autóbuszmegálló. Az autóbusz a pályaudvar mellett áll meg.
A: Lehet hordárt kapni a pályudvaron?
B: Igen, ott biztosan találnak hordárt.

3

A: Melyik vágányon áll a vonat?
B: A jobboldalon, az ötödiken.
A: Mikor lehet beszállni?
B: Egy fél óra múlva lehet beszállni. Dohányzó tetszik?
A: Nemdohányzót kérünk. Ha lehet az ablak mellett.
B: Akkor foglalok két helyet az ablak mellett.
A: Még van időm újságot venni. Hol van az újságárus?
B: A kijárattól jobbra van.

4

A: Nem látok senkit sem a földeken.
B: Ma ünnep van, azért nem dolgoznak sehol sem.
A: Milyen szép az a búzaföld!
B: Igen, az Alföldön jó a föld.
A: Jó termés lesz az idén?
B: Azt mondják, hogy nagyon jó lesz.
A: Nem tudom, hogy van-e étkezőkocsi a vonaton.
B: A második kocsi innen az étkezőkocsi. Reggelizni akar?
A: Igen, megyek reggelizni.

SITUATIONS

1. Nagyon meleg van Budapesten. Maga és a családja a Balatonra akarnak utazni. Nem tudja, hogy lehet oda utazni, megérdeklődi az IBUSZ irodájában. Ott megmondják, milyen vonatok és autóbuszok mennek a Balatonra. A jegyeket is megveszi ott. Megkérdezi, hogy milyen osztályok vannak a vonaton, hogy van-e mindig hely a fapadoson vagy a párnáson. Nem tudja, hogyan jut ki reggel az állomásra, azt is megkérdezi. Megköszöni a felvilágositást.

2. Az állomáson hordárt hív. Megkérdezi, hogy hol áll a vonat, és mikor indul. Mikor lehet beszállni? A hordárt megkéri, hogy foglaljon két helyet és megmondja, hogy hol akar ülni. Még van elég ideje újságot és képeslapokat venni.

3. A vonatban találkozik egy barátjával. Ő helyet keres. A maga fülkéjében még van hely. Nincsen sok csomagja, mert nem szeret csomagot vinni. Bemutatja a feleségének. A vonat éppen a vasúti hídon megy át. Kimennek a folyosóra. Mit látnak az ablakból? Megkérdezi a barátját, miért nevezik ezt a vidéket Dunántúlnak? Azután nézik a földeket a két oldalon, ahol nem dolgozik senki sem. Miért nem dolgoznak az emberek? Egy falu mellett sok gyereket látnak játszani. Éhes és reggelizni akar. Megkérdezi, hol van az étkezőkocsi és hívja a feleségét és a barátját reggelizni.

NARRATIVE

Johnson és a felesége a Balatonra akarnak utazni. A kocsija nem jó, ezért vonaton vagy autóbuszon akarnak menni. Érdeklődni megy az IBUSZ Utazási Irodába. Ott pontosan megmondják, hogy mikor és honnan indulnak a vonatok és az autóbuszok. Johnson vonaton akar menni, mert a vidéket akarja látni. Meg akarja nézni a Dunántúlt.

Az IBUSZ hivatalnoka megmondja, hogy reggel hétkor indul egy személyvonat, ami délben van Siófokon. Nyolc órakor indul egy gyorsvonat, az már tíz után ott van. Johnson megkérdezi, hogy honnan indul a vonat. Budapesten három pályaudvar van, a Keleti, Nyugati, és Déli pályaudvar. A vonatok a Balatonra a Déli pályaudvarról szoktak indulni, de van egy vagy két vonat, ami a Keleti pályaudvarról indul. Johnson vonata a Keletiről indul.

Az IBUSZ Irodájában lehet venni jegyeket. A hivatalnok megkérdezi, hogy fapados vagy párnás osztályon akar utazni. Johnson nem ismeri egyiket sem. A hivatalnok megmondja, hogy a fapados a régi harmadik osztály, ott az emberek fapadokon ülnek. A párnás osztályon puha ülések vannak és az régen az első és második osztály volt. Johnson a párnásra vesz két jegyet.

Reggel Johnsonék kimennek a pályaudvarra. Johnson hordárt hív és odaadja a hordárnak a csomagját. A hordár felteszi a csomagot a vonatra és két helyet foglal Johnsonéknak. Egy nemdohányzó kocsiban foglal helyet, ahol nem szabad dohányozni, csak a folyosón.

A vonat csak egy fél óra múlva indul. Még nem lehet beszállni. Sok ember vár az állomáson, a Balatonra utaznak a hét végére. A vonat jobbra, a harmadik vágányon áll. Még van elég idő. Johnson újságot megy venni. Az újságárus a kijárattól balra van. Mikor visszajön beszállnak a vonatba.

A vonat lassan elindul. Horváth úr az utolsó percben érkezik. Nagyon fáradt. Nincs semmi csomagja, mert sohasem visz csomagot, ha utazik. A kabátját sem hozza, mert meleg van. Még nincs helye. Johnsonék fülkéjében van egy üres hely. Johnson bemutatja Horváthot a feleségének.

A vonat a vasúti hídon megy át. Kimennek a folyosóra. Nem sokan állnak a folyosón. Az ablakból jól lehet látni a Margitszigetet és a hidakat. Horváth úr Veszprémbe utazik. Székesfehérváron leszáll és egy másik vonaton utazik Veszprémbe. A fiát megy meglátogatni. Van ott egy kis gyümölcsöskertje is. Veszprém nincs messze Székesfehérvártól. Magyarországon semmi sincs nagyon messze.

A kalauz kéri a jegyeket. Megnézi, azután visszaadja az embereknek. Johnson megkérdezi a kalauztól, hogy van-e étkezőkocsi a vonaton. A kalauz azt mondja, hogy a harmadik kocsi az étkező. Johnsonék reggelizni mennek.

A vonat már a Dunántúlon jár. Senkit sem lehet látni a földeken. Az emberek nem dolgoznak sehol sem. Még állatok sincsenek a mezőkön. Ünnep van.

Az emberek a fülkében beszélgetnek. Elmondják, hogy honnan jönnek, hova mennek, mit csinálnak. Elmondják, hogy nemcsak a városban drága minden, hanem a vidéken is. Elmondják, hogy milyen volt az idén a termés, hogy mit főz ebédre az asszony és hogy milyen nagyok a gyerekek. Azután csak hallgatnak és az ablakon át nézik a magyar vidéket.

NYOMASZTÁS SZEKÉRREL gyűrűalakú szérűn. A szérű közepén látható a garmada. (Balatonkövesd.)

Palóc lócak, székek hátának FŰRÉSZELT DÍSZÍTÉSE. *(Kazár és Litke, Nógrad m.) Fönt, jobbról: Jézus elfogatása; ez alatt: Jézus születése; ettől balra: kanász és kutyája küzdelme a kannal; az alsó sorban balról: szénába menők.*

A SZÍNHÁZBAN

Basic Sentences

I

TÓTH

I didn't know that you were in Budapest already. When did you come back?	Nem tudtam, hogy már Budapesten vannak. Mikor jöttek vissza?
three weeks ago	három hete
the first (with reference to the day of the month)	elseje
the second "	második
the third "	harmadika
the fourth "	negyedike

JOHNSON

We got back (already) three weeks ago. We arrived in Budapest on April first.	Már három hete visszajöttünk. Április elsején érkeztünk Budapestre.

TÓTH

Did you have a pleasant trip?	Kellemes útjuk volt?
during the entire time	az egész idő alatt

JOHNSON

Yes, it was pleasant. Thank goodness everything went well. Only my poor daughter was sick all the time.	Igen, kellemes. Hála Isten minden jól ment. Csak szegény kislányom az egész idő alatt beteg volt.
sea	tenger,-e
seasick	tengeri beteg

TÓTH

Was she seasick?	Tengeri beteg volt?
calm, still, tranquil	nyugodt

JOHNSON

Yes, although the sea was quite calm.	Igen, pedig a tenger elég nyugodt volt.
to last	tartani

TÓTH

How long did the voyage last?	Meddig tartott a tengeri út?

JOHNSON

It lasted five days.	Öt napig tartott.
to tie, bind	kötni
to anchor, land (a ship)	kikötni

TÓTH	
Where did your ship land?	Hol kötött ki a hajójuk?
England	Anglia
Denmark	Dánia
Norway	Norvégia
Holland	Hollandia
Belgium	Belgium
Portugal	Portugália
to spend (time)	tölteni
JOHNSON	
We landed in England. We spent a week in London. My older brother came as far as England with us also.	Angliában kötöttünk ki. Egy hetet töltöttünk Londonban. A bátyám is velünk jött Angliáig.
TÓTH	
What did you do in America?	Mit csináltak Amerikában?
long	hosszú
would be	volna
to tell	elmondani
to our home, to us	hozzánk
to tell a tale	mesélni
to tell (a story), narrate, relate	elmesélni
JOHNSON	
That would take long to tell now. Why don't you come over some evening? Then we'll talk about everything.	Azt hosszú volna most elmondani. Miért nem jön át egyik este hozzánk? Akkor mindent elmesélünk.
TÓTH	
I'll be very glad to. Are you still living in your old apartment? I heard that you had been looking for another apartment.	Nagyon szívesen. Még mindig a régi lakásukban laknak? Hallottam, hogy kerestek egy másik lakást.
to move	költözni
to move away	elköltözni
farm	major, -ja
villa, bungalow	villa
JOHNSON	
We don't live there anymore. We moved to Városmajor Street two weeks ago. We live in a beautiful villa there.	Már nem lakunk ott. Két hete elköltöztünk a Városmajor utcába. Egy szép villában lakunk ott.
TÓTH	
The Smiths are also living on Városmajor Street, aren't they?	Smithék is a Városmajor utcában laknak, nem?

to place, put, set, lay — helyezni
to transfer — áthelyezni
Switzerland — Svájc
Albania — Albánia
Austria — Ausztria
Bulgaria — Bulgária
Czechoslovakia — Csehszlovákia
Rumania — Románia
Yugoslavia — Jugoszlávia

JOHNSON

They used to live there. Smith was transferred to Switzerland. We moved into the house where they used to live.

Csak laktak. Smithet áthelyezték Svájcba. Mi abba a házba költöztünk, ahol ők laktak.

TÓTH

How long was Smith in Hungary?

Meddig volt Smith Magyarországon?

JOHNSON

He was here for three years.

Három évig volt itt.

TÓTH

And how long are you going to stay in Pest?

És maga, meddig marad Pesten?

JOHNSON

Perhaps one more year.

Talán még egy évig maradok.

TÓTH

I believe that's John Ember sitting over there in the corner.

Azt hiszem, Ember János ül ott a sarokban.

JOHNSON

Yes. I'm going over to his table. I haven't talked to him for a very long time. Won't you come over too?

Igen, ő az. Odamegyek az asztalához. Régen nem beszéltem vele. Maga nem jön oda?

TÓTH

Sorry, I don't have time. My wife has already been waiting for me for ten minutes. We're going to Buda to the Kovácses.

Sajnos, nincs időm. A feleségem már tíz perce vár. Kovácsékhoz megyünk Budára.

JOHNSON

Then, see you later!

Akkor, viszontlátásra!

II

opera — opera
theater — színház, -at

EMBER

I saw you at the opera last night.

Tegnap este láttam magukat az operában.

to regret, be sorry	sajnálni
JOHNSON	
Yes, we were there. I'm sorry that I didn't see you. Why didn't you come over and talk to us?	Igen, ott voltunk. Sajnálom, hogy nem láttam magát. Miért nem jött oda hozzánk?
to disturb box	zavarni páholy
EMBER	
I didn't want to disturb you. You were sitting in the Ambassador's box, weren't you?	Nem akartam zavarni magukat. A követ páholyában ültek, nem?
season ticket to invite	bérlet, -e meghívni
JOHNSON	
Yes, he has a season ticket and invited us.	Igen, neki bérlete van és meghívott minket.
one and a half to stand in line for the ticket	másfél sorba állni a jegyért
EMBER	
Aren't you lucky! I had to stand in line an hour and a half for the ticket.	Maga szerencsés! Én másfél óráig álltam sorba a jegyért.
when singer woman singer to perform, act it's worth while	amikor énekes énekesnő szerepelni megéri
JOHNSON	
When foreign opera singers are (perform) on the program it's always hard to get a ticket. But it was worth it, wasn't it?	Amikor külföldi operaénekesek szerepelnek, mindig nehéz jegyet kapni. De megérte, nem?
to please, to like performance beautifully, magnificently	tetszeni előadás gyönyörűen
EMBER	
Yes. I liked the performance very much. The Italian singers sang beautifully.	Igen. Nekem nagyon tetszett az előadás. Az olasz énekesek gyönyörűen énekeltek.
JOHNSON	
I like Italians and Italian operas also.	Én is szeretem az olaszokat és az olasz operákat.

formerly, in former times occasion, opportunity	ezelőtt alkalom, alkalmat, alkalma
EMBER	
Two years ago I worked at the embassy in Rome. Then I had the opportunity to see just about all the Italian operas.	Két évvel ezelőtt Rómában dolgoztam a követségen. Akkor volt alkalmam majdnem minden olasz operát megnézni.
to envy a few up to the present, till now till then, as far as that	irigyelni egypár eddig addig
JOHNSON	
I envy you! Up to now I have seen only a few.	Irigylem magát! Én csak egypárat láttam eddig.
The Vienna Philharmonic	a Bécsi Filharmónikusok (pl.)
EMBER	
Did you hear that the Vienna Philharmonic is coming to Pest this summer?	Hallotta, hogy a nyáron a Bécsi Filharmónikusok jönnek Pestre?
concert	hangverseny
JOHNSON	
I read about it in the newspaper last week. Are you going to the concert?	A múlt héten olvastam az újságban. Megy a hangversenyre?
to get, obtain	szerezni
EMBER	
Of course, if I can get a ticket.	Természetesen, ha tudok jegyet szerezni.
ticket office to promise	jegyiroda ígérni, megígérni
JOHNSON	
We already phoned the ticket office from the Legation. They promised us that we'd get enough tickets. Perhaps I can get you one also.	Mi már telefonáltunk a követségről a jegyirodába. Megígérték, hogy kapunk elég jegyet. Talán tudok magának is szerezni egyet.
EMBER	
I'll be very grateful if you do. I couldn't go in Vienna because I didn't have enough time.	Nagyon hálás leszek, ha szerez. Bécsben nem tudtam menni, mert nem volt elég időm.
to think	gondolni
JOHNSON	
I thought so. I heard that you had been working hard in Vienna. But this will be a good opportunity.	Gondoltam. Hallottam, hogy Bécsben sokat dolgozott. De ez jó alkalom lesz.

in advance, beforehand — előre

EMBER

Thank you very much in advance. — Előre is köszönöm.

JOHNSON

Don't mention it. It's nothing at all. — Szívesen. Nincs mit.

Notes on Grammar
(For Home Study)

A. Past Tense Forms

Hungarian has only one past tense which comprises the English simple past ('I studied', 'I used to study'), past emphatic ('I did study'), past progressive ('I was studying'), present perfect ('I have studied'), and pluperfect ('I had studied').

The sign of the past in Hungarian is -t. The basic rule for the formation of the past is the addition of -t (or, in certain cases, a linking vowel plus -tt) and the personal endings to the verb root.

The following classification may assist the student in determining the form of the past for a particular verb:

(1) Verbs whose root ends in -ad, -ed, -j, -l, (-ly), -n, (-ny), -r generally form the past by adding -t plus the personal endings to the root. (Exception: adni, which ends in -ott in the third person singular of the past indefinite but is otherwise conjugated like akarni below.)

Past Definite	Past Indefinite
akartam	akartam
akartad	akartál
akarta	akart
akartuk	akartunk
akartátok	akartatok
akarták	akartak

Other verbs in this group thus far covered in units:

állni, ápolni, beszélni, csinálni, csókolni, csomagolni, ebédelni, énekelni, foglalni, igérni, indulni, írni, ismerni, járni, képzelni, kérni, kirándulni, kívánni, maradni, megkóstolni, menni, nyaralni, örülni, parancsolni, próbálni, rajzolni, remélni, repülni, sajnálni, sétálni, szaladni, szerepelni, találni, tanulni, telefonálni, termelni, ülni, várni, vásárolni, zavarni

(2) Verbs whose root ends in a sibilant (-s, -sz and -z), or in -b or -d (other than -ad or -ed), -g, (-gy), -k, -m, -p, -v, or the consonant -t preceded by a short vowel, form the past in the same way as verbs above except for the third person singular of the indefinite which ends in -ott (-ett, -ött). (Exceptions: aludni, feküdni both of which are inflected like 'akarni' in the past. The past of kötni is similar to that of tanítani.)

Past Definite	Past Indefinite
kaptam	kaptam
kaptad	kaptál
kapta	kapott
kaptuk	kaptunk
kaptátok	kaptatok
kapták	kaptak

Other verbs in this group:

adni
bemutatni
búcsúzni
csónakázni
dohányozni
dolgozni
golfozni
gondozni
halászni
hallgatni
hívni
hozni
járatni
kopogni
látni
mászni
mondani
olvasni
szórakozni
találkozni
tudni
ugatni
úszni
vacsorázni

esni
égni
érkezni
fizetni
keresni
áthelyezni
nevezni
reggelizni
sietni
teniszezni
érdeklődni
költözni
öntözni

(3) Verbs whose root ends in -t preceded by a long vowel or in a double consonant (which may be two different ones as in ért or the same as in hall) comprise a third group. In order to avoid a cluster of three consonants, these verbs take an auxiliary vowel plus -tt, plus the personal endings in both the definite and indefinite forms of the past. (Note that for these verbs an auxiliary vowel appears in the infinitive also.) (Exceptions: varrni and szállni, which are conjugated like verbs in (1) above, and látni, like (2) above.)

Past Definite	Past Indefinite
tanítottam	tanítottam
tanítottad	tanítottál
tanította	tanított
tanítottuk	tanítottunk
tanítottátok	tanítottatok
tanították	tanítottak

Other verbs in this group:

ajánlani	hallani	érteni	fürdeni
beváltani	játszani	segíteni	költeni
gyújtani	szállítani	tetszeni	tölteni

(4) The following verbs are irregular in the past:

venni	-	Definite:	vettem	vetted	vette	vettük	vettétek	vették
		Indefinite:	vettem	vettél	vett	vettünk	vettetek	vettek
tenni	-	Definite:	tettem	tetted	tette	tettük	tettétek	tették
		Indefinite:	tettem	tettél	tett	tettünk	tettetek	tettek
vinni	-	Definite:	vittem	vitted	vitte	vittük	vittétek	vitték
		Indefinite:	vittem	vittél	vitt	vittünk	vittetek	vittek
hinni	-	Definite:	hittem	hitted	hitte	hittük	hittétek	hitték
		Indefinite:	hittem	hittél	hitt	hittünk	hittetek	hittek
enni	-	Definite:	ettem	etted	ette	ettük	ettétek	ették
		Indefinite:	ettem	ettél	evett	ettünk	ettetek	ettek
inni	-	Definite:	ittam	ittad	itta	ittuk	ittátok	itták
		Indefinite:	ittam	ittál	ivott	ittunk	ittatok	ittak
jönni	-	(Intransitive):	jöttem	jöttél	jött	jöttünk	jöttetek	jöttek
lenni	-	(Intransitive):	voltam	voltál	volt	voltunk	voltatok	voltak
			lettem	lettél	lett	lettünk	lettetek	lettek

(Note: The two forms of the past tense of lenni are different in meaning: voltam corresponds to 'I was', whereas lettem denotes 'I became'.)

B. Use of the Present and Past Tenses in Hungarian

Although the Hungarian past tense encompasses various past forms as expressed in English, Hungarian usage sometimes requires a different tense from the corresponding English:

(1) In speaking about an action or occurrence that started in the past and is still going on, Hungarian uses the present tense, where English uses the present perfect. (Note that the period of time is rendered by the possessive form of the noun in Hungarian.)

Három éve tanulnak magyarul.	They have been studying Hungarian for three years.
Mióta lakik az Egyesült Államokban?	How long have you been living in the United States?
Már két hónapja vagyok itt.	I've already been here two months.

(2) With reference to an action that started in the past and was still continuing at a later period in the past, Hungarian uses the past tense, where English uses the past perfect progressive.

Három hete tanult magyarul, amikor új tanárt kaptak.	He had been studying Hungarian for three weeks when they got a new teacher.
Két éve lakott Amerikában, amikor férjhez ment.	She had been living in America for two years when she got married.

(3) Our rules of sequence of tenses do not always apply in Hungarian. Compare the following English sentences with the corresponding Hungarian:

a. Tudom, hogy vár.	I know that he's waiting.
b. Tudtam, hogy vár.	I knew that he was waiting.
c. Tudom, hogy várt.	I know that he was waiting.
d. Tudtam, hogy várt.	I knew that he had been waiting.

In the Hungarian sentences a and b, the present tense of the verb in the dependent clause (vár) refers to action simultaneous to the action expressed by the verb in the main clause. Note that in the first sentence vár is translated as 'is waiting', whereas in the second sentence English requires the past, 'was waiting'.

In sentences c and d, the past tense (várt) of the verb, the dependent clause refers to an action preceding or antecedent to that indicated by the main verb.

Thus, in this kind of construction, the present tense of the verb in a dependent clause expresses action simultaneous with the action of the main verb; the past tense of the dependent verb expresses action antecedent to that of the main verb.

C. The Suffixes -ig and -hoz, -hez, -höz

The ending -ig corresponds in meaning to the English 'until', 'up to', 'as far as', and may refer to place as well as time:

Tízig dolgozik.	He works until ten.
Az ajtóig szaladt.	He ran as far as the door.
Eddig nem jött.	He hasn't come up to now.

The basic distinction between -ig, and -hoz (-hez, -höz) which has the connotation of 'to', 'as far as (the outside of)', is that -ig emphasizes the limit or termination of an action or period of time; -hoz (-hez, -höz) on the other hand is more concerned with direction of movement. The suffix -hoz is usually used with a verb indicating motion; -ig does not always require a motion verb when used with time expressions.

Bécsig repülnek.	They fly as far as Vienna.
A parkig sétáltunk.	We walked as far as the park.
Odamegyek az asztalához.	I'm going over to his table.
Lesétálunk a folyóhoz.	We're walking down to the river.
Kovácsék házához hajtottam.	I drove to the Kovácses' house.

In the sentences below the suffix -ig denotes the limit or termination of a period of time, corresponding, for example, to English 'for...'. The accusative, on the other hand, indicates the duration of a period of time. While either may be used in many instances (and with the same English equivalent), -ig is more common with intransitive verbs, whereas the accusative is used with transitive verbs.

Három évig (évet) tanult magyarul.	He studied Hungarian for three years.
Két hétig (hetet) volt Budapesten.	She was in Budapest for two weeks.
Négy napig (napot) leszek itt.	I'll be here for four days.
Meddig laktak Washingtonban?	How long did you live in Washington?
Hány évet töltöttek Franciaországban?	How many years did you spend in France?

D. How to Express 'Ago' in Hungarian

Egy órája jöttem ide.	I came here an hour ago.
Öt éve tanultam németül.	I studied German five years ago.
Három hónapja visszamentek Budapestre.	They went back to Budapest three months ago.

As illustrated in the above sentences, Hungarian uses the third person singular possessive form of the word denoting time to express the idea of the English 'ago'. (Compare with usage outlined in B(2).)

This concept may also be expressed by the -val (-vel) suffix added to the noun indicating time plus ezelőtt.

Két órával ezelőtt jöttem ide.	Két órája jöttem ide.
Három évvel ezelőtt jártam egyetemre.	Három éve jártam egyetemre.
Két héttel ezelőtt Párizsban volt.	Két hete Párizsban volt.
Hány hónappal ezelőtt volt New Yorkban?	Hány hónapja volt New Yorkban?

(The variants -tel, -pal etc. are discussed in a later unit.)

SUBSTITUTION DRILL

1. Mikor jöttek vissza Budapestre? — When did they come back to Budapest?

   Hungary - Szeged - Siófok - Vienna - Germany - New York - the United States - Washington

   Magyarországra - Szegedre - Siófokra - Bécsbe - Németországba - New Yorkba - az Egyesült Államokba - Washingtonba

2. Láttam magukat az operában. — I saw you at the opera.

   them - him - your father - his son - the Smiths - the children - the Ambassador - the Military Attaché

   őket - őt - az apját - az ő fiát - Kovácsékat - a gyerekeket - a követet - a katonai attasét

3. Hogy tetszett az előadás? — How did you like the performance?

   the movie - the university - the book - the girl - the view - Budapest - Hungary - New York

   a mozi - az egyetem - a könyv - a lány - a kilátás - Budapest - Magyarország - New York

4. Mi már telefonáltunk a követségről.	We already phoned from the Legation.
consulate - station - West Station - home	konzulátusról - állomásról - Nyugati pályaudvarról - otthonról
5. Angliában kötöttünk ki.	We landed in England.
France - Germany - Belgium - Denmark - Holland - the United States - New York	Franciaországban - Németországban - Belgiumban - Dániában - Hollandiában - az Egyesült Államokban - New Yorkban
6. Három évig volt itt.	He was here for three years.
two months - four weeks - five days - three hours - one minute	két hónapig - négy hétig - öt napig - három óráig - egy percig
7. Már három hete visszajöttünk.	We came back three weeks ago.
five weeks - two months - two days - a year - a half a year - six weeks	öt hete - két hónapja - két napja - egy éve - fél éve - hat hete
8. Két évvel ezelőtt Rómában voltam.	I was in Rome two years ago.
three months - a half a year - four weeks - five days - one and a half weeks	három hónappal - fél évvel - négy héttel - öt nappal - másfél héttel
9. Egy hetet töltöttünk Londonban.	We spent a week in London.
two months - three days - a year - five hours - a half a year	két hónapot - három napot - egy évet - öt órát - fél évet
10. A bátyám is velünk jött Angliáig.	My brother came with us as far as England.
Vienna - Budapest - London - the restaurant - the hotel - the White House - the station - the State Department	Bécsig - Budapestig - Londonig - a vendéglőig - a szállodáig - a Fehér Házig - az állomásig - a külügyminisztériumig
11. Odamentem az asztalhoz.	I went over to the table.
tree - child - door - car - building - window - gate - bush - dog	fához - gyerekhez - ajtóhoz - autóhoz - épülethez - ablakhoz - kapuhoz - bokorhoz - kutyához

VARIATION DRILL

1. Délben vendéglőben ebédeltem.	I had dinner in a restaurant at noon.
a. I went to school in the morning.	Reggel az iskolába mentem.
b. I wrote a letter during the forenoon.	Délelőtt levelet írtam.
c. I walked in the city in the afternoon.	Délután a városban sétáltam.
d. Later I studied in the garden.	Azután a kertben tanultam.
e. I made coffee in the evening.	Este kávét csináltam.

2. Könyvet olvastam	I read a book.
a. I cooked dinner.	Ebédet főztem.
b. I didn't bring a newspaper.	Nem hoztam újságot.
c. I introduced my daughter.	A lányomat bemutattam.
d. I played tennis for two hours.	Két órát teniszeztem.
e. I moved into another apartment.	Egy másik lakásba költöztem.
3. A csekket beváltottam.	I cashed the check.
a. I taught the child.	A gyereket tanítottam.
b. I spent much money.	Sok pénzt költöttem.
c. I drove fast.	Gyorsan hajtottam.
d. I tied my necktie.	A nyakkendőmet megkötöttem.
e. I lit the lamp.	A lámpát meggyújtottam.
4. Teát ittam.	I drank tea.
a. I ate chicken paprika.	Paprikás csirkét ettem.
b. I bought a nice coat.	Szép kabátot vettem.
c. I took flowers.	Virágot vittem.
d. I came yesterday.	Tegnap jöttem.
e. I put flowers in the vase.	A vázába virágot tettem.
5. Mit csinált tegnap?	What did you do yesterday?
a. He slept all day long.	Egész nap aludt.
b. He walked for two hours.	Két órát sétált.
c. She sang in the church.	A templomban énekelt.
d. You started at ten.	Tízkor indult.
e. He reserved two seats.	Két helyet foglalt.
6. Cigányzenét hallgatott.	She listened to gypsy music.
a. He was fishing in the river.	A folyóban halászott.
b. She was working a lot.	Sokat dolgozott.
c. He brought a present.	Ajándékot hozott.
d. He was enjoying the children.	A gyerekekben gyönyörködött.
e. He was looking for me.	Engem keresett.
7. Jó szállodát ajánlott.	He recommended a good hotel.
a. He jumped up on the train.	A vonatra felugrott.
b. He took a bath in the lake.	A tóban fürdött.
c. The ship landed in England.	A hajó Angliában kikötött.
d. The girl helped me a lot.	A lány sokat segített.
e. He understood Hungarian.	Magyarul értett.
8. Megitta a bort.	He drank the wine. (He finished drinking the wine.)
a. He ate (finished eating) the dinner.	Megette az ebédet.
b. He drank up the milk.	Megitta a tejet.
c. She carried out the dishes.	Kivitte az edényt.
d. He put down the pencil.	Letette a ceruzát.
e. He bought the car.	Megvette a kocsit.
9. A ház előtt ültünk.	We sat in front of the house.
a. We were standing around the table.	Az asztal körül álltunk.
b. We swam under the bridge.	A híd alatt úsztunk.
c. We stopped near the cathedral.	A bazilika mellett megálltunk.
d. We went behind the car.	A kocsi mögött mentünk.
e. We ate under the tree.	A fa alatt ettünk.

10. A lányokat tanítottuk. — We taught the girls.

a. We tied the dog. — A kutyát megkötöttük.
b. We cashed the check. — A csekket beváltottuk.
c. We recommended the hotel. — A szállodát ajánlottuk.
d. We jumped over the chair. — A széket átugrottuk.
e. We transported the furniture. — A bútort szállítottuk.

11. Nagyon örültek. — They were very glad.

a. They flew to Paris. — Párizsba repültek.
b. They made an excursion to the countryside. — A környékre kirándultak.
c. They packed everything. — Mindent becsomagoltak.
d. They grew corn. — Gabonát termeltek.
e. They spent their summer vacation on the Balaton. — A Balatonon nyaraltak.

12. A gyerekek a kertben játszottak. — The children were playing in the garden.

a. They lighted lamps in the evening. — Este lámpákat gyújtottak.
b. The girls were helping in the kitchen. — A lányok a konyhában segítettek.
c. They taught French in the school. — Az iskolában franciául tanítottak.
d. They heard Hungarian songs. — Magyar dalokat hallottak.
e. They spent a few days in Vienna. — Néhány napot Bécsben töltöttek.

13. Magyar bort ittak. — They drank Hungarian wine.

a. They ate a good dinner. — Jó ebédet ettek.
b. They came at nine in the evening. — Este kilenckor jöttek.
c. They put flowers on the table. — Az asztalra virágot tettek.
d. They bought a beautiful car. — Szép kocsit vettek.

14. A lámpákat meggyújtották. — They lighted the lamps.

a. They tied the dogs. — A kutyákat megkötötték.
b. They drank the Hungarian wine. — A magyar bort megitták.
c. They bought the car. — A kocsit megvették.
d. They ate the good chicken paprika. — A jó paprikás csirkét megették.
e. They wrote the letters. — A leveleket megírták.

15. Az út kellemes volt. — The trip was pleasant.

a. The summer was very hot. — A nyár nagyon meleg volt.
b. The valley was green. — A völgy zöld volt.
c. The water was cool. — A víz hűvös volt.
d. The soldier was tired. — A katona fáradt volt.
e. The boy was hungry. — A fiú éhes volt.

16. A gyerekek jók voltak. — The children were good.

a. The girls were pretty. — A lányok szépek voltak.
b. The men were dirty. — Az emberek piszkosak voltak.
c. The houses were big. — A házak nagyok voltak.
d.. The streets were clean. — Az utcák tiszták voltak.
e. The horses were black. — A lovak feketék voltak.

17. <u>Három évig voltam Magyarországon</u>.	<u>I was in Hungary for three years</u>.
a. The Smiths were in Budapest for two weeks.	Smithék két hétig voltak Budapesten.
b. We were in London for six days.	Hat napig voltunk Londonban.
c. My friend was in France for four months.	A barátom négy hónapig volt Franciaországban.
d. I was in Vienna for one and a half years.	Másfél évig voltam Bécsben.
e. We were at the Balaton for two and a half weeks.	Két és fél hétig voltunk a Balatonon.
18. <u>Két hónapja jött Amerikába</u>.	<u>He came to America two months ago</u>.
a. I wrote the letter three weeks ago.	Három hete írtam a levelet.
b. I studied Hungarian ten years ago.	Tíz éve tanultam magyarul.
c. He went to New York a year and a half ago.	Másfél éve ment New Yorkba.
d. He already arrived five days ago.	Már öt napja megérkezett.
e. I bought the car seven months ago.	Hét hónapja vettem a kocsit.
19. <u>Már tíz perce vár</u>.	<u>She has already been waiting for ten minutes</u>.
a. They have been studying Hungarian for three months.	Három hónapja tanulnak magyarul.
b. He has already been here for two weeks.	Már két hete itt van.
c. I've been living in Washington for five years.	Öt éve lakom Washingtonban.
d. He has been waiting for two hours.	Két órája vár.
20. <u>Két hete tanult magyarul, amikor új tanárt kaptak</u>.	<u>He had been studying Hungarian for two weeks when they got a new teacher</u>.
a. He had been working in the State Department for two years when he was transferred to Rome.	Két éve dolgozott a külügyminisztériumban, amikor áthelyezték Rómába.
b. I had been waiting a half an hour already when the train came.	Fél órája vártam már, amikor jött a vonat.
c. We had been traveling for three days when my daughter became sick.	Három napja utaztunk, amikor a kislányom beteg lett.
d. They had been living in Washington for a year when they bought a house.	Egy éve laktak Washingtonban, amikor házat vettek.
21. <u>Odamentem az asztalához</u>.	<u>I went over to his table</u>.
a. The boys went over to the window.	A fiúk odamentek az ablakhoz.
b. We're going out to the train.	Kimegyünk a vonathoz.
c. The child went down to the river.	A gyerek lement a folyóhoz.
d. They went by car to the church.	Kocsin mentek a templomhoz.

TRANSFORMATION DRILL

I

A

Instructor: Beteget ápolt.
Student: A beteget ápolta.

1. Lányt csókolt.	A lányt csókolta.
2. Ruhát próbált.	A ruhát próbálta.
3. Gyufát kért.	A gyufát kérte.
4. Gyereket rajzolt.	A gyereket rajzolta.
5. Vonatot várt.	A vonatot várta.
6. Ruhát varrt.	A ruhát varrta.
7. Kabátot hozott.	A kabátot hozta.
8. Lovat hajtott.	A lovat hajtotta.
9. Gyereket tanított.	A gyereket tanította.
10. Pénzt költött.	A pénzt költötte.
11. Ajándékot vitt.	Az ajándékot vitte.
12. Újságot járatott.	Az újságot járatta.
13. Könyvet olvasott.	A könyvet olvasta.
14. Ebédet főzött.	Az ebédet főzte.
15. Virágot öntözött.	A virágot öntözte.
16. Bort ivott.	A bort itta.
17. Almás rétest evett.	Az almás rétest ette.

B

Instructor: Ajándékot vettünk.
Student: Megvettük az ajándékot.

1. Bort ittunk.	Megittuk a bort.
2. Ebédet ettünk.	Megettük az ebédet.
3. Lámpát gyújtottunk.	Meggyújtottuk a lámpát.
4. Dalokat hallgattunk.	Meghallgattuk a dalokat.
5. Egy fiút hívtunk.	Meghívtuk a fiút.
6. Kenyeret hoztunk.	Meghoztuk a kenyeret.
7. Egy gyereket láttunk.	Megláttuk a gyereket.
8. Vacsorát főztünk.	Megfőztük a vacsorát.
9. Utat kérdeztünk.	Megkérdeztük az utat.
10. Beteget ápoltunk.	Megápoltuk a beteget.
11. Kávét csináltunk.	Megcsináltuk a kávét.
12. Kabátot próbáltunk.	Megpróbáltuk a kabátot.
13. Egy házat rajzoltunk.	Megrajzoltuk a házat.
14. Egy utcát kerestünk.	Megkerestük az utcát.
15. Verset tanultunk.	Megtanultuk a verset.
16. Kertet öntöztünk.	Megöntöztük a kertet.

C

Instructor: Virágot hoztak.
Student: A virágot hozták.

1. Ruhákat próbáltak.	A ruhákat próbálták.
2. Bort kóstoltak.	A bort kóstolták.
3. Ajándékot vittek.	Az ajándékot vitték.
4. Lovakat hajtottak.	A lovakat hajtották.
5. Magyar bort ittak.	A magyar bort itták.
6. Kislányokat láttak.	A kislányokat látták.
7. Jó ebédet főztek.	A jó ebédet főzték.
8. Virágokat öntöztek.	A virágokat öntözték.
9. Nagy beteget ápoltak.	A nagy beteget ápolták.
10. Kék ceruzát kértek.	A kék ceruzát kérték.
11. Bútort szállítottak.	A bútort szállították.
12. Angol könyvet olvastak.	Az angol könyvet olvasták.
13. Meleg kabátot hoztak.	A meleg kabátot hozták.
14. Amerikai pénzt költöttek.	Az amerikai pénzt költötték.

D

Instructor: Engem kért.
Student: Magát kérte.

1. Engem keresett.	(magát)	Magát kereste.
2. Engem nézett.	(magát)	Magát nézte.
3. Minket kérdezett.	(magukat)	Magukat kérdezte.
4. Minket hozott.	(őket)	Őket hozta.
5. Minket ápolt.	(magukat)	Magukat ápolta.
6. Engem kérdeztek.	(magát)	Magát kérdezték.
7. Minket láttak.	(magukat)	Magukat látták.
8. Engem vittek.	(őt)	Őt vitték.
9. Minket várt.	(magukat)	Magukat várta.
10. Engem tanítottak.	(őket)	Őket tanították.

II

A

Instructor: Három hónap óta van itt.
Student: Három hónapja van itt.

1. Két év óta van Párizsban.	Két éve van Párizsban.
2. Tíz perc óta vár.	Tíz perce vár.
3. Két óra óta van az állomáson.	Két órája van az állomáson.
4. Másfél év óta lakik Amerikában.	Másfél éve lakik Amerikában.
5. Fél év óta tanulnak magyarul.	Fél éve tanulnak magyarul.
6. Négy hét óta nem láttam.	Négy hete nem láttam.

B

Instructor: Három hete voltam New Yorkban.
Student: Három héttel ezelőtt voltam New Yorkban.

1. Két órája jött.	Két órával ezelőtt jött.
2. Négy hete érkeztek Magyarországra.	Négy héttel ezelőtt érkeztek Magyarországra.
3. Két éve Rómában voltam.	Két évvel ezelőtt Rómában voltam.
4. Tíz perce jött a vonat.	Tíz perccel ezelőtt jött a vonat.
5. Másfél éve tanultak magyarul.	Másfél évvel ezelőtt tanultak magyarul.
6. Öt napja ment el.	Öt nappal ezelőtt ment el.

C

Instructor: Két évig tanult angolul.
Student: Két évet tanult angolul.

1. Egy hétig volt ott.	Egy hetet volt ott.
2. Hat hónapig nem dolgozott.	Hat hónapot nem dolgozott.
3. Másfél óráig állt a vonat.	Másfél órát állt a vonat.
4. Öt napig volt Budapesten.	Öt napot volt Budapesten.
5. Még egy óráig itt leszek.	Még egy órát itt leszek.
6. Három évig várt.	Három évet várt.

TRANSLATION DRILL

1. This year I spent the summer in England.	Az idén Angliában töltöttem a nyarat.
2. I came back to Budapest two weeks ago.	Két hete jöttem vissza Budapestre.
3. My friend didn't know that I had returned.	A barátom nem tudta, hogy már visszaérkeztem.
4. My wife and my small daughter aren't arriving from Vienna until tomorrow.	A feleségem és a kislányom csak holnap érkeznek Bécsből.
5. My friend asked me to tell him what we were doing.	A barátom kérte, hogy mondjam el mit csináltunk.
6. We went by train from Budapest to Vienna.	Budapestről vonaton mentünk Bécsig.
7. We flew from Vienna to London. The trip lasted three hours.	Bécstől repültünk Londonig. Három óráig tartott az út.
8. My small daughter was sick on the plane. The weather was bad.	A kislányom beteg volt a repülőgépen. Rossz volt az idő.
9. My brother came with us as far as London. From there he went to America a week later.	A bátyám velünk jött Londonig. Onnan Amerikába ment egy hét múlva.
10. We spent two months in England.	Angliában két hónapot töltöttünk.
11. I invited my friend over one evening.	Meghívtam a barátomat egyik este hozzánk.
12. He has heard that we don't live in our old apartment any more.	Hallotta, hogy már nem lakunk a régi lakásunkban.
13. We moved to Balaton Street a week ago.	Egy hete költöztünk a Balaton utcába.
14. We live where the Johnsons used to live.	Ott lakunk, ahol Johnsonék laktak.
15. Johnson was transferred to Sweden last month.	Johnsont múlt hónapban Svédországba helyezték.
16. Johnson was in Hungary for two years.	Johnson két évig volt Magyarországon.
17. We didn't like our old apartment because there was no garden.	Mi nem szerettük a régi lakásunkat, mert nem volt kert.
18. My wife and my daughter were happy when we moved into the new house.	A feleségem és a lányom örült, amikor az új házba költöztünk.
19. The children were already playing in the garden the first day.	A gyerekek már az első nap játszottak a kertben.
20. We went to the theater last night.	Tegnap este színházba mentünk.
21. Mr. Kovács was there also; he was sitting in the ambassador's box.	Kovács úr is ott volt, a követ páholyában ült.
22. We saw him, but he didn't see us.	Láttuk őt, de ő nem látott minket.
23. We didn't go over because we didn't want to disturb him.	Nem mentünk oda, mert nem akartuk zavarni.
24. The secretary invited Kovács to the theater. The ambassador wasn't in Budapest.	Kovácsot a titkár hívta meg a színházba. A követ nem volt Budapesten.
25. We had to stand in line for the tickets for an hour.	Mi egy óráig álltunk sorba a jegyekért.
26. Some German singers were coming to Budapest.	Német énekesek jöttek Budapestre.
27. When foreigners sing it's always hard to get tickets.	Amikor külföldiek énekelnek, mindig nehéz jegyet kapni.
28. The singers sang beautifully.	Az énekesek gyönyörűen énekeltek.
29. I liked the performance very much. I hadn't seen this opera before.	Nagyon tetszett az előadás. Még nem láttam ezt az operát.
30. A year ago I was in Rome.	Egy évvel ezelőtt Rómában voltam.
31. There I had the chance to hear many Italian singers.	Sok olasz énekest volt alkalmam hallani.
32. I like Italian singers very much.	Nagyon szeretem az olasz énekeseket.

33. I read in the newspaper that the Berlin Philharmonic is coming to Pest. — Olvastam az újságban, hogy a Berlini Filharmónikusok jönnek Pestre.
34. I'm going to try to get two tickets. — Megpróbálok két jegyet szerezni.
35. In the ticket office they promised that they'd have enough tickets. — A jegyirodában megígérték, hogy lesz elég jegy.
36. I couldn't go to the theater in Berlin because I didn't have time. — Berlinben nem tudtam színházba menni, mert nem volt időm.
37. I worked a great deal and didn't have the opportunity. — Sokat dolgoztam és nem volt alkalmam.
38. Now this will be a good opportunity to hear them. — Most ez jó alkalom lesz meghallgatni őket.

RESPONSE DRILL

1. Mikor jöttek vissza Johnsonék Budapestre? — When did the Johnsons come back to Budapest?
2. Hajón jöttek Amerikából? — Did they come by ship from America?
3. Meddig tartott az út a tengeren? — How long did the ocean voyage last?
4. Milyen volt a tenger? — What was the sea like?
5. Hol kötöttek ki? — Where did they land?
6. Mennyi időt töltöttek Angliában? — How much time did they spend in England?
7. Megálltak Párizsban is? — Did they stop in Paris too?
8. Még mindig a régi lakásukban laknak Budapesten? — Do they still live in their old apartment in Budapest?
9. Hova költöztek, melyik utcába? — Where did they move, to which street?
10. Ki lakott még abban az utcában? — Who else lived on that street?
11. Smith még mindig ott lakik? — Does Smith still live there?
12. Hova helyezték át Smithet? — Where was Smith transferred to?
13. Ki látta Johnsonékat az operában? — Who saw the Johnsons at the opera?
14. Magyar énekesek énekeltek az operában? — Did Hungarian singers sing in the opera?
15. Johnson látta Embert az operában? — Did Johnson see Ember at the opera?
16. Hol ültek Johnsonék? — Where did the Johnsons sit?
17. Miért nem kellett Johnsonéknak jegyet venni az operába? — Why didn't the Johnsons have to buy tickets for the opera?
18. Amikor külföldi énekesek énekelnek, könnyű jegyet kapni az előadásra? — Is it easy to get tickets for performances when foreign opera singers sing?
19. Hol volt Embernek alkalma sok olasz operát látni? — Where did Ember have the occasion to see many Italian operas?
20. Johnson eddig csak hányat látott? — How many has Johnson seen up to now?
21. Kik jönnek a nyáron Budapestre hangversenyt tartani? — Who are coming to Budapest this summer to give a concert?
22. Hova telefonáltak a követségről hangverseny-jegyekért? — Where did they phone from the Legation for concert tickets?
23. Miért nem tudta Ember Bécsben meghallgatni őket? — Why couldn't Ember hear them in Vienna?
24. Maguk szoktak hangversenyre járni? — Do you usually attend concerts?
25. Hallotta már a Philadelphiai Filharmonikusokat? — Have you ever heard the Philadelphia Philharmonic?
26. Volt alkalma gyakran operába járni? — Have you had the opportunity to go to the opera often?
27. Volt már operabérlete? — Did you have season tickets for the opera?
28. Az olasz vagy a német operákat szereti? — Do you like Italian or German operas?
29. Dolgozott már külföldön? — Have you worked abroad yet?
30. Hol dolgozott külföldön? — Where did you work abroad?
31. Mikor helyezték külföldre? — When were you transferred abroad?

32. Hány évet töltött külföldön? — How many years did you spend abroad?
33. Hogy tetszett magának ott? — How did you like it there?
34. Mikor költöztek Washingtonba? — When did you move to Washington?
35. Meddig maradnak Washingtonban? — How long are you staying in Washington?

CONVERSATION PRACTICE

1

A: Nem tudtam, hogy már visszajöttek Washingtonból. Mikor érkeztek meg?
B: A múlt héten érkeztünk meg.
A: Repülőgépen jöttek?
B: Nem, hajón jöttünk Franciaországig. Onnan pedig vonaton.
A: Milyen volt az útjuk? Kellemes?
B: Hála Isten minden jól ment. Csak a kisfiam két napig beteg volt.
A: Tengeri beteg volt?
B: Igen, pedig a tenger elég nyugodt volt.
A: Meddig utaztak a hajón?
B: Öt napig. Negyediken kötöttünk ki.

2

A: Megálltak Párizsban?
B: Igen, egypár napot töltöttünk ott. A bátyám is velünk jött Párizsig.
A: Mit csináltak Párizsban?
B: Azt hosszú volna most elmondani. Nem akar átjönni holnap este hozzánk?
A: Nagyon szívesen. Akkor majd mindent elmesélnek?
B: Természetesen. Tudja az új címünket?
A: Csak a régi lakásuk címét tudom. Elköltöztek?
B: Igen, most a Balaton utcában lakunk.
A: Azt hiszem, Johnsonék is abban az utcában laknak.
B: Már nem laknak ott. Johnsont áthelyezték Ausztriába. Mi abba a lakásba költöztünk, ahol ők laktak.

3

A: Láttuk magát egyik este a színházban.
B: Igen, ott voltam. De én nem láttam magukat. Miért nem jöttek oda?
A: Nem akartuk zavarni. Az ügyvivő páholyában ült, nem?
B: Igen, nekik bérletük van és meghívott. A felesége nem tudott jönni.
A: Maga szerencsés. Mi egy fél óráig álltunk sorba a jegyekért.
B: Amikor külföldi énekesek szerepelnek nem könnyű jegyet kapni.
A: Tetszett az előadás?
B: Nagyon tetszett. Az oroszok gyönyörűen énekeltek.
A: Szereti az orosz dalokat?
B: Igen. Két évvel ezelőtt Moszkvában sok orosz dalt hallottam.

4

A: Hallotta, hogy a jövő hónapban a Berlini Filharmonikusok jönnek Pestre?
B: Tegnap olvastam az újságban. Megy a hangversenyre?
A: Igen, ha tudok jegyet szerezni.
B: Én már telefonáltam a jegyirodába. Megígérték, hogy kapok jegyet.
A: Ha tud nekem is szerezni egyet, hálás leszek.
B: Megpróbálom. Maga még nem hallotta őket?
A: Még nem. Amikor Berlinben voltam, nem volt időm meghallgatni őket.
B: Mondták, hogy sokat dolgozott. Ez most jó alkalom lesz.

SITUATIONS

1. Találkozik az utcán egy amerikai diplomata barátjával. Nem tudta, hogy már visszajött Budapestre. Megérdeklődi, hogyan utaztak, milyen volt az út, hol kötöttek ki, merre jártak Amerikában. A barátjának nincs ideje mindent elmesélni, maga meghívja a barátját, hogy jöjjön át egyik este magukhoz. Megmondja az új címét, mert új lakásba költöztek.

2. A kávéházban egyik barátja odajön a maga asztalához. Mondja, hogy látta magát egyik este az operában. Maga egy külföldi diplomata páholyában ült, és a barátja nem akarta zavarni magát, azért nem ment oda. Maga nem látta őt. Beszélgetnek az operáról, a külföldi operaénekesekről, milyen operákat szeretnek, hol volt alkalmuk operába járni, mikor nehéz jegyet kapni. Olvasta az újságban, hogy a Philadelphiai Filharmónikusok jönnek. Elmennek a hangversenyre?

NARRATIVE

Johnsonnak a nyáron egy hónap szabadsága volt. A múlt évben ő és a családja a Balatonra mentek nyaralni. Az idén Angliába utaztak és meglátogatták Johnsonné bátyját. Már négy éve nem találkoztak vele.

Június másodikán indultak el Budapestről. Már meleg nyár volt Budapesten. Johnson megvette a jegyeket az IBUSZ irodájában. Vonaton mentek Frankfurtig. A vonat reggel fél kilenckor indult a Keleti pályaudvarról.

A vonaton nem utazott sok ember. Bécsig kellemesen utaztak. Ott átszálltak egy másik vonatra. A hordár feltette a csomagjaikat a fülkéjükbe. Azután a gyorsvonat elindult. Johnsonék az étkezőkocsiba mentek és megebédeltek. Ebéd után a gyerekek fagylaltot ettek, Johnson pedig sört ivott.

Este volt, amikor megérkeztek Frankfurtba. Smith úr, Johnson barátja, várta őket az állomáson. Johnson még Bécsből telefonált neki. Smith elvitte őket a szállodába, ahol szobát foglalt nekik. Ott egy szép nagy szobát kaptak. Fáradtak és éhesek voltak. Elmentek egy vendéglőbe vacsorázni. Vacsora után visszamentek a szállodába és lefeküdtek.

Egy hetet töltöttek Frankfurtban. Megnézték a várost és kirándultak a hegyekbe. A városban sok szép régi épület és múzeum van. Elmentek az amerikai konzulátusra is. Johnson barátja ott dolgozik. Szerzett jegyeket a színházba és péntek este megnéztek egy német operát.

A színházban a konzul páholyában ültek. A konzul és a felesége nem voltak ott, mert Washingtonba utaztak. Még nem jöttek vissza. Csak Johnsonék, a gyerekek, Smith úr és a felesége ültek a páholyban. A másik páholyban két francia diplomata ült. Johnson ismerte őket. Két évvel ezelőtt találkoztak Rómában. Akkor Johnson ott dolgozott a követségen.

A német énekesek nagyon szépen énekeltek. Johnsonné nem értette, hogy mit énekelnek, mert nem ért németül, de ismerte már az operát. Egy olasz énekesnő is énekelt ott, akit már hallottak énekelni Rómában. Nagyon tetszett nekik az előadás. Az előadás után a két francia diplomata és Johnsonék elmentek együtt egy kis vendéglőbe jó német sört inni. Ott beszélgettek az előadásról és az énekesekről.

Vasárnap utaztak Londonba repülőgépen. A repülőtérre Smith vitte ki őket a kocsiján. Mondta, hogy a jövő évben meglátogatja őket Budapesten. Már régóta meg akarja nézni Budapestet, de még eddig nem volt alkalma. Azután elbúcsúzott és elment.

Londonban hűvös volt, amikor megérkeztek. Johnsonné sajnálta, hogy a kabátokat becsomagolta. Az állomásról autóbuszon mentek be a belvárosba. Ott lakott Johnsonné bátyja. Nagyon örültek, amikor megérkeztek. Három hetet töltöttek Londonban. Megnézték a múzeumokat és kirándultak a környékre megnézni a régi várakat.

A második héten hangversenyre mentek. A Bécsi Filharmónikusok jöttek Londonba. Johnson örült, hogy hallotta játszani őket. Bécsben sohasem volt ideje meghallgatni a Filharmónikusokat.

Azután, egy reggel, a repülőtérre mentek. Jegyet vettek, és felszálltak a repülőgépre. Négy óra múlva megérkeztek Budapestre. Nagyon jól szórakoztak az egész szabadság alatt.

szabadság - holiday, leave
régóta - for a long time

NYOMTATÁS hat lóval. (Kecskemét.)

SAJTÓÉRTEKEZLET BUDAPESTEN

Basic Sentences

conference, meeting	értekezlet, -e
prime minister	miniszterelnök
president	elnök, -öt, -e
KEMÉNY	
Were you at the press conference that the Prime Minister held?	Ott volt azon a sajtóértekezleten, amit a miniszterelnök tartott?
work, task	dolog, dolgot, dolga
I'm busy, I have something to do	dolgom van
JOHNSON	
I couldn't go because I had some other business. Were there many people there?	Nem tudtam elmenni, mert más dolgom volt. Sokan voltak?
commerce, trade	kereskedelem, kereskedelmet, kereskedelme
commercial	kereskedelmi
KEMÉNY	
Quite a number. The commercial attachés of almost all the legations were there.	Elég sokan. Majdnem minden követségről ott volt a kereskedelmi attasé.
foreign trade	külkereskedelem
JOHNSON	
Wasn't there anyone from the Ministry of Foreign Trade?	A külkereskedelmi minisztériumból nem volt senki?
government, cabinet	kormány
party	párt, -ja
representative	képviselő
KEMÉNY	
Oh, yes. The representatives of the government, party and press are always present.	De igen. A kormány, a párt és a sajtó képviselői mindig ott vannak.
about, of what	miről
JOHNSON	
What did the Prime Minister talk about?	Miről beszélt a miniszterelnök?
production	termelés
work, labor, job	munka
work competition	munkaverseny
life	élet, -e
living standard	életszínvonal, -at, -a

raising, increasing, lifting	emelés
of that, from that,	arról
of this, from this	erről

KEMÉNY

The production, work competition and raising of living standards. He spoke about how high the living standard will be after five years.

A termelésről, a munkaversenyről és az életszínvonal emeléséről. Beszélt arról, hogy milyen magas lesz az életszínvonal öt év múlva.

JOHNSON

We've already heard that many times. Did he discuss anything else?

Ezt már sokszor hallottuk. Beszélt valami másról is?

lately, not long ago	nemrég
treaty, contract, pact	szerződés
to make a treaty	szerződést kötni
Soviet Union	Szovjetunió
to sign	aláírni

KEMÉNY

Yes. He told us that they have recently concluded a new commercial treaty with the Soviet Union. They signed it last Tuesday.

Igen. Elmondta, hogy nemrég kötöttek egy új kereskedelmi szerződést a Szovjetunióval. Múlt kedden írták alá.

JOHNSON

Where did they sign the treaty? In Moscow?

Hol írták alá a szerződést? Moszkvában?

between, among	között

KEMÉNY

As far as I know, in Budapest. This is already the 16th treaty between Hungary and the Soviet Union.

Úgy tudom, hogy Budapesten. Ez már a tizenhatodik szerződés Magyarország és a Szovjetunió között.

JOHNSON

When did they make the first one?

Mikor kötötték az első szerződést?

KEMÉNY

After the war, on the 7th of November, 1945.

A háború után, 1945. november hetedikén.

Soviet	szovjet
Albanian	albán
Austrian	osztrák
Belgian	belga
Bulgarian	bolgár, bulgár
Czechoslovakian	csehszlovák
Danish, Dane	dán
Dutch	holland
Norwegian	norvég
Portuguese	portugál
Romanian	román
Swiss	svájci
Yugoslavian	jugoszláv
delegation	bizottság, -a

JOHNSON

I didn't know that a Soviet delegation had come to Budapest.	Nem tudtam, hogy szovjet bizottság jött Budapestre.
about, of him, her, it	róla
to remember	emlékezni
article	cikk, -e
people	nép, -e
page	oldal, -a

KEMÉNY

The newspapers wrote about it two weeks ago. Don't you remember the article in the <u>Népszabadság</u>? It was on the first page.	Az újságok két héttel ezelőtt írtak róla. Nem emlékszik a cikkre a Népszabadságban? Az első oldalon volt.

JOHNSON

I didn't know that they had written about this delegation. And what's in the new treaty?	Nem tudtam, hogy erről a bizottságról írtak. És mi van az új szerződésben?
according to	szerint
to increase	növelni
various, different	különböző
goods, merchandise	áru
transportation, shipment	szállítás

KEMÉNY

According to the treaty Hungary is increasing its shipments of various types of merchandise.	A szerződés szerint Magyarország növeli a különböző áruk szállítását.
it means, indicates	azt jelenti
after this	ezután
more, several	több

JOHNSON

Does this mean that from now on Hungary is going to transport more than it has up to the present time?	Ez azt jelenti, hogy Magyarország ezután többet szállít, mint eddig?
clause, paragraph, point	pont, -ja
short	rövid
term, time limit, deadline	határidő
time of delivery	szállítási határidő

KEMÉNY

Yes. And this treaty has an interesting clause. The times of delivery are short.	Igen. És van ennek a szerződésnek egy érdekes pontja. Rövidek a szállítási határidők.
to send	küldeni
exchange	csere

JOHNSON

And what is the Soviet Union sending in exchange?	És mit küld cserébe a Szovjetunió?

dance — tánc
group — csoport, -ja

KEMÉNY

It's sending the Moiseyev dance group. — A Mojszejev tánccsoportot.

to joke — viccelni

JOHNSON

You're always joking. But tell me, what else did the Prime Minister say? — Maga mindig viccel. De mondja, mit mondott még a miniszterelnök?

plan — terv, -e
twice — kétszer
once — egyszer
three times — háromszor
four times — négyszer
as much, as many — annyi

KEMÉNY

He was talking about the five-year plan and about production. Next year we have to grow twice the quantity of crops as last year. — Beszélt az ötéves tervről meg a termelésről. A jövő évben kétszer annyi gabonát kell termelni, mint a múlt évben.

JOHNSON

This year the harvest hasn't been good. — Ebben az évben nem volt jó a termés.

KEMÉNY

They hope next year it'll be good. — Remélik, hogy jövőre jó lesz!

what date — hányadika
following, next — következő

JOHNSON

When will the next press conference take place? — Hányadikán lesz a következő sajtóértekezlet?

KEMÉNY

It'll be two weeks from now, on the 24th. — Két hét múlva lesz, huszonnegyedikén.

JOHNSON

Do you know where they're holding it? — Tudja, hogy hol tartják?

finance — pénzügy

KEMÉNY

I don't know exactly, but the Deputy Minister of Finance is holding it. — Nem tudom pontosan, de a pénzügyminiszter helyettese tartja.

JOHNSON

Do you know the Deputy Minister of Finance? — Ismeri a pénzügyminiszter helyettesét?

clever, smart — okos
stupid — buta

KEMÉNY

Yes, I know him well. He's a pleasant and smart man. His name is Kertész.

Igen, jól ismerem. Kellemes és okos ember. Kertésznek hívják.

on this, onto this — erre
on that, onto that — arra
you, he, she, it will — fog

JOHNSON

I'm going to this conference if I can. I have often wanted to hear Mr. Kertész but have never had the opportunity. What's he going to talk about?

Erre az értekezletre én is elmegyek, ha tudok. Sokszor meg akartam hallgatni Kertész urat, de sohasem volt alkalmam. Miről fog beszélni?

economic — gazdasági
high cost of living — drágaság
reason — ok, -a
to explain — magyarázni, megmagyarázni
question, problem — kérdés

KEMÉNY

About the economic life and the reasons for the high cost of living. He wants to explain why we don't have enough merchandise in the country. I believe you're familiar with this problem.

A gazdasági életről és a drágaság okairól. Meg akarja magyarázni, hogy miért nincs elég áru az országban. Gondolom, ismeri ezt a kérdést.

JOHNSON

Why, yes, they've tried to explain it many times.

Oh igen, sokszor próbálták már megmagyarázni.

fact, act, deed — tény
worker, laborer — munkás

KEMÉNY

Everybody knows the reasons. But the fact is that the workers can't make enough money.

Mindenki ismeri az okokat. De a tény az, hogy a munkás nem tud eleget keresni.

to do — tenni

JOHNSON

Do you think anybody will ask what the government intends to do?

Gondolja, hogy valaki megkérdezi, hogy mit akar tenni a kormány?

KEMÉNY

I'm not going to ask, but somebody will surely ask Mr. Kertész to talk about this question also.

Én nem kérdezem meg, de valaki biztosan megkéri Kertész urat, hogy beszéljen erről a kérdésről is.

solution	megoldás
JOHNSON	
I hope the government can find a solution to these economic problems.	Remélem, talál a kormány megoldást ezekre a gazdasági kérdésekre.
carry, take to use	vigyen el használni
KEMÉNY	
I want to ask you to take me in your car on the 24th. My wife's using mine.	Meg akarom kérni, hogy vigyen el 24-én a kocsiján. Az én kocsimat a feleségem használja.
JOHNSON	
I'll be glad to.	Nagyon szívesen elviszem.
to find out, get to know	megtudni
KEMÉNY	
Thank you in advance. In the meantime I'll find out exactly where the meeting will be.	Előre is köszönöm. Addig megtudom pontosan, hol lesz az értekezlet.

Notes on Grammar
(For Home Study)

A. Prefixes with Verbs

As we have seen in previous units, some verbs may take prefixes which modify or change the basic meaning of the verb completely, or which emphasize the completion of the action expressed by the verb. There are two types of prefixes: those that may be used alone as well as combined with verbs, such as vissza, 'back', rá, 'onto', and bele, 'into'; and those that occur only with verbs, such as be, 'into', ki, 'out', el, 'away', fel or föl, 'up' and meg, 'wholly' or 'completely'. In the usual word order (subject plus predicate) the prefix combines with the verb it precedes to form one word, with the stress falling on the prefix. This is the normal order also in statements where the emphasis is on the prefix and its verb, if the verb is in a finite form.

János bemegy a házba.	John goes into the house; or John goes into the house.

Under certain circumstances the prefix is separated from its verb, and is treated as a separate word, either preceding the verb or coming after it. If emphasis is on the prefix and its verb and the verb is in the infinitive form following a modal auxiliary or an impersonal expression the prefix comes before the auxiliary, usually at the beginning of the statement. (Note that the placing of the stressed element in the first part of the statement is in accord with the principle that in a Hungarian sentence the most emphatic position is immediately before the verb.)

Ki akarok menni. Vissza kell jönni.	I want to go out. We must come back.

When emphasis is on some element other than the prefix or verb, and the verb is in the infinitive form, the stressed element will precede the auxiliary, and the prefix will be attached to the infinitive following. (Note in this connection that in a negative sentence nem occupies the emphatic position before the auxiliary verb, and the prefix will follow, attached to its infinitive.)

Sok pénzt kell kiadni.	It'll be necessary to spend a lot of money.
Nem akarok bemenni.	I don't want to go in.

When the verb is inflected and stress is on any word other than the verb or its prefix, the prefix follows immediately after the verb:

Ki ül le a székre?	Who's sitting down on the chair?
A vidékre megy ki a fiú?	Is the boy going out to the country?
Nem főzték meg a vacsorát.	They didn't cook the dinner.

Keep in mind that in accordance with the principle of placing the stressed element immediately before the verb, an interrogative word always occupies the emphatic position; likewise, an answer to such a question always requires word order paralleling that of the interrogation:

Hova megy a tanár?	Iskolába megy a tanár.
Hol játszik a gyerek?	A kertben játszik a gyerek.
Ki vitte el a kocsit?	János vitte el a kocsit.
Hány órakor indulnak?	Tíz órakor indulunk.

B. The Future Tense

Hungarian, as English, often uses the present tense with a time expression to indicate future time. Another way of denoting the future in Hungarian is by using the infinitive of the main verb plus the present tense of fogni:

Fizetni fogok (fogom).	I'll pay (it).
Írni fogsz (fogod).	You'll write (it).
Olvasni fog (fogja).	He'll read (it).
Enni fogunk (fogjuk).	We'll eat (it).
Inni fogtok (fogjátok).	You'll drink (it).
Adni fognak (fogják).	They'll give (it).

The future of 'to be' is identical to the present of 'to become' in Hungarian:

leszek	I become, I'll be
leszel	you become, you'll be
lesz	he becomes, he'll be
leszünk	we become, we'll be
lesztek	you become, you'll be
lesznek	they become, they'll be

C. Demonstratives

The words ez a, 'this' and az a, 'that', with their plurals ezek a, 'these', and azok a, 'those', point out, designate, and so are called 'demonstratives'. We have already had many examples of demonstratives in Hungarian. Basically this form before a noun consists of two definite articles, the first of which agrees in number and case with the noun it precedes or refers to. The following list contains the demonstratives in combination with various suffixes that we have studied. You will note that in many of the forms the -z of the basic form of the article is assimilated by the following consonant, resulting in a double (long) consonant:

ez a lány az a lány	ezek a lányok azok a lányok
ezt a képet azt a képet	ezeket a képeket azokat a képeket
ezen az asztalon azon az asztalon	ezeken az asztalokon azokon az asztalokon
ebben a szállodában abban a szállodában	ezekben a szállodákban azokban a szállodákban
ebbe a vendéglőbe abba a vendéglőbe	ezekbe a vendéglőkbe azokba a vendéglőkbe
ebből a szobából abból a szobából	ezekből a szobákból azokból a szobákból
erről a fáról arról a fáról	ezekről a fákról azokról a fákról
erre a székre arra a székre	ezekre a székekre azokra a székekre
ettől a fiútól attól a fiútól	ezektől a fiúktól azoktól a fiúktól
ennek a gyereknek annak a gyereknek	ezeknek a gyerekeknek azoknak a gyerekeknek

D. Tudni and Ismerni

The English verb 'to know' may be rendered into Hungarian in two different ways, depending on the meaning. If the verb means 'to know' in the sense of having information or intellectual knowledge of, being able, knowing how, then the form tudni is used. However, if 'to know' means to be acquainted with, the corresponding form in Hungarian is ismerni.

Tudja, hogy hol van az állomás?	Do you know where the station is?
Hány órakor tud indulni?	What time can he start?
Tud magyarul beszélni?	Can you speak Hungarian?
Jól tud főzni.	You can cook well.
Ismerem a lányát.	I know his daughter.
Ismerem Europát.	I know Europe.
Ismeri ezt a könyvet?	Do you know this book?

E. Kérni and Kérdezni

The Hungarian verbs kérni and kérdezni both mean 'to ask', but they cannot be used interchangeably. Kérdezni always means 'to ask a question', and with that meaning requires the 'from' ending (-tól, -től) added to the word indicating the person 'from' whom the question is asked. Thus, 'I'm asking you a question' is equal to 'I'm asking a question from you', and must be thus rendered into Hungarian.

Kérni never implies a question, and basically means 'to ask for', 'to request', 'to beg'.

Megkérdezi, hogy hány óra van.	He's asking what time it is.
Azt kérdezik, hogy mit csinálunk.	They're asking what we're doing.
Bocsánatot kérek.	I beg your pardon.
Kérek egy pohár bort.	I want a glass of wine.
Egy könyvet szeretnék kérni.	I'd like to ask for a book.

F. Ordinal Numbers

The ordinal numbers in Hungarian are:

első	first
második	second
harmadik	third
negyedik	fourth
ötödik	fifth
hatodik	sixth
hetedik	seventh
nyolcadik	eighth
kilencedik	ninth
tizedik	tenth
tizenegyedik	eleventh
tizenkettedik	twelfth
tizenharmadik	thirteenth
huszonegyedik	twenty-first
harminckettedik	thirty-second

Note that the ordinals beginning with negyedik are formed by adding an auxiliary vowel plus -dik to the cardinal, with shortening of long vowels wherever they occur in the basic form.

Ordinals generally are used as in English. However, the following patterns require special attention:

(1) A proper noun in English followed by an ordinal, as 'John the Second' in Hungarian becomes Második János. Note that in the Hungarian pattern the ordinal precedes the name and that no definite article is required.

(2) To express the day of the month: e.g., 'July 10th', and 'the 10th of July', both are rendered into Hungarian as Július tizedike. Note in this pattern that Hungarian requires the third person singular possessive form of the ordinal, which is always placed after the month. Other examples:

December 25th - December huszonötödike

April 3rd - Április harmadika

January 1st - Január elseje

(3) 'On July 10th' and 'On the tenth of July' are expressed as Július tizedikén. In this pattern the final vowel of the possessive form of the ordinal is lengthened before the suffix -n. Other examples:

On December 25th - December huszonötödikén

On the Fourth of July - Július negyedikén

SUBSTITUTION DRILL

I

1. Ott volt azon az értekezleten, amit a miniszterelnök tartott? — Were you at the press conference which the Prime Minister held?

Secretary of State - Secretary of the Treasury - Deputy Secretary of the Treasury - President - English Ambassador — külügyminiszter - pénzügyminiszter - pénzügyminiszter helyettese - elnök - angol nagykövet

2. Nem tudtam, hogy erről a bizottságról írtak.

I didn't know that they had written about this delegation.

treaty - school - man - plan - transportation

szerződésről - iskoláról - emberről - tervről - szállításról

3. Ebben a vendéglőben van Kovács úr.

Mr. Kovács is in this restaurant.

room - café - hotel - compartment - building

szobában - kávéházban - szállodában - fülkében - épületben

4. Ebbe az iskolába megyek.

I'm going to this school.

department store - store - church - museum - restaurant

áruházba - boltba - templomba - múzeumba - vendéglőbe

5. Tud főzni?

Can you cook?

play tennis - sing - start - come - go

teniszezni - énekelni - indulni - jönni - menni

6. Tudja, hol van az amerikai követség?

Do you know where the American Legation is?

what time it is - who this man is - what time the train starts - that I know - how old he is

hány óra van - ki ez az ember - mikor indul a vonat - hogy tudom - hány éves

7. Ismeri ezt az embert?

Do you know this man?

this book - the Americans - Hungary - the Ambassador - the Hungarian diplomats

ezt a könyvet - az amerikaiakat - Magyarországot - a követet - a magyar diplomatákat

8. A könyveit kérte.

He was asking for his books.

his car - her coat - her money - my pencil - the lunch

autóját - kabátját - pénzét - ceruzámat - ebédet

9. Megkérdezem, hány óra van.

I'm asking what time it is.

what time we eat - where the school is - how old the children are - what time he arrives - how many daughters she has

mikor eszünk - hol van az iskola - hány évesek a gyerekek - mikor érkezik - hány lánya van

10. Én első vagyok az osztályban.

I'm first in the class.

third - second - fifth - tenth - twelfth - eighth - fourth - seventh - eleventh - sixth - ninth - twentieth

harmadik - második - ötödik - tizedik - tizenkettedik - nyolcadik - negyedik - hetedik - tizenegyedik - hatodik - kilencedik - huszadik

11. Május elseje van.

It's the first of May.

third - fifth - seventh - second - sixth - tenth - twentieth - thirtieth - fourth - thirteenth - thirty-first - twenty-fifth

harmadika - ötödike - hetedike - másodika - hatodika - tizedike - huszadika - harmincadika - negyedike - tizenharmadika - harmincegyedike - huszonötödike

12. Március tizenötödikén indulok. — I'm starting on the 15th of March.

1st - 11th -	elsején - tizenegyedikén -
23rd - 6th -	huszonharmadikán - hatodikán -
30th - 4th -	harmincadikán - negyedikén -
22nd - 2nd -	huszonkettedikén - másodikán -
12th - 5th -	tizenkettedikén - ötödikén -
27th - 31st	huszonhetedikén - harmincegyedikén

II

Read the following sums, column by column:

Example: 2 x 2 = 4 (Kétszer kettő az négy.)

2 x 3 = 6	3 x 6 = 18	5 x 25 = 125
2 x 4 = 8	3 x 7 = 21	4 x 20 = 80
2 x 5 = 10	3 x 8 = 24	6 x 60 = 360
2 x 6 = 12	3 x 9 = 27	2 x 75 = 150
2 x 7 = 14	5 x 5 = 25	7 x 50 = 350
2 x 8 = 16	4 x 4 = 16	3 x 80 = 240
2 x 9 = 18	6 x 6 = 36	2 x 55 = 110
3 x 2 = 6	7 x 7 = 49	9 x 15 = 135
3 x 3 = 9	8 x 8 = 64	10 x 100 = 1000
3 x 4 = 12	9 x 9 = 81	10 x 10 = 100
3 x 5 = 15	4 x 5 = 20	100 x 100 = 10 000

TRANSFORMATION DRILL

I

A

Instructor: Éva bement a konyhába. (nappaliba)
Student: Azt hiszem Éva a nappaliba ment be.

1. János megveszi a bort. (Péter)	Nem, Péter veszi meg a bort.
2. Sándor elhozza a fiúkat. (lányokat)	Úgy tudom, Sándor a lányokat hozza el.
3. Mária megfőzte az ebédet. (Éva)	Azt hiszem, az ebédet Éva főzte meg.
4. Két éve elment. (három)	Azt hiszem, három éve ment el.
5. Kovács megmutatta a várost. (Kemény)	Nem, Kemény mutatta meg.
6. Feketéék bementek egy vendéglőbe. (kávéházba)	Úgy tudom, Feketéék egy kávéházba mentek be.
7. Visszament Párisba. (Londonba)	Úgy tudom, Londonba ment.
8. Megvette a ruhát. (kabátot)	Azt hiszem, a kabátot vette meg.

B

Instructor: A kislány felszállt a kerékpárra.
Student: A kislány nem szállt fel a kerékpárra.

1. A lányok felszálltak az autóbuszra.	A lányok nem szálltak fel az autóbuszra.
2. Az emberek felmentek a hegyre.	Az emberek nem mentek fel a hegyre.
3. Megvettem a házat.	Nem vettem meg a házat.
4. Megkérdeztem az utat.	Nem kérdeztem meg az utat.
5. Elhoztuk a könyvet.	Nem hoztuk el a könyvet.
6. Kovács elküldte a csomagot.	Kovács nem küldte el a csomagot.
7. Kihajtottam a városból.	Nem hajtottam ki a városból.
8. Kihozták a házból.	Nem hozták ki a házból.
9. Bementek a fülkébe.	Nem mentek be a fülkébe.
10. A gyerek beszaladt a konyhába.	A gyerek nem szaladt be a konyhába.

C

Instructor:	Be lehet szállni a vonatba.
Student:	Nem lehet beszállni a vonatba.

1. Be lehet tenni a szobába.	Nem lehet betenni a szobába.
2. Ki kell költözni a lakásból.	Nem kell kiköltözni a lakásból.
3. Ki kell csomagolni a bőröndből.	Nem kell kicsomagolni a bőröndből.
4. El tudja hozni a gyereket.	Nem tudja elhozni a gyereket.
5. El tudja szállítani a bútorokat.	Nem tudja elszállítani a bútorokat.
6. Meg akarja venni a házat.	Nem akarja megvenni a házat.
7. Meg akarja inni a sört.	Nem akarja meginni a sört.
8. Be lehet hozni a konyhába.	Nem lehet behozni a konyhába.
9. Meg akarja gyújtani a lámpát.	Nem akarja meggyújtani a lámpát.
10. Ki kell vinni a szobából.	Nem kell kivinni a szobából.

D

Instructor:	A férfi felszállt a vonatra.
Student:	A férfi nem szállt fel a vonatra.

1. Be lehet hozni a konyhába.	Nem lehet behozni a konyhába.
2. El tudja kérni az írógépet.	Nem tudja elkérni az írógépet.
3. A fiú felmászott a fára.	A fiú nem mászott fel a fára.
4. Elfoglalta a helyemet.	Nem foglalta el a helyemet.
5. Ki kell menni az osztályból.	Nem kell kimenni az osztályból.
6. Kiszálltak a kocsiból.	Nem szálltak ki a kocsiból.
7. A ceruzát betettem a dobozba.	A ceruzát nem tettem be a dobozba.
8. A gyerekek ki akartak menni a partra.	A gyerekek nem akartak kimenni a partra.

E

Instructor:	Sok pénzt kell kiadni.
Student:	Nem kell sok pénzt kiadni.

1. Holnap tudja elszállítani.	Nem tudja holnap elszállítani.
2. Lehet beszállni a vonatba.	Nem lehet beszállni a vonatba.
3. Nyolckor kell elindulni.	Nem kell nyolckor elindulni.
4. Ezt a házat akarom megvenni.	Nem akarom ezt a házat megvenni.
5. Holnap kell visszaadni.	Holnap nem kell visszaadni.
6. Tegnap tudta megvenni a kabátot.	Nem tudta tegnap megvenni a kabátot.

II

A

Instructor:	Megvette a házat. (Ki?)
Student:	Ki vette meg a házat?

1. Megitta a tejet. (Ki?)	Ki itta meg a tejet?
2. Meggyújtotta a lámpát. (János?)	János gyújtotta meg a lámpát?
3. Bement a házba. (Éva?)	Éva ment be a házba?
4. Elküldte a csomagot. (Mária?)	Mária küldte el a csomagot?
5. Kiszálltak a kocsiból. (Kisék?)	Kisék szálltak ki a kocsiból?

B

Instructor: Megvette a ruhát. (Mikor?)
Student: Mikor vette meg a ruhát?

1. Megöntözte a rózsafát. (Mit?) — Mit öntözött meg?
2. Beszaladt a házba. (Hova?) — Hova szaladt be?
3. Megitta a tejet. (Mit?) — Mit ivott meg?
4. Kijött az iskolából. (Honnan?) — Honnan jött ki?
5. Felszálltak a repülőgépre. (Mikor?) — Mikor szálltak fel a repülőgépre?

C

Instructor: Ki öntözte meg a kertet? (Péter)
Student: Péter öntözte meg a kertet.

1. Ki kérdezte meg az utat? (Kovács) — Kovács kérdezte meg az utat.
2. Ki foglalta el a helyét? (Kemény) — Kemény foglalta el a helyét.
3. Ki szállt ki a vonatból? (Sándor) — Sándor szállt ki a vonatból.
4. Ki ment be a fülkébe? (Fekete) — Fekete ment be a fülkébe.
5. Ki ette meg a paprikás csirkét? (Kertész) — Kertész ette meg a paprikás csirkét.

D

Instructor: Honnan szálltak ki? (kocsi)
Student: A kocsiból szálltak ki.

1. Honnan jöttek ki? (ház) — A házból jöttek ki.
2. Hova mentek be? (fülke) — A fülkébe mentek be.
3. Honnan hozták ki? (ebédlő) — Az ebédlőből hozták ki.
4. Hova vitték be? (konyha) — A konyhába vitték be.
5. Hova szálltak be? (autó) — Az autóba szálltak be.

III

A

Instructor: Mit csinált a katona?
Student: A katona felszállt a vonatra.

1. Ki szállt fel a vonatra? — A katona szállt fel a vonatra.
2. Hova szállt fel a katona? — A vonatra szállt fel a katona.
3. A katona hova szállt fel? — A katona a vonatra szállt fel.
4. A katona szállt fel a vonatra? — Igen, a katona szállt fel a vonatra.

B

Instructor: Mit csinált Kovács?
Student: Kovács bement a fülkébe.

1. Ki ment be a fülkébe? — Kovács ment be a fülkébe.
2. Hova ment be Kovács? — A fülkébe ment be Kovács.
3. Kovács hova ment be? — Kovács a fülkébe ment be.
4. Kovács ment be a fülkébe? — Igen, Kovács ment be a fülkébe.

C

Instructor: Mit csináltak a lányok?
Student: A lányok kiszaladtak az udvarból.

1. Kik szaladtak ki az udvarból? — A lányok szaladtak ki az udvarból.
2. Honnan szaladtak ki a lányok? — Az udvarból szaladtak ki a lányok.
3. A lányok honnan szaladtak ki? — A lányok az udvarból szaladtak ki.
4. A lányok szaladtak ki az udvarból? — Igen, a lányok szaladtak ki az udvarból.

D

Instructor: Mit csináltak az emberek?
Student: Az emberek lejöttek a hegyről.

1. Kik jöttek le a hegyről? — Az emberek jöttek le a hegyről.
2. Honnan jöttek le az emberek? — A hegyről jöttek le az emberek.
3. Az emberek honnan jöttek le? — Az emberek a hegyről jöttek le.
4. Az emberek jöttek le a hegyről? — Igen, az emberek jöttek le a hegyről.

E

Instructor: Mit csinált az apa?
Student: Az apa megvette az ajándékot.

1. Ki vette meg az ajándékot? — Az apa vette meg az ajándékot.
2. Mit vett meg az apa? — Az ajándékot vette meg az apa.
3. Az apa mit vett meg? — Az apa az ajándékot vette meg.
4. Az apa vette meg az ajándékot? — Igen, az apa vette meg az ajándékot.

IV

A

Instructor: Melyik iskolában tanultak?
Student: Abban az iskolában tanultunk.

1. Melyik szobában játszanak a gyerekek? — Abban a szobában játszanak a gyerekek.
2. Melyik bankban dolgozik Kovács? — Abban a bankban dolgozik Kovács.
3. Melyik kabátot vette meg? — Ezt a kabátot vettem meg.
4. Melyik cikket olvasta el? — Azt a cikket olvastam el.
5. Melyik kocsiból szálltak ki? — Abból a kocsiból szálltunk ki.
6. Melyik dobozból vette ki? — Ebből a dobozból vettem ki.
7. Melyik fülkébe mentek be? — Abba a fülkébe mentünk be.
8. Melyik kocsiba szállnak be? — Ebbe a kocsiba szállunk be.
9. Melyik autóbuszról szállt le? — Erről az autóbuszról szálltam le.
10. Melyik székről állt fel? — Arról a székről állt fel.
11. Melyik vonatra szállt fel? — Arra a vonatra szálltam fel.
12. Melyik székre ül le? — Erre a székre ülök le.
13. Melyik asztalhoz megy? — Ahhoz az asztalhoz megyek.
14. Melyik ablakhoz teszik a virágot? — Ahhoz az ablakhoz tesszük a virágot.
15. Melyik asztalon van a doboz? — Ezen az asztalon van a doboz.
16. Melyik hídon megyünk át? — Azon a hídon megyünk át.
17. Melyik fától szaladtak? — Attól a fától szaladtak.
18. Melyik lánytól kapta a virágot? — Ettől a lánytól kaptam a virágot.
19. Melyik lánynak van szép ruhája? — Ennek a lánynak van szép ruhája.
20. Melyik embernek van sok pénze? — Annak az embernek van sok pénze.

B

Instructor: Ez az ember sokat iszik.
Student: Ezek az emberek sokat isznak.

1. Ez az ember az én barátom. — Ezek az emberek az én barátaim.
2. Ezt a könyvet megveszem. — Ezeket a könyveket megveszem.
3. Ebben a házban a szobák nagyok. — Ezekben a házakban a szobák nagyok.
4. Ebbe az üzletbe megyek. — Ezekbe az üzletekbe megyek.
5. Ebből a szobából kihozzák a székeket. — Ezekből a szobákból kihozzák a székeket.
6. Erről az autóbuszról szálltak le a katonák. — Ezekről az autóbuszokról szálltak le a katonák.

7. Ezen a fán sok gyümölcs van.	Ezeken a fákon sok gyümölcs van.
8. Ennek az embernek sok pénze van.	Ezeknek az embereknek sok pénzük van.
9. Erre a székre ült le.	Ezekre a székekre ültek le.
10. Ehhez az ablakhoz megyünk.	Ezekhez az ablakokhoz megyünk.
11. Ettől az asszonytól vettem a zöldséget.	Ezektől az asszonyoktól vettem a zöldséget.

C

Instructor: Az az én könyvem.
Student: Azok az én könyveim.

1. Azt a kocsit láttam.	Azokat a kocsikat láttam.
2. Abba a vendéglőbe jár.	Azokba a vendéglőkbe jár.
3. Arról az asztalról veszem le.	Azokról az asztalokról veszem le.
4. Attól a férfitől kaptam.	Azoktól a férfiaktól kaptam.
5. Arra az ágyra tettem le.	Azokra az ágyakra tettem le.
6. Az az én fiam.	Azok az én fiaim.
7. Abban a csomagban vannak az edények.	Azokban a csomagokban vannak az edények.
8. Abból a házból szaladt ki a gyerek.	Azokból a házakból szaladtak ki a gyerekek.
9. Azon az asztalon vannak a könyvek.	Azokon az asztalokon vannak a könyvek.
10. Annak a lánynak szép ruhája van.	Azoknak a lányoknak szép ruhájuk van.
11. Ahhoz a fához megyünk.	Azokhoz a fákhoz megyünk.

V

A

Instructor: Megkérdezem, hány óra van.
Student: Meg fogom kérdezni hány óra van.

1. Megveszi a kabátot?	Meg fogja venni a kabátot?
2. Elviszi a feleségét?	El fogja vinni a feleségét?
3. Megvesszük a kocsit.	Meg fogjuk venni a kocsit.
4. Megnézik a várost.	Meg fogják nézni a várost.
5. Megöntözöm a virágokat.	Meg fogom öntözni a virágokat.
6. Megvárja a barátját.	Meg fogja várni a barátját.
7. Hazaviszi a gyerekeket.	Haza fogja vinni a gyerekeket.
8. Elkérjük az írógépet.	El fogjuk kérni az írógépet.

B

Instructor: Kovács felszáll a vonatra.
Student: Kovács fel fog szállni a vonatra.

1. Az emberek kimennek a partra.	Az emberek ki fognak menni a partra.
2. Kicsomagolok a bőröndből.	Ki fogok csomagolni a bőröndből.
3. Először megebédelünk.	Először meg fogunk ebédelni.
4. Péter virágot hoz.	Péter virágot fog hozni.
5. Ha jó idő lesz, kirándulunk.	Ha jó idő lesz, ki fogunk rándulni.
6. Ebédet főzök.	Ebédet fogok főzni.
7. Maga mit csinál holnap?	Maga mit fog csinálni holnap?
8. Ma este moziba mennek.	Ma este moziba fognak menni.

C

Instructor: Engem visznek.
Student: Engem fognak vinni.

1. Magukat viszik.	Magukat fogják vinni.
2. Engem vár.	Engem fog várni.
3. Őt ajánlják.	Őt fogják ajánlani.
4. Magát visszük.	Magát fogjuk vinni.
5. Minket kérdeznek meg.	Minket fognak megkérdezni.
6. Őket viszem.	Őket fogom vinni.
7. Engem elvisznek.	Engem el fognak vinni.
8. Magukat küldik Magyarországra.	Magukat fogják Magyarországra küldeni.

VARIATION DRILL

1. <u>Ez az ember sokat iszik</u>.	<u>This man drinks a lot</u>.
a. Is that your luggage?	Az a maga csomagja?
b. These books are very expensive.	Ezek a könyvek nagyon drágák.
c. Those are our boys.	Azok a mi fiaink.
d. This man is the conductor.	Ez az ember a kalauz.
e. That's our car.	Az a mi kocsink.
2. <u>Ezt a képet már megnéztem</u>.	<u>I have already looked at this picture</u>.
a. She bought that dress.	Azt a ruhát megvette.
b. I'm asking those soldiers.	Azokat a katonákat megkérdezem.
c. He read these books.	Ezeket a könyveket elolvasta.
d. I wrote this letter.	Ezt a levelet megírtam.
e. He's carrying these chairs out.	Ezeket a székeket kiviszi.
3. <u>Ezen a vidéken lakik.</u>	<u>He lives in this region</u>.
a. The cigarettes are on that table.	Azon az asztalon van a cigaretta.
b. These ladies have pretty dresses on.	Ezeken az asszonyokon szép ruha van.
c. Those trees have a lot of fruit.	Azokon a fákon sok gyümölcs van.
d. There isn't any dining car on this train.	Ezen a vonaton nincs étkezőkocsi.
e. I go to Washington over that bridge.	Azon a hídon megyek Washingtonba.
4. <u>Ebben a városban szép lányok vannak</u>.	<u>There are pretty girls in this town</u>.
a. The students study in these classes.	Ezekben az osztályokban a tanulók tanulnak.
b. In those shops you can get foreign newspapers.	Azokban az üzletekben lehet külföldi újságot venni.
c. In that school there are many teachers.	Abban az iskolában sok tanár van.
d. In this book there's nothing interesting.	Ebben a könyvben nincs semmi érdekes.
e. Many people work in those buildings.	Azokban az épületekben sok ember dolgozik.

5. <u>Ebbe a vendéglőbe mentünk.</u> — <u>We went into this restaurant.</u>

a. I put the pencil in that box. — Abba a dobozba tettem a ceruzát.
b. We brought the chairs into these rooms. — Ezekbe a szobákba vittük a székeket.
c. I'm going to those countries this summer. — Azokba az országokba megyek a nyáron.
d. I'm putting my coat into this cabinet. — Ebbe a szekrénybe teszem a kabátomat.
e. I went to that church. — Abba a templomba jártam.

6. <u>Abból a repülőgépből szálltak ki.</u> — <u>They got out of that airplane.</u>

a. The child ran out of this garden. — Ebből a kertből szaladt ki a gyerek.
b. The furniture must be taken out of those rooms. — Azokból a szobákból ki kell vinni a bútorokat.
c. I took the books out of these boxes. — Ezekből a dobozokból vettem ki a könyveket.
d. He takes his coat out of that cabinet. — Abból a szekrényből veszi ki a kabátját.

7. <u>Ettől a lánytól kaptam a könyvet.</u> — <u>I got the book from this girl.</u>

a. I'll be sick from that cigarette. — Attól a cigarettától beteg leszek.
b. He asked those children. — Azoktól a gyerekektől kérdezte meg.
c. I bought the flowers from these girls. — Ezektől a lányoktól vettem a virágot.
d. I brought the pencil from that man. — Attól az embertől hoztam a ceruzát.

8. <u>Ennek a lánynak szép ruhája van.</u> — <u>This girl has a pretty dress.</u>

a. That boy has big hands. — Annak a fiúnak nagy keze van.
b. Those houses have white windows. — Azoknak a házaknak fehér ablakaik vannak.
c. These children have lots of toys. — Ezeknek a gyerekeknek sok játékuk van.
d. This city has many old churches. — Ennek a városnak sok régi temploma van.

9. <u>Erre a székre ülök le.</u> — <u>I'm sitting down on this chair.</u>

a. They're putting the baggage up on those cars. — Azokra a kocsikra teszik fel a csomagokat.
b. The children lay down on these beds. — Ezekre az ágyakra feküdtek le a gyerekek.
c. The boys are climbing up on that gate. — Arra a kapura másznak fel a fiúk.
d. I put my handbag down on this table. — Erre az asztalra tettem le a táskámat.

10. <u>Erről a hegyről lejönnek az emberek.</u> — <u>People are coming down from this mountain.</u>

a. I'm taking the box down from that table. — Arról az asztalról leveszem a dobozt.
b. People are getting down from those airplanes. — Azokról a repülőgépekről leszállnak az emberek.
c. Children are climbing down from those trees. — Azokról a fákról másznak le a gyerekek.
d. The birds flew away from those bushes. — Azokról a bokrokról elrepültek a madarak.

11. Második Sándor.	Alexander the Second.
a. Mary the Third.	Harmadik Mária.
b. Alexander the First.	Első Sándor.
c. Peter the Fifth.	Ötödik Péter.
d. John the Fourth.	Negyedik János.
e. Louis the Sixth.	Hatodik Lajos.
12. Május elseje van.	It's the first of May.
a. It's the 2nd of February.	Február második van.
b. It's the 10th of April.	Április tizedike van.
c. It's the 21st of June.	Június huszonegyedike van.
d. It's the 25th of December.	December huszonötödike van.
e. It's the 11th of August.	Augusztus tizenegyedike van.
13. Ma vasárnap van, szeptember huszadika.	Today is Sunday, the 20th of September.
a. Today's Monday, the 12th of October.	Ma hétfő van, október tizenkettedike.
b. Yesterday was Tuesday, the 3rd of November.	Tegnap kedd volt, november harmadika.
c. Tomorrow will be Friday, the 11th of December.	Holnap péntek lesz, december tizenegyedike.
d. Today's Thursday, the 25th of February.	Ma csütörtök van, február huszonötödike.
e. Today's Saturday, the 23rd of January.	Ma szombat van, január huszonharmadika.
14. Március tizenötödikén.	On March the 15th.
a. On July the 4th.	Július negyedikén.
b. On December 25th.	December huszonötödikén.
c. On May 30th.	Május harmincadikán.
d. On August 20th.	Augusztus huszadikán.
e. On September 1st.	Szeptember elsején.
15. Ezerhétszázhetvenhat július negyedikén.	On July 4, 1776.
a. On August 15, 1959.	Ezerkilencszázötvenkilenc augusztus tizenötödikén.
b. On October 23, 1956.	Ezerkilencszázötvenhat október huszonharmadikán.
c. On March 15, 1848.	Ezernyolcszáznegyvennyolc március tizenötödikén.
d. On November 30, 1941.	Ezerkilencszáznegyvenegy november harmincadikán.
e. On January 1, 2000.	Kétezer január elsején.

VOCABULARY DRILL

A. tudni

1. Tudja, hogy hol van az amerikai követség?	Do you know where the American Legation is?
2. Tudja, hogy hány óra van?	Do you know what time it is?
3. Tudja, milyen messze van New York?	Do you know how far New York is?
4. Tudja, milyenek az utak?	Do you know what the roads are like?
5. Nem tudok senkit sem ajánlani.	I can't recommend anyone.
6. Nem tudok sehova sem menni.	I can't go anywhere.

7. Nem tudnak Magyarországra utazni.	They can't travel to Hungary.
8. Hány órakor tud indulni?	What time can she start?
9. Jól tud a lány főzni?	Can the girl cook well?
10. Nem tudom megenni az ebédet.	I can't eat the dinner.
11. Meg tudja mondani, mikor indul a gyorsvonat?	Can you tell me what time the express starts?
12. Tudja, hogy mibe kerül egy jegy Budapestre?	Does he know how much a ticket to Budapest costs?
13. Tud magyarul beszélni?	Can you speak Hungarian?
14. Sok szabad időnk van, sok könyvet tudunk olvasni.	We have a lot of free time, so we can read many books.
15. El tudnak jönni?	Are they able to come?
16. Tudják, hogy mit beszélnek?	Do they know what they're speaking?
17. Nagyon jól tud franciául.	He knows French very well.
18. Tudom, hogy tudják.	I know that they know.

B. ismerni

1. Már ismerem a feleségét.	I know your wife already.
2. Jól ismeri a Dunántúlt?	Do you know Dunántúl well?
3. Ismeri ezt a könyvet?	Do you know this book?
4. Ismerem az új magyar írókat.	I know the new Hungarian writers.
5. Nem ismeri az apámat?	Don't you know my father?
6. Ismeri Magyarországot?	Do you know Hungary?
7. Tudom, hogy ismernek engem.	I know that they know me.
8. Ismerik az amerikai diplomatákat?	Do they know the American diplomats?
9. Nem ismerem a nagykövetet.	I don't know the Ambassador.
10. Ismerjük Kovácsékat.	We know the Kovácses.
11. Nem ismerek egy orvost sem a városban.	I don't know any doctor in the city.
12. Sok embert ismerünk Washingtonban.	We know many people in Washington.

C. kérni

1. Egy-két dollárt kérek magától.	I'm asking you for a few dollars.
2. Kérek egy csésze teát.	I want a cup of tea.
3. Szabad a címet kérni?	May I ask for the address?
4. Egy jó könyvet szeretnék kérni.	I'd like to ask for a good book.
5. Kérem mondja meg, hány óra van.	Please tell me what time it is.
6. Bocsánatot kérek.	I beg your pardon.

D. kérdezni

1. Megkérdezem a kalauztól, hogy van-e étkező a vonaton.	I'm going to ask the conductor if there's a dining car on the train.
2. Megkérdezi, hogy hány óra van.	He's asking what time it is.
3. Azt kérdezik, hogy mikor indul a vonat.	They're asking what time the train leaves.
4. János kérdezi, hogy mit csinálunk.	John's asking what we're doing.
5. Azt kérdezte, hogy hol van egy vendéglő.	He was asking where there's a restaurant.
6. Azt kérdezik, hogy van-e egy jó orvos a városban.	They're asking if there's a good doctor in the city.
7. Valamit akarok kérdezni.	I want to ask something.
8. Megkérdezte, hogy mibe kerül a kocsi.	He asked how much the car cost.

TRANSLATION DRILL

1. Yesterday I went to the press conference.	Tegnap elmentem a sajtóértekezletre.
2. The conference was held by the Minister of Foreign Trade.	Az értekezletet a külkereskedelmi miniszter tartotta.
3. Johnson couldn't go because he had some other business.	Johnson nem tudott menni, mert más dolga volt.
4. The legation commercial attachés were there.	A követségekről ott voltak a kereskedelmi attasék.
5. The representatives of the party, government and press were there also.	A párt, a kormány és a sajtó képviselői is ott voltak.
6. The Minister talked about foreign trade.	A miniszter beszélt a külkereskedelemről.
7. He told us that they had made a commercial treaty with East Germany.	Elmondta, hogy kereskedelmi szerződést kötöttek Kelet-Németországgal.
8. This is the seventh treaty between the governments of the two countries.	Ez a hetedik szerződés a két ország kormánya között.
9. They concluded the first treaty on the 22nd of May, 1950.	Az első szerződést 1950. május 22-én kötötték.
10. A Hungarian delegation went to Berlin.	Egy magyar bizottság ment Berlinbe.
11. Every newspaper wrote about it two weeks ago.	Minden újság írt róla két héttel ezelőtt.
12. I read the article on the first page.	Az első oldalon olvastam a cikket.
13. At that time they didn't write what there was in the new treaty.	Akkor nem írták, hogy mi van az új szerződésben.
14. At the conference the Minister talked about the treaty.	Az értekezleten a miniszter beszélt a szerződésről.
15. Hungary will increase its shipments of poultry and grain next year.	A jövő évben Magyarország növeli a baromfi és a gabona szállítását.
16. According to the treaty it's going to transport more than it has up to the present time.	A szerződés szerint többet fog szállítani, mint eddig.
17. One of the interesting clauses of this treaty is the short delivery time.	Egyik érdekes pontja a szerződésnek a rövid szállítási határidő.
18. East Germany is sending in exchange machines and other merchandise.	Cserébe Kelet-Németország gépeket és más árukat küld.
19. The representative of the government talked about the 5-year plan.	A kormány képviselője az ötéves tervről beszélt.
20. He told us how high the living standard will be after a few years.	Elmondta, hogy milyen magas lesz az életszínvonal egypár év múlva.
21. Next year we have to grow twice the quantity of grain as last year.	Jövőre kétszer annyi gabonát kell termelni, mint tavaly.
22. This year the harvest was bad.	Az idén rossz volt a termés.
23. He also talked about the economic life of Hungary and the reasons for the high cost of living.	Beszélt még Magyarország gazdasági életéről és a drágaság okairól.
24. I've never yet heard anyone talk about this problem.	Még senkit sem hallottam beszélni erről a kérdésről.
25. He wanted to explain why there isn't enough merchandise in the country.	Meg akarta magyarázni, hogy miért nincs elég áru az országban.
26. If they just talk and don't do anything, then there won't be more merchandise in the shops.	Ha beszélnek csak és nem csinálnak semmit, akkor nem lesz több áru az üzletekben.

27. The workers don't make enough money and can't buy. — A munkások nem keresnek eleget, és nem tudnak vásárolni.
28. Nobody knows what the government intends to do. — Senki sem tudja, hogy mit akar tenni a kormány.
29. Someone asked the Minister to talk about this problem. — Valaki megkérte a minisztert, hogy beszéljen erről a kérdésről.
30. He said the government will soon find a solution to these problems. — Azt mondta, hogy a kormány majd talál megoldást ezekre a kérdésekre.
31. I'd like to go to the next press conference also. — A következő sajtóértekezletre én is el szeretnék menni.
32. Next week, on the 14th, my wife is taking my car. — A jövő héten, tizennegyedikén, a feleségem viszi el a kocsimat.
33. My friend promised to take me in his car. — A barátom megígérte, hogy elvisz a kocsiján.
34. Meanwhile he'll find out exactly where the conference will be. — Addig megtudja pontosan, hogy hol lesz az értekezlet.

RESPONSE DRILL

1. Volt már sajtóértekezleten? — Have you ever been at a press conference?
2. Sokan vannak a sajtóértekezleten? — Are there many people at the press conference?
3. El tudott Johnson menni a sajtóértekezletre? — Could Johnson go to the press conference?
4. Ki tartotta az értekezletet? — Who held the conference?
5. Ott voltak a kormány képviselői is? — Were the representatives of the government there also?
6. Miről beszélt a miniszterelnök? — What did the Prime Minister talk about?
7. Milyen szerződést kötött a magyar kormány? — What kind of treaty did the Hungarian Government make?
8. Mikor írták alá? — When did they sign it?
9. Hol írták alá a szerződést? — Where did they sign the treaty?
10. Hányadik szerződés volt ez Magyarország és a Szovjetunió között? — What (number) was the treaty between Hungary and the Soviet Union?
11. Mikor kötötték az elsőt? — When did they make the first one?
12. Milyen bizottság jött Budapestre? — What delegation came to Budapest?
13. Mikor írtak erről az újságok? — When did the newspapers write about that?
14. Melyik oldalon volt a cikk? — On which page was the article?
15. Mi van az új szerződésben? — What's in the new treaty?
16. Ki szállít több árut? — Who transports more merchandise?
17. Mi a szerződésnek az érdekes pontja? — What's the interesting point of the treaty?
18. Mit küldenek cserébe Magyarországnak? — What do they send in exchange to Hungary?
19. Miről beszélt még a miniszterelnök? — What else did the Prime Minister talk about?
20. Milyen lesz az életszínvonal öt év múlva? — What will the living standard be after five years?
21. Mennyi gabonát kell termelni a jövő évben? — In what quantity must they produce crops next year?
22. Jó volt a termés ebben az évben? — Was the harvest good this year?
23. Hol tartják a következő sajtóértekezletet? — Where are they holding the next press conference?
24. Ki tartja? — Who's holding it?
25. Milyen ember a pénzügyminiszter helyettese? — What kind of a man is the Deputy Minister of Finance?
26. Volt már alkalma őt hallani? — Have you had an opportunity to hear him yet?

27. Miről fog beszélni?	What's he going to talk about?
28. Mit akar megmagyarázni?	What does he want to explain?
29. Mindenki ismeri az okokat?	Does everybody know the reasons?
30. Akar valamit tenni a kormány?	Does the government want to do anything about it?
31. Ismeri maga ezt a kérdést?	Are you familiar with this problem?
32. Magyarországon eleget keres a munkás?	Does the worker make enough money in Hungary?
33. Meg tudják magyarázni a drágaság okait?	Can they explain the reasons for the high cost of living?
34. Az Egyesült Államokban eleget keres a munkás?	Does the worker make enough money in the United States?
35. Milyen az életszínvonal az Egyesült Államokban?	What's the living standard like in the United States?

CONVERSATION PRACTICE

1

A: Ki tartotta tegnap a sajtóértekezletet?
B: A miniszterelnök tartotta.
A: Sokan voltak az értekezleten?
B: Igen, sok külföldi kereskedelmi attasé volt ott.
A: A kormány képviselői nem voltak ott?
B: Természetesen ott voltak. Voltak a párttól és az újságoktól is.
A: Miről beszélt a miniszterelnök?
B: Gazdasági és politikai kérdésekről.
A: Azt hiszem, az érdekes volt. Mást nem mondott?
B: De igen. Elmondta, hogy egy új kereskedelmi szerződést kötöttek a múlt héten.

2

A: A Szovjetunióval kötött kereskedelmi szerződést a kormány?
B: Nem, Csehszlovákiával. Ez már a nyolcadik szerződés a két ország között.
A: Mikor kötötték az első szerződést?
B: A háború után, 1947-ben.
A: Budapestről ment bizottság Prágába, vagy onnan jött ide?
B: Prágából jött bizottság Pestre. Nem olvasta az újságokban?
A: Azt hittem, hogy valami más bizottságról írtak. Mi van a szerződésben?
B: Magyarország növeli a gabona szállítását Csehszlovákiába.
A: Eddig is sokat szállított!
B: Igen, de ezután még többet fog szállítani.

3

A: Mikor tartják a következő sajtóértekezletet?
B: Azt hiszem, hogy harmadikán, két hét múlva.
A: Tudja, hogy ki tartja?
B: Kertész, a pénzügyminiszter helyettese tartja.
A: Miről fog beszélni Kertész úr?
B: A magyar gazdasági életről és a drágaság okairól.
A: Gondolja, hogy meg tudja magyarázni a drágaság okait?
B: Nem hiszem.
A: Szeretném tudni, hogy mikor lesz több áru az üzletekben!
B: Nehéz kérdés. De ki fog vásárolni, ha a munkások nem keresnek eleget!
A: Elvisz a kocsiján az értekezletre?
B: Nagyon szívesen.

SITUATION

Egy sajtóértekezleten volt, amit a miniszterelnök tartott. A kereskedelmi attasé nem tudott elmenni, mert sok dolga volt. Megkérdezi magát, hogy ki volt az értekezleten. Miről beszélt a miniszterelnök? Mit mondott az életszínvonalról? Mit hallott az új kereskedelmi szerződésről? Melyik kormánnyal kötött szerződést a magyar kormány? Hol írták alá a szerződést? Mit szállít a két ország? Mit mondott a miniszterelnök az ötéves tervről? Mikor lesz a következő sajtóértekezlet? Ki tartja? Ismeri azt, aki tartja? Milyen ember? Mit akar majd megmagyarázni? Meg tudja magyarázni a drágaság okait? A kocsija rossz; az attasé megígéri, hogy elviszi magát a kocsiján.

NARRATIVE

A múlt héten az osztrák kormány kereskedelmi szerződést kötött a jugoszláv kormánnyal. Az újságok már régen írtak arról, hogy jugoszláv bizottság érkezik az osztrák fővárosba. A szerződés aláírása után az osztrák miniszterelnök sajtóértekezletet tartott. Az értekezleten ott voltak a külföldi követségek kereskedelmi attaséi, és a sajtó képviselői.

Az osztrák miniszterelnök elmondta, hogy ez már a nyolcadik szerződés a háború óta a két ország között. Az első szerződést 1949. január 14-én kötötték. Az új szerződés szerint a két ország háromszor annyi árut szállít, mint tíz évvel ezelőtt. Érdemes a két országnak kereskedelmi szerződést kötni, mert szomszédok, és a szállítás nem kerül sokba.

A szerződés szerint Ausztria gépeket, kerékpárokat, edényeket és teherautókat szállít. Az osztrák gépek nagyon jók, mert jó anyagból vannak. Jugoszlávia szívesen veszi meg azokat. Sok osztrák teherautó és kerékpár szalad a jugoszláv utakon. Ebben az új szerződésben az osztrák kormány növeli a gépek és különböző áruk szállítását Jugoszláviába. Többet szállít, mint eddig.

Cserébe Jugoszlávia gabonát, főleg búzát és kukoricát küld Ausztriának. Ausztria nem tud elég gabonát termelni, mert az országban sok a hegy és kevés a jó föld. Jugoszláviában sok jó föld van és így sok gabonát termelnek. Ebben az évben kétszer annyi búzát és kukoricát termeltek, mint a múlt évben, mikor nem volt jó a termés.

A gépeket és a különböző árukat hajón szállítják Bécsből Jugoszláviába. A szállítás a Dunán olcsó és elég gyors. A hajók Budapesten mennek át. A gabona Jugoszláviából vonaton érkezik Ausztriába. A vonaton az út nem olyan hosszú, mint a Dunán. A két ország fővárosa között repülőgépek is járnak. A bizottság repülőgépen érkezett Bécsbe.

Az osztrák miniszterelnök még elmondta, hogy a jövő hónapban Dániával és Magyarországgal is kötnek kereskedelmi szerződést. Az egyik újságíró megkérdezte, hogy mikor fogja a kormány emelni az életszínvonalat. A miniszterelnök azt mondta, hogy a kormány már sok nehéz gazdasági kérdésre talált megoldást, így reméli, hogy erre is fog megoldást találni. De addig is növelni fogják a termelést és segíteni az üzletembereket.

aláírás signing; signature

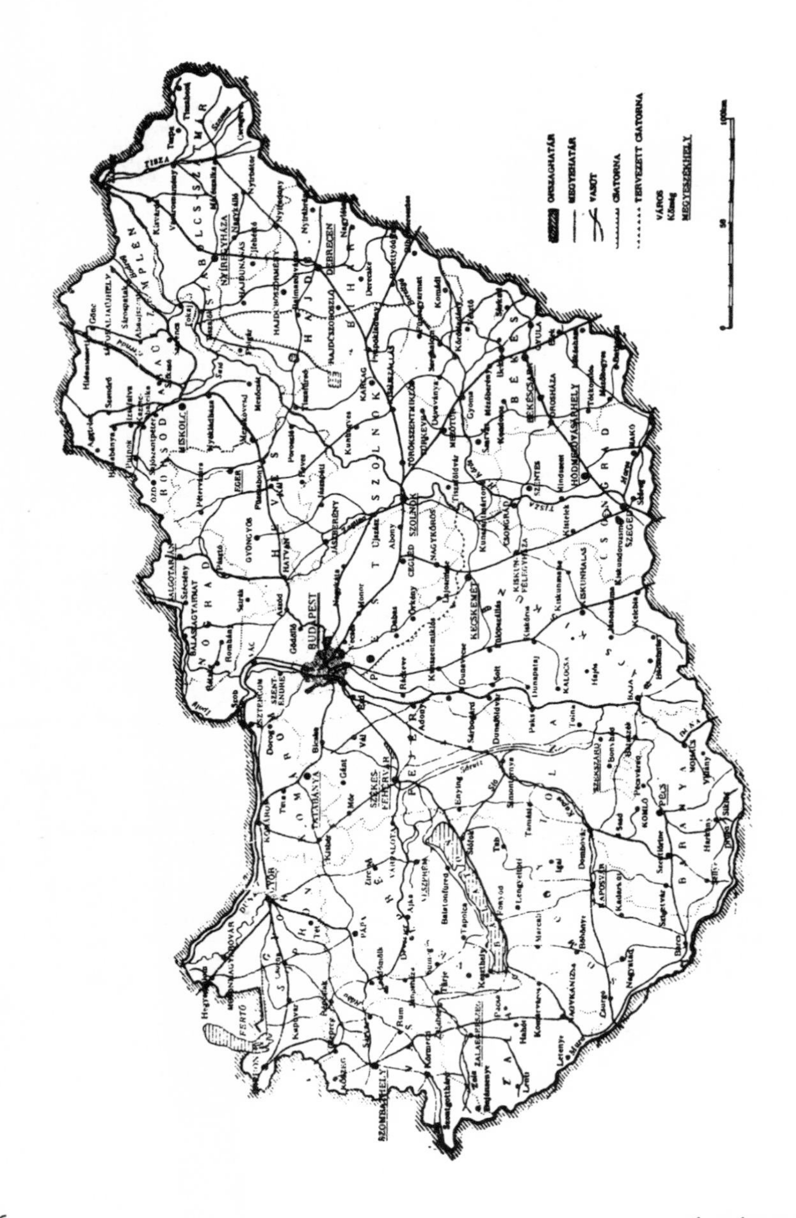
ORSZÁGHATÁR
MEGYEHATÁR
VASÚT
CSATORNA
TERVEZETT CSATORNA
VÁROS
Község
MEGYESZÉKHELY
BUDAPEST
DEBRECEN
MISKOLC
SZEGED
KECSKEMÉT
SZOLNOK
EGER
GYŐR
PÉCS
SZOMBATHELY
ZALAEGERSZEG
KAPOSVÁR
SZEKSZÁRD
SZÉKESFEHÉRVÁR
TATABÁNYA
SALGÓTARJÁN
NYÍREGYHÁZA
BÉKÉSCSABA
TISZA

THE HIPPOCRENE MASTERING SERIES

HIPPOCRENE FOREIGN LANGUAGE DICTIONARIES

Modern • Up-to-Date • Easy-to-Use • Practical

Afrikaans-English/English-Africaans Dictionary
0134 ISBN 0-7818-0052-8 $11.95 pb

Albanian-English Dictionary
0744 ISBN 0-7818-0021-8 $14.95 pb

English-Albanian Dictionary
0518 ISBN 0-7818-0021-8 $14.95 pb

Arabic-English Dictionary
0487 ISBN 0-7818-0153-2 $14.95 pb

English-Arabic Dictionary
0519 ISBN 0-7818-0152-4 $14.95 pb

Arabic-English Learner's Dictionary
0033 ISBN 0-7818-0155-9 $24.95 hc

English-Arabic Learner's Dictionary
0690 ISBN 0-87052-914-5 $14.95 pb

Armenian-English/English-Armenian Concise Dictionary
0490 ISBN 0-7818-0150-8 $11.95 pb

Western Armenian-English/English-Western Armenian
0059 ISBN 0-7818-0207-5 $9.95 pb

Bulgarian-English/English-Bulgarian Practical Dictionary
0331 ISBN 0-87052-145-4 $8.95 pb

Byelorussian-English/English-Byelorussian Concise Dictionary
1050 ISBN 0-87052-114-4 $9.95 pb

Cambodian-English/English-Cambodian Standard Dictionary
0143 ISBN 0-87052-818-1 $14.95 pb

Catalan-English/English-Catalan Dictionary
0451 ISBN 0-7818-0099-4 $8.95 pb

Classified and Illustrated Chinese-English Dictionary (Mandarin)
0027 ISBN 0-87052-714-2 $19.95 hc

An Everyday Chinese-English Dictionary (Mandarin)
0721 ISBN 0-87052-862-9 $12.95 hc

Czech-English/English-Czech Concise Dictionary
0276 ISBN 0-87052-981-1 $9.95 pb

Danish-English English-Danish Practical Dictionary
0198 ISBN 0-87052-823-8 $12.95 pb

Dutch-English/English-Dutch Concise Dictionary
0606 ISBN 0-87052-910-2 $8.95 pb

Estonian-English/English-Estonian Concise Dictionary
1010 ISBN 0-87052-081-4 $11.95 pb

Finnish-English/English-Finnish Concise Dictionary
0142 ISBN 0-87052-813-0 $8.95 pb

French-English/English-French Practical Dictionary
0199 ISBN 0-7818-0178-8 $8.95 pb

Georgian-English English-Georgian Concise Dictionary
1059 ISBN 0-87052-121-7 $8.95 pb

German-English/English-German Practical Dictionary
0200 ISBN 0-88254-813-1 $6.95 pb

English-Hebrew/Hebrew English Conversational Dictionary
0257 ISBN 0-87052-625-1 $7.95 pb

Hindi-English/English-Hindi Practical Dictionary
0442 ISBN 0-7818-0084-6 $16.95 pb

English-Hindi Practical Dictionary
0923 ISBN 0-87052-978-1 $11.95 pb

Hindi-English Practical Dictionary
0186 ISBN 0-87052-824-6 $11.95 pb

English-Hungarian/Hungarian-English Dictionary
2039 ISBN 0-88254-986-3 $9.95 hc

Hungarian-English/English-Hungarian Concise Dictionary
0254 ISBN 0-87052-891-2 $7.95 pb

Icelandic-English/English-Icelandic Concise Dictionary
0147 ISBN 0-87052-801-7 $8.95 pb

Indonesian-English/English-Indonesian Practical Dictionary
0127 ISBN 0-87052-810-6 $8.95 pb

Irish-English/English-Irish Dictionary and Phrasebook
1037 ISBN 0-87052-110-1 $7.95 pb

Italian-English/English-Italian Practical Dictionary
0201 ISBN 0-88254-816-6 $6.95 pb

Japanese-English/English-Japanese Concise Dictionary
0474 ISBN 0-7818-0162-1 $9.95 pb

Korean-English/English-Korean Dictionary
1016 ISBN 0-87052-092-X $9.95 pb

Latvian-English/English-Latvian Dictionary
0194 ISBN 0-7818-0059-5 $14.95 pb

Lithuanian-English/English-Lithuanian Concise Dictionary
0489 ISBN 0-7818-0151-6 $11.95 pb

Malay-English/English-Malay Dictionary
0428 ISBN 0-7818-0103-6 $16.95 pb

Nepali-English/English Nepali Concise Dictionary
1104 ISBN 0-87052-106-3 $8.95 pb

Norwegian-English English-Norwegian Dictionary (Revised Edition)
0202 ISBN 0-7818-0199-0 $11.95 pb

Persian-English Dictionary
0350 ISBN 0-7818-0055-2 $16.95 pb

English-Persian Dictionary
0365 ISBN 0-7818-0056-0 $16.95 pb

Polish-English/English Polish Practical Dictionary
0450 ISBN 0-7818-0085-4 $11.95 pb

Polish-English/English-Polish Concise Dictionary (Completely Revised)
0268 ISBN 0-7818-0133-8 $8.95 pb

Polish-English/English-Polish Standard Dictionary
0665 ISBN 0-87052-882-3 $22.50 hc

Polish-English/English-Polish Standard Dictionary
0207 ISBN 0-87052-882-3 $16.95 pb

Portugese-English/English-Portugese Dictionary
0477 ISBN 0-87052-980-3 $14.95 pb

English-Punjabi Dictionary
0144 ISBN 0-7818-0060-9 $14.95 hc

Romanian-English/English-Romanian Dictionary
0488 ISBN 0-87052-986-2 $19.95 pb

Russian-English/English-Russian Standard Dictionary
0440 ISBN 0-7818-0083-8 $16.95 pb

English-Russian Standard Dictionary
1025 ISBN 0-87052-100-4 $11.95 pb

Russian-English Standard Dictionary
0578 ISBN 0-87052-964-1 $11.95 pb

Russian-English/English-Russian Concise Dictionary
0262 ISBN 0-7818-0132-X $11.95 pb

Concise Sanskrit-English Dictiontary
0164 ISBN 0-7818-0203-2 $14.95 pb

English-Sinhalese/Sinhalese-English Dictionary
0319 ISBN 0-7818-0219-9 $24.95 hc

Slovak-English/English-Slovak Concise Dictionary
1052 ISBN 0-87052-115-2 $8.95 pb

Spanish-English/English-Spanish Practical Dictionary
0211 ISBN 0-7818-0179-6 $8.95 pb

Swedish-English/English-Swedish Dictioanry
0761 ISBN 0-87052-871-8 $19.95 hc

English-Tigrigna Dictionary
0330 ISBN 0-7818-0220-2 $34.95 hc

English-Turkish/Turkish-English Concise Dictionary
0338 ISBN 0-7818-0161-3 $8.95 pb

English-Turkish/Turkish-English Pocket Dictionary
0148 ISBN 0-87052-812-2 $14.95 pb

Ukrainian-English/English Ukrainian Practical Dictionary
1055 ISBN 0-87052-116-0 $8.95 pb

Ukrainian-English/English-Ukrainian Standard Dictionary
0006 ISBN 0-7818-0189-3 $16.95 pb

Urdu-English Gem Pocket Dictionary
0289 ISBN 0-87052-911-0 $6.95 pb

English-Urdu Gem Pocket Dictionary
0880 ISBN 0-87052-912-9 $6.95 hc

English-Urdu Dictionary
0368 ISBN 0-7818-0222-9 $24.95 hc

Urdu-English Dictionary
0368 ISBN 0-7818-0222-9 $24.95 hc

Uzbek-English/English-Uzbek
0004 ISBN 0-7818-0165-6 $11.95 pb

Vietnamese-English/English-Vietnamese Standard Dictionary
0529 ISBN 0-87052-924-2 $19.95 pb

Welsh-English/English-Welsh Dictionary
0116 ISBN 0-7818-0136-2 $19.95 pb

English-Yiddish/Yiddish-English Conversational Dictionary (Romanized)
1019 ISBN 0-87052-969-2 $7.95 pb

(Prices subject to change)

TO PURCHASE HIPPOCRENE BOOKS contact your local bookstore, or write to: HIPPOCRENE BOOKS, 171 Madison Avenue, New York, NY 10016. Please enclose check or money order, adding $4.00 shipping (UPS) for the first book and .50 for each additional book.